사랑은 과학이다

로건 유리 지음

권가비 옮김

사랑은 과학이다

HOW TO
NOT DIE
ALONE

★★★★★
아마존
베스트셀러

★★★★★
알랭 드 보통
추천

**하버드 행동 과학자 겸 데이트앱
개발자가 분석한 연애의 과학**

내가 내린 최고의 결단 스콧에게

그리고 부모님께, 두 분의 사랑과 지원으로

모든 것이 가능했습니다.

차례

섹션 3. 헤어지거나 계속 가기 위한 노하우

[부록]

나쁜 소식이 있다. 현재까지 대부분의 학술 연구가 주로 시스젠더cisgender 헤테로섹슈얼heterosexual 관계에 치중되어 있다. 그렇지만 다행스럽게도 성 소수자(LGBTQ+) 연애 관계에서 겪는 문제들 역시 기존 연애 연구에서 다루는 문제들과 공통점이 많아서, 같은 연구 조언의 혜택을 누릴 수 있다.

집필 과정에서 다양한 성지향과 정체성을 가진 사람들을 인터뷰했다. 이 책을 통해 LGBTQ+의 러브스토리와 데이팅 경험 또한 알리고 싶다. 이 책에 나온 모든 이야기는 실화이지만, 몇몇 인물은 여러 명의 개인을 합쳐서 만들었고 그들의 이름과 특징적인 성격은 바꿨으며 대화는 다시 만들었다.

나는 이 책을 탈고한 뒤 데이팅앱 힌지의 연애학 디렉터로 취직했다. 직업을 통해, 수백만 명의 사람들이 보다 효과적으로 데이트하는 법을 익히도록 도울 수 있게 되었다. 이 책에 실린 연구와 의견은 전적으로 나의 것이다.

연애에 관한 책은 군이 살 필요 없다고 생각할지도 모르겠다. 사랑은 노력하지 않아도 자연스레 다가온다고들 하니까. 우리는 사랑에 빠져드는 과정에 대해서는 잘 생각하지는 않는다. 사랑은 순식간에 일어나는 화학작용일 뿐 꼼꼼한 계산 끝에 내린 결단이 아니기 때문이다.

그럼에도 당신은 지금 이 책을 들고 있다. 사랑은 타고난 본능이 맞지만 연애는 그렇지 않기 때문이다. 연애가 타고나는 거라면 나는 지금 백수일 것이다. 내가 하는 일은 데이트 코칭과 매치 메이킹이다. 나는 하버드에서 심리학을 전공했고 졸업 후 몇 년 동안 인간 행동과 연애 연구에 종사했다. 그때 얻은 철학적 결론은, 튼튼한 관계를 만들려면 **의도하는 사랑**을 해야 한다는 것이다. 의도하는 사랑이라는 개념은 사랑을 우리가 취한 일련의 선택에서 비롯된 결과로 보게 한다.

이 책의 목적은 독자 여러분에게 정보와 목표를 주어서 자신의 나쁜 습관을 인식하고, 데이팅 테크닉을 교정해서, 관계를 결정지을 중요한 대화에 도달하게 하는 데 있다. 좋은 인연이란 '만드는 것'이지 발견하는 것이 아니다. 오래 지속된 관계는 그냥 그리 된 게 아니다. 언제 사람을 만나러 나갈지, 누구와 데이트할지, 잘못된 상대라면 어떻게 인연을 끊을지, 제 짝을 만났다면 언제 정착할지 등은 그 사이사이에 연루된 온갖 결정이 집대성된 결과이다. 그때그때 좋은 결정을 내리면 아름다운 러브스토리로 향하게 된다. 잘못된 결정으로 길을 잃으면 유해한 패턴을 몇 번이고 되풀이할 수밖에 없다.

우리는 비합리적이다

가끔 이해가 안 될 때가 있다. 우리는 왜 계속 실수라는 걸 알면서도 똑같은 결정을 내릴까? 그런 실수들 때문에 진정한 사랑을 찾는 여정이 번번이 가로막히는데. 바로 이 지점에서 행동 과학이 도움이 된다. 행동 과학은 우리가 결정을 내리는 과정을 연구한다. 우리 생각의 겹겹을 풀어헤쳐 그 속을 들여다보고, 특정한 결정을 내리는 이유를 알아본다.

우리는 비합리적이다. 이익에 부합되지 않는 결정을 내릴 때가 많다. 삶의 모든 영역에서 이런 일이 일어난다. 저축을 해야 한다면서도 신용카드 한도를 최대로 늘려서 돈을 다 써버린다. 운동을 하겠다면서 러닝머신을 옷걸이로 사용하기도 한다. 그러나 다행히 이러한 비합리성, 우리 두뇌가 길을 잃고 샛길로 빠지는 방식은 예측 가능하다. 행동 과학자들은 이러한 방식을 연구해, 사람들의 행동 양식을 바꾸어 더 건강하고 행복하고 다채로운 삶을 살도록 돕는다.

한동안 나는 구글에서 일하며 행동 과학의 대가 댄 애리얼리와 한 팀이 되어 비합리적 실험실이라는 그룹을 운영한 적이 있다(비합리적 실험실은 그의 책《예측할 수 있게 불합리하다》를 높이 사서 만든 것이다). 댄을 비롯한 팀원들과 함께 인간 행동을 연구하고 실험하는 일이 무척 좋았지만, 나는 내 나름의 관심사가 있었다. 당시 이십 대 초반이었던 나는 애인이 없었다. 살면서 가장 흔하면서도 가장 중대한 질문을 놓고 씨름 중이었다. 어떻게 사랑을 찾아내고 또 오래 지속시킬 수 있을까?

데이트, 인연, 섹스에 대한 나의 흥미는 역사가 길다. 대학 시절, 하버드 학부생들의 포르노 시청 습관에 관한 논문을 쓸 정도였다. 구글에서 내가 맡은 첫 업무는 (비합리적 실험실로 가기 몇 해 전이었다) 포르노와 섹스용품 고객용 구글 광고 계정 몇 개를 관리하는 일이었는데, 뱅브로스, 플레이보이, 굿 바이브레이션스 등이 여기에 포함됐다. 사람들은 우리 그룹을 비공식 명칭인 "폰 팟Porn pod"이라고 불렀다.

연인 관계에 대한 나의 호기심은 어린 시절로 거슬러 올라간다. 유년 시절 우리 집은 다정하고 행복한 가정이었지만 내가 열일곱 살이 되던 해 갑작스레 부모님이 이혼을 했다. "그 후로 오랫동안 행복하게"라는 거품은 그때 터졌고, 나에게는 오랫동안 잘 유지되는 결혼 생활이 더는 당연하게 생각되지 않았다.

당시 나는 애인이 없었다. 데이팅앱이 세상에 막 나온 때였고 나는 많은 시간을 스와이핑(앱의 상대방 프로필 화면을 좌우로 밀어 좋고 싫음을 표시)하며 보냈다. 보니까 내 주변 사람들 전부 같은 이유로 애를 먹고 있었다. 우리는 ("주머니 속에 노래 천 곡을"이라는 모토의) 1세대 아이팟 모델의 시대를 지나 (주머니 속에 천 명의 틴더 데이트 후보를 갖게 한) 스마트폰이 곳곳에 널린 시대로 돌입했다. 같은 동네 사는 보비나 벨린다와 결혼하는 대신 온라인에 올라 있는 수천 명의 싱글 중에서 짝을 고를 수 있게 된 것이다.

그런 상황을 염두에 두고 나는 "토크 앳 구글: 모던 로맨스"라는 제목의 보조 프로젝트를 진행했다. 연사 여러 명을 초대해서 요즘 사람들이 데이트나 연애가 어려운 이유를 알아보는 시리즈물인데, 세계적 명성을 누리는 전문가들을 내가 인터뷰하면서 온라인 데이팅, 디지털 시대의 소통, 일부일처제, 공감, 행복한 결혼 생활의 비결에 관해 물어보는 형식이었다. 그런데 채 몇 시간도 안 돼 수천 명의 구글 직원들이 모던 로맨스 이메일 리스트에 등록하며 그 토크의 업데이트를 받고 싶어 했다. 인터뷰가 온라인으로 나가자 수백만 명이 유튜브로 시청을 했다. 나와 내 친구들만 끙끙거리던 주제가 아니었음이 분명해졌다.

어느 날 밤이었다. 모르는 사람이 내게 다가오더니 말했다. "폴리아모리*를 다룬 당신의 토크를 봤어요. 인연이 그런 식으로 펼쳐질 수 있다는 걸 전에는 몰랐어요. 내 세상이 확 달라졌어요." 바로 그때, 나는 내가 하는 일의 파괴력을 알게 됐다. 내 천직을 찾았다.

하지만 나는 비과학적인 충고나 나열하는 그저 그런 또 한 명의 연애 상담가가 되고 싶지는 않았다. 그래서 고민했다. '사람들이

---

* 기존의 규범에서 벗어난 새로운 결혼이나 동거의 형태로, 다자간의 사랑을 뜻한다

연애할 때 더 좋은 판단을 내리도록 구글에서 연마한 행동 과학 기술을 활용하면 어떨까?'

그 후로도 오랫동안 불합리하게

IT업계에서 거의 십 년을 일한 뒤 나는 직장을 그만두고, 사람들이 애인을 찾고 사랑을 오래 지속하는 일을 도와주러 나섰다. 나는 사람들이 인연을 그르치는 이유가 무심히 저지르는 판단 오류 때문이라고 생각하는데, 이때 행동 과학이 도움을 줄 수 있다.

파트너 고르기란 원래 힘든 일이다. 문화적인 부담, 무식한 조언, 사회와 가정이 주는 억압 등이 가중되기 때문이다. 그럼에도 애인 찾기에 행동 과학을 응용한 사람은 지금까지 없었다. 아마도 사랑을 마법 같은 현상으로 믿거나 '사랑하면서 이성적이고 싶은 사람이 대체 어디 있다고?' 같은 핀잔이 두려워서인지도 모르겠다.

나는 당신을 극도로 이성적인 슈퍼컴퓨터로 변신시켜 데이트 후보란 후보는 모조리 분석한 뒤 정답 소울메이트를 출력시키려는 게 아니다. 나는 당신이 혼자서는 보지 못하는 연애의 맹점을 극복하고 사랑을 찾아 나갈 수 있도록 돕고 싶을 뿐이다.

행동을 변화시키려면 두 단계 과정을 거쳐야 한다. 먼저, 호된 값을 치를 수밖에 없는 실수를 하도록 우리 행동을 밀어붙이는 눈에 안 보이는 어떤 힘, 즉 판단상의 오류에 대해서 알아볼 것이다. 그런 오류로 빚어지는 실수의 예를 들자면, 혹시나 더 좋은 사람이 있을까 싶어 지금 상대에게 마음을 정하지 않는 경우(챕터 4), 인생 반려자life partner가 아니라 과시용 프롬 데이트prom date*를 구하는 경우(챕터 7), 유효기간이 지난 인연을 질질 끄는 경우(챕터 14) 등이 있다.

그러나 안다고 해서 실천하는 건 아니다. ("나쁜 남자"나 "변덕 요정 캐릭터 여자"를 상대하면 안되는 걸 알지만 그럼에도 여전히 그런 사람들에게 매료되지 않는가.) 실제로 뭔가 행동을 해야 한다. 행동 과학은 바로 이 지점에 개입한다. 검증된 테크닉을 제공하여 우리가 오류를 아는 단계에서 교정하는 단계로 나아가도록 해준다. 목표 달성을 위해 우리가 행동 교정을 하도록 도와주는 시스템을 새로 만드는 것이다. 그래서 이 책에는 직접 따라해 볼 수 있는 효과가 검증된 조언들을 담았다. 데이팅 관련 중대 결정이 필요할 때 도움이 되길 바란다.

이 책을 이용하는 법

이 책을 읽다 보면 당신만 혼자 고민하는 게 아니었음을 알게 될 것이다. 당신도, 당신이 가진 의문과 염려도 지극히 정상이다. 연애에 확실한 것은 없다. 하지만 좀 더 전략적인 의사 결정은 가능하다. 우리 뇌(와 가슴)의 강점과 약점을 분석한 연구 결과들을 이용하면 된다. 의도하는 사랑은 연애학(관계를 오래 지속시키는 데 유효하다)과 행동 과학(우리 의도를 관철시키는 법) 양쪽의 정보를 이용한다.

내가 프로세스를 주겠다. 평화를 주는 프로세스다.

내 고객들에게 효과가 있었고, 당신에게도 도움이 되리라고 믿는다.

---

* 고교 졸업 파티prom party에 동행할 상대를 말한다

섹션 1. 내 연애는 왜 자꾸 실패할까

먼저, 왜 오늘날 연애하기가 그 어느 때보다 어려워졌는지 그 이유를 살펴보겠다. 그런 다음 퀴즈를 풀어서 당신이 어떤 연애 맹점(나도 모르는 사이 연애를 가로막고 있는 나의 성향)을 갖고 있는지 알아보고, 그 성향 때문에 연애 생활이 어떻게 악영향을 받는지, 극복하려면 무얼 해야 하는지를 설명하겠다. 그런 다음, 애착 이론을 알아보고 누구를 어떻게 사랑하는지에 애착이 미치는 영향을 알아보겠다. 관계를 오래 지속하려면 상대에게서 어떤 자질을 찾아야 하는지도 제대로 알려 주겠다. 아마도 뜻밖의 내용일 것이다.

섹션 2: 데이팅앱 알고리즘을 알면 성공이 보인다

데이팅앱 깊숙이 들어가보겠다. 요즘 데이팅에 흔한 함정이 무엇인지 살펴보고 그걸 극복하는 방법을 알려주겠다. 스와이핑을 더 잘하게, 상대를 일상에서 만나게, 구직 면접 같지 않은 데이트를 하게 도와주겠다. 누군가를 다시 만날지 결정하는 데 도움이 될 시스템도 익힐 것이다.

섹션 3: 헤어지거나 계속 가기 위한 노하우

다음으로, 연애를 하다 보면 중대한 의사 결정 지점(가령 이 관계를 뭐라고 불러야 할지, 두 사람이 과연 같이 살아야 할지 등)을 맞이하게 되는데, 이럴 때 어떻게 대처할지 알아보겠다. 또한 헤어져야 할지, 헤어진다면 어떻게 헤어져야 할지, 이별의 상심은 어떻게 극복해야 할지 등의 과정도 함께하겠다. 만사가 순조롭다면 "결혼을 해야 할

———

사랑은 과학이다

까?"라고 자문하게 된다. 그 질문에 관한 답은 이번 섹션 마지막 챕터의 도움으로 찾을 수 있을 것이다. 마지막으로, 좋은 인연을 오래 유지할 수 있게 하는 테크닉, 즉 매일 상대에게 관심을 기울이고 두 사람이 성장함에 따라 다시 관계를 디자인하는 법을 설명하며 이 책을 마치겠다.

새로운 시도를 하겠다고 마음먹는다

당신이 지금 이 책을 읽는 이유는 연애에 관심이 있어서일 것이다. 어쩌면 학업과 일과 가족과 온갖 다른 복잡한 일들이 당신을 가로막아서 아직 누군가를 사귀어 본 적이 없을지도 모르겠다. 하지만 당신은 마음 깊숙이 알고 있다. 당신은 누군가를 소망한다.

이제 내가 당신을 다음 단계로 넘어가게 도와주겠다. 그러니 내게 데이트 코칭을 받는다고 생각하자. 내가 당신에게 부탁할 것은 간단하다. 유용한 조언들을 실제 행동으로 옮기기 바란다. (실제로 효과가 있다!) 그리고 내게 당신 생각을 바꿀 기회를 주면 좋겠다. 평생 본인 방식으로 할 만큼 해 봤다. 그러니 이제부터는 다른 시도를 해 보는 게 어떻겠는가? 이 길 끝에 오래도록 함께할 인연이 기다리고 있을 텐데.

내 연애는
왜 자꾸
실패할까

Chapter · 1

왜 예전보다 연애하기 힘들어졌을까

〰〰

전쟁, 불황, 어깨 패드 등 세대마다 당면한 난제가 있었다. 같은 이야기가 연애에도 해당된다. 사람들은 시대마다 사랑의 애달픔을 호소했다. 그러나 요즘이 그 어느 때보다 연애하기 더 힘들어졌다는 싱글들의 말이 나는 맞다고 본다. 이 책에서는 연애에 관한 가장 힘든 결단을 당신이 내릴 수 있도록 내가 몇 가지 해결책을 제시하겠다. 먼저, 전략적인 조언에 앞서 전체 판부터 깔고, 오늘날 연애를 방해하려고 작당모의 중인 여러 요인들부터 설명하겠다. 당신이 애인 찾는 일로 스트레스가 너무 심하다면 그 이유는 다음과 같다.

내가 누구인지 내가 결정해야 한다

우리 조상들의 삶은 종교, 지역 공동체, 사회 계급 등으로 결정됐다. 어떤 삶을 살게 될지 분명히 예견됐고 개인이 결정할 일은 드물었다. 어느 곳, 어느 집안에 태어났느냐에 따라 부카레스트에서 직물을 팔며 코셔 음식을 먹고 회당을 다닐지, 혹은 상하이 교외에서 농사를 지으며 자기 땅에서 기른 가축과 작물을 먹게 될지가 정해졌다. 배우자를 찾는 일은 주로 지참금, 그러니까 누가 제일 좋은 땅이나 낙타를 많이 가져오는가의 문제로 압축되었다.

오늘날, 이 모든 결정이 우리 몫이다. 현대의 삶은 개인이 각자 직접 그리는 길이다. 우리 조상들은 어디에서 무얼 해서 먹고 살지 비교할 일이 없었지만, 요즘 우리는 일일이 선택한다. 아틀란타를 두고 내쉬빌로 갈 수도 있고, 기상학자가 될지 수학자가 될지 스스로 정체성을 결정할 수 있는 엄청난 자유를 누리게 되었다. 그러나 자유의 대가로 확실성을 잃어버렸다. 우리는 밤늦도록 휴대폰 청색광에 그늘진 얼굴로 자문한다. '나는 누구인가? 내 삶을 어떻게 해야 하나?' 이 모든 자유와 끝없는 옵션의 어두운 측면은 두려움, 평생의 행복을 내 손으로 망칠지도 모른다는 두려움이다. 온몸이 오그라들도록 두렵다. 내 인생의 책임자가 나라면, 탓할 사람은 나밖에 없다. 실패는 순전히 내 잘못이다.

이제, 가장 큰 질문이 우리에게 남아 있다. 예전 같으면 부모님이나 공동체가 결정했을 질문이다. '연애 상대로 누구를 택해야 할까?'

옵션이 너무 많다

오늘날 데이팅 문화는 급격한 변화를 겪고 있다. 데이팅이라는 것 자체가 1890년대에야 시작됐다. 온라인 데이팅은 1994년 키스

사랑은 과학이다

닷컴Kiss.com으로 시작했고 곧이어 일년 뒤 매치닷컴Match.com이 뒤를 따랐다. 스와이핑으로 애인을 찾기 시작한 지는 채 10년이 안 됐다. 우리가 거대한 문화 실험의 한복판에 있다는 느낌이 든다면 바로 맞췄다. 실제 그렇다.

더는 데이트 상대가 직장이나 교회, 이웃에서 마주치는 싱글로 국한되지 않는다. 자리에 앉아서 스와이핑으로 수많은 데이트 후보를 볼 수 있다. 이렇듯 무한해 보이는 옵션에는 바람직하지 못한 측면이 있다. 스와스모어 대학의 명예교수 배리 슈워츠를 포함한 심리학자들에 따르면, 사람들이 선택권을 갈망하기는 해도 옵션이 지나치게 늘어나면 기쁨은 줄어들고 오히려 자기 결정에 대한 의심이 커진다고 한다. 이런 현상을 학자들은 **선택의 역설**이라고 부른다.

사람들은 힘들어 한다. 마치 아이스크림 가게에서 바로 내 앞에 서서는 좋아하는 맛을 고르지 못해 시간만 질질 끄는 짜증 유발 고객처럼 ("이거 전부 한 번씩 다시 맛봐도 돼요?") 우리는 생각이 너무 많아 행동은 전혀 못하는 분석 마비 환자가 돼 버렸다. 인생 반려자를 구하는 일에 특히 이 증상이 심해진다.

우리는 확실성을 갈구한다

마지막으로 구매평을 살펴본 물건은 무엇인가? 전동칫솔? 블루투스 스피커? 구글로 몇 번만 클릭하면 완벽한 상품을 골라낼 수 있을 것 같아서 우리는 랭킹과 리뷰를 끝없이 찾아본다. 주어진 선택지를 모두 조사하고 나면 확실한 상품을 고를 수 있을 것 같다.

이런 느낌에 사로잡힌 나머지 우리는 연애를 할 때도 확실성을 원한다. 하지만 연애에 그런 식의 확실한 무언가는 존재하지 않는다. '누구와 함께 해야 할까?' '내가 얼마만큼 양보해야 하지?' '저 사람이 과연 변할까?' 같은 질문에 확실한 답이 있을 리 없다. 구글을 아무리 열심히 뒤져도 제임스나 질리언이 과연 좋은 배우자가 될지 알 수 없다. 연애 중에 내려야 하는 그 어떤 중대 결정에도 완벽한 확실성을 갖출 수가 없다. 그런데 다행히도, 행복하기 위해서라면 확실성을 갖추지 않아도 된다. 좋은 관계란 만드는 것이지 이미 있는 걸 찾아내는 게 아니다. 하지만 우리 생각은 이미 함정에 빠져 있다. 수백 명의 후보를 뒤지다 보면 눈 앞의 저 사람이 확실한 상대인지 아닌지 분별할 수 있다고 생각한다.

소셜 미디어 때문에 비교하고 실망한다

수년 전만 해도 사람들은 마을 공동체에서 살았다. 다른 커플들이 사랑하다 싸우고 화해하는 과정을 모두 지켜봤다. 사적인 문제라는 건 존재하지 않았다. 오늘날에는 타인의 인간관계를 엿볼 수 있는 주된 창구가, 인스타그램 같은 준비하고 연출한 소셜 미디어 피드이다. 하이킹을 하다가 신나서 알리는 약혼 소식, 가슴에 매달린 채 졸고 있는 아기를 담은 휴가 사진을 보고 있자면 연애 문제로 가슴 조이는 아픔을 맛보는 사람은 내가 유일한 것 같다 (게다가 조명마저 형편없다). 남들 모두 완벽한 연애를 하는데 나만 허우적대는 (혹은 그마저도 없는) 느낌이니 아픔이 더하다. 남성에게 이런 경향이 더 심해 보이는데, 여성보다 친구 네트워크가 작고 두려움을 터

사랑은 과학이다

놓을 만한 친구들은 더더욱 적어서 그런 것 같다. 곤란한 문제를 좀처럼 털어놓지 않으니 다른 사람들 역시 애인을 사귀는 중에 가끔씩 어려움을 겪는다는 사실을 알 기회도 적다.

주변에 롤 모델이 부족하다

우리는 최고의 파트너를 찾아 최고의 관계를 만들고 싶은데, 주변을 보면 제대로 굴러가는 커플조차 드물다. 우리가 어릴 때는 특히 더 그랬다. 미국의 이혼율이 최고조에 이르렀을 때가 1970년대와 1980년 초반이었다. 이후로는 줄어들었지만 그래도 우리 세대에는 커플 테라피스트 에스더 퍼렐이 말하는 "이혼과 환멸의 자녀"가 많다. 미국 내 결혼의 대략 50퍼센트가 이혼이나 별거로 종지부를 찍고 기혼 부부의 4퍼센트 정도가 결혼 생활이 비참하다고 보고했다. 종합하면, 다수의 기혼 부부가 관계를 끊는 쪽을 선택하거나 혹은 불행하더라도 견디고 있다는 뜻이다.

그래서 문제다. 롤 모델의 중요성을 알리는 연구가 끊임없이 나온다. 누군가가 뭔가를 해내는 모습을 옆에서 보면, 그게 1마일을 4분 안에 들어오는 달리기이든 10분만에 핫도그 73개를 먹는 일이든(#인생목표) 나도 할 수 있다고 믿기 쉬워진다. 연애도 마찬가지다. 우리 모두 충만하게 오래 지속되는 파트너십을 원한다. 하지만 롤 모델이 부족하면 실현이 어렵다. 튼튼한 관계 속 일상의 모습이 어떤 건지 몰라서 두렵다고 내게 호소하는 고객들이 많다. '건강한 커플은 어떻게 갈등을 해소할까? 행복한 배우자들은 어떤 식으로 함께 결정을 내릴까? 어떻게 남은 평생을 한사람과 성공적으로 보낼 수 있을까?' 그들이 이런 질문의 답을 모르는 이유는 부모님의 행동에서 본 적이 없기 때문이다.

연애를 바라보는 새로운 질문들이 생겼다

우리가 풀어야 할 연애 관련 의문 가운데 낙타 치던 우리 조상들은 생각지도 못했을 것들이 많다. 가령, '우리가 지금 사귀는 걸까 아니면 그냥 혹업(섹스 위주인 관계)인 걸까?' 혹은 '지금 헤어질까 아니면 결혼 시즌이 끝날 때까지 기다려볼까?' 같은 질문이 이에 해당한다. 우리가 친한 친구와 함께 고뇌하는 이유는 지금 우리가 새로 만난 사람과 사랑에 빠진 건지 아니면 애프터 신청을 못 받는 소개팅에 진력이 나서 사귀려는 건지 몰라서이다.

피임 기술과 의학의 발전 덕분에 사람들에게는 새로운 고민이 생겼다. '아이를 가져야 할까? 가진다면 언제 가져야 할까?'(수렵과 채집 시대 우리 조상들이 이런 고민 때문에 잠 못 이루는 경우는 없었을 것이다.) 또한 데이팅이나 장기 연애의 유형도 세분화되고 있다. '우리가 일부일처monogamous 관계인가?' '일부일처를 어떻게 정의하지?' 같은 질문이 새롭게 제기된다.

어떤 면에서는 아주 흥미로운 질문들이다. 누군들 자유로이 자기 운명을 조절하고 싶지 않을까? 하지만 어느 시점에 이르면 이 모든 선택과 기회 때문에 자유롭다는 느낌은 사라지고 외려 압도당하는 느낌이 들기 시작한다.

확실한 결정을 하라는 압박을 받는다

설상가상으로, 확실한 결정을 하라는 메시지가 여기저기서 쏟아진다. 페이스북 CEO인 셰릴 샌드버그 같은 공인에서부터 (커리어 여성에게 가장 중요한 결정은 반려자를 가질 것인지, 갖는다면 누구를 그 반려로 삼을지임을 믿어 의심치 않는다고 말했다) 부모님에 이르기까지 ("너는 나 같은 실수를 하면 안돼!") 일을 그르치지 않는 것이 얼마나 중요한지 강조에 강조를 거듭한다.

마치 우리 평생이 누구와 결혼할까라는 결정 하나에 매달려 있는 느낌이다. 여성의 경우가 특히 더한데, 특정 연령까지 아이를 가지려면 배우자 고르는 일에 시간적인 압박이 더 크기 때문이다.

그래도 희망이 있다!

연애를 컨트롤하려면 스스로를 잘 알아야 한다. 내가 무엇에 의욕을 느끼는지, 무엇에 헷갈리는지, 무엇에 꺾이는지 알아야 한다는 뜻이다. 바로 이 지점에 행동 과학이, 그리고 이 책이 개입한다.

Chapter 2

자기 연애 성향 테스트

~~~

주위를 둘러보며 이런 생각을 한 적이 있는가? '왜 나만 빼고 다들 애인이 있지? 직업도 마음에 들고, 친구들도 좋고 자존감에도 문제 없는데 왜 내 인생에는 연애 하나만 부족할까?'

같은 고민을 내 고객 거의 모두가 다양한 버전으로 털어놓는다. 많은 사람들이 각자의 **연애 맹점**, 자기도 모르는 새 연애를 방해하는 어떤 행동 패턴이 있어서 그렇게 고생하고 있었다. 가장 흔히 볼 수 있는 맹점을 **세 가지 연애 성향**이라는 프레임워크 안에서 살펴보자. 세 그룹 모두 비현실적인 기대(자기 자신이나 파트너, 혹은 로맨틱한 관계에 대한 비현실적인 기대)로 어려움을 겪게 된다.

아래의 퀴즈를 풀면 본인의 데이트 성향을 알 수 있다. 무엇이 본인을 방해하는지 알 수 있으니 나쁜 습관을 버리고 새로운 습관을 개발하는 데 도움이 될 것이다. 연애 성향은 연애의 어떤 단계에서든 행동에 영향을 미친다. 그러니 사랑을 찾아 떠나는 여정의 첫 단계로 자신의 연애 성향을 아는 것이 매우 중요하다.

세 가지 연애 성향 퀴즈

방법

다음 문장을 읽고 본인에게 얼마나 부합하는지 알아본다. 해당하는 숫자에 동그라미를 친다.

1. 나와 딴판이다.
2. 나와 다소 비슷하다.
3. 딱 나다.

질문	답	
1	1 2 3	만났을 때 스파크가 일지 않는 상대와 두 번 데이트는 하고 싶지 않다.
2	1 2 3	데이트할 때 '이 사람이 내 수준에 맞나?'라고 자문한다.
3	1 2 3	내가 준비를 더 갖춰야 (가령 살을 뺀다든지 혹은 금전적으로 안정되어야) 데이트할 수 있다.
4	1 2 3	내 파트너와 내게 "우리가 어떻게 만났는지"에 관한 로맨틱한 스토리가 있다면 좋겠다.
5	1 2 3	중대한 구매를 하기 전에 늘 후기를 찾아본다.
6	1 2 3	지금 당장은 연애할 시간이 없다.

7	1 2 3	어딘가에 내게 완벽한 상대가 있다고 믿는다. 아직 못 만났을 뿐이다.
8	1 2 3	결정을 내릴 때 가능한 모든 옵션을 살피느라 오락가락한다.
9	1 2 3	좀 더 노력해야 한다는 말을 친구들에게서 듣는다.
10	1 2 3	어플은 낭만적이지 못하다고 생각한다. 좀 더 자연스런 방식으로 내 사람을 만나고 싶다.
11	1 2 3	타협하지 않는 내가 뿌듯하다.
12	1 2 3	좀처럼 데이트를 하지 않는다.
13	1 2 3	시간이 지날수록 스파크가 자란다고 생각하지 않는다. 스파크는 처음부터 느끼거나 아니면 아예 못 느끼거나 둘 중 하나이다.
14	1 2 3	내게 꼭 맞는 사람을 만나면 알아볼 것이다. 확신이 들 것이다.
15	1 2 3	최고로 좋은 사람을 만나려면 먼저 나부터 최고로 좋은 사람이 될 필요가 있다.
16	1 2 3	사랑은 직감이다. 느끼는 순간 알 수 있다.
17	1 2 3	친구들은 내가 너무 까다롭게 고른다고 한다.
18	1 2 3	지금은 커리어에 집중해야 하기 때문에 연애는 나중에 생각하겠다.

점수표

낭만형 : 1, 4, 7, 10, 13, 16번 질문의 점수를 합산한다. 〔   점〕

극대형 : 2, 5, 8, 11, 14, 17번 질문의 점수를 합산한다. 〔   점〕

주저형: 3, 6, 9, 12, 15, 18번 질문의 점수를 합산한다. 〔   점〕

어디에서 최고 점수를 얻었는가? 그게 당신의 연애 성향이다.

낭만형

이런 성향을 가진 사람들은 소울메이트, 그 후로도 오랫동안 행복하게 등 동화 속 사랑을 믿는다. '사랑' 그 자체를 사랑한다. 본인이 싱글인 이유는 아직 제짝을 못 만나서라고 믿는다. 이들의 모토는 '때가 되면 이루어지리라'이다.

극대형

이 성향의 사람들은 리서치를 좋아해서 가능한 모든 옵션을 살핀다. "확실한" 사람을 찾았다는 확신이 들 때까지 앞에 놓인 돌마다 죄다 뒤집어 본다. 결정을 신중하게 내린다. 100퍼센트 확신을 가져야 선택한다. 이들의 모토는 "타협을 왜 해?'이다.

주저형

연애할 준비가 안 됐다고 생각하는 사람들이다. 스스로에 대한 기준이 높은데, 아직 그 기준에 도달하지 못했기 때문이다. 이런 성향을 가진 사람들은 새 프로젝트를 시작하기 전에 완벽한 준비를 갖추고 싶어한다. 이들의 모토는 '내가 일등 신랑(신부)가 될 때까지 기다려야지'이다.

세 가지 유형이 다 달라보이지만 낭만형, 극대형, 주저형 사람들 모두에게 한 가지 공통점이 있다. 바로 비현실적인 기대이다.

낭만형: '관계'에 대한 기대가 비현실적이다.
극대형: '파트너'에 대한 기대가 비현실적이다.
주저형: '자신'에 대한 기대가 비현실적이다.

여러 가지 경향에서 동시에 높은 점수가 나오는 사람은 설명을 다시 읽고 본인에게 제일 잘 맞는 답을 선택한다. 그래도 해결이 되지 않으면, 세 가지 옵션을 사진으로 찍어서 믿을 만한 친구에게 보내면 좋을 것이다. 이 퀴즈의 타당성을 검토할 때 보니 퀴즈 푸는 당사자보다 주위 친구들이 당사자의 연애 성향을 더 정확하게 간파했다. 명심하라, 눈에 안 보이는 맹점이다. 우리 자신보다 오히려 친구들이 우리 행동 패턴을 더 잘 보는 경우가 많다.

내 성향은 (동그라미를 친다):

낭만형   **극대형**   **주저형**

세 가지 연애 성향에 대해 다음 몇 챕터에 걸쳐 자세히 설명하겠다. 각각의 성향을 가진 개인이 어떤 난관에 봉착하는지, 어떻게 하면 그것을 극복할 수 있는지 살펴볼 것이다. 누구에게나 도움이 될 정보이니 다음 세 챕터를 모두 읽어 보기를 권한다. 나와 성향이 다른 데이트 상대를 이해하는 데에도 도움이 될 것이다.

———

사랑은 과학이다

Chapter · 3

낭만 성향의 연애: 문제점과 해결책

〰〰〰

첫 세션을 시작한 지 20분쯤 지나자 벌써 눈물이 넘쳐 흘렀다.

"그 사람은 분명 어딘가에 있어요. 아직 날 못 찾고 있을 뿐이라고요." 마야가 말했다.

그 사람? 자신의 소울메이트. 마야라는 찐빵에 앙꼬. 바로 그 남자. 마야는 자기 꿈을 모두 이루어 줄 그 남자 이야기를 그치질 않았다. 모퉁이만 돌면 바로 눈앞에 완벽한 남자가 나타날 거라고 믿었다.

"나는 그 사람을 직접 만나고 싶어요." 데이팅앱에 대해 어떻게 생각하냐고 내가 묻자 마야는 이렇게 대답했다. "어플은 너무 비낭만적이에요. 운명이라는 게 있는데 왜 간섭을 하나요?"

마야는 매일 출근하기 전 한 시간씩 공들여 드라이를 하는 검고 긴 머리의 소유자였다. 놀랄 때 살짝 치뜨는 검은 눈썹과 웃을 때 드러나는 새하얀 이 덕분에(개인 병원을 운영하는 치과의사이니 당연히 그럴 수밖에), 사소한 말을 할 때도 약간 드라마틱한 느낌을 주었다. 그녀의 부모님은 이란 출신 이민자였고 마야의 표현에 따르면 "아주 행복한 결혼 생활"을 35년째 유지하고 있었다. 그녀도 부모님처럼 되고 싶었다.

몇 번 남자친구를 사귄 적도 있었다. 한 명은 대학생 때, 두 명은 그 후에 사귀었지만 계속되지는 않았다. 언제나 그녀가 먼저 찼다. "때가 되면 알 수 있을 거예요." 눈썹을 살짝 치뜨며 마야가 말했다. 어려서 디즈니의 〈인어공주〉 같은 비디오 테이프를 보고 보고 또 보더니, 이제 자신만의 '그 후로도 오랫동안 행복하게'를 기다리고 있었다.

마야는 뼛속까지 낭만 성향이다. 낭만형 인물은 사랑이 저절로 일어나는 현상이고 자기가 싱글인 이유는 아직 제짝을 만나지 못해서라고 믿는다. 자기 삶을 의식적으로 동화와 일치시키지는 않지만 비슷하게 살고 싶어한다. 어느 날 문득 완벽한 상대가 자기 삶 속으로 들어올 것이라 믿으니 자기가 할 일이라고는 그 순간이 오기를 기다리는 일뿐이다. 프린스 차밍 혹은 신데렐라가 걸어 들어오면 아무런 노력을 기울이지 않아도 사랑이 시작된다. 그렇고 말고!

동화의 문제점

당신이 구제불능의 낭만주의자라한들 대체 누가 상관하겠는가? 그래도 나, 그리고 당신은 상관해야 한다.

행동 과학에서는 **마인드셋**mindset**, 어떤 마음가짐을 가지느냐가**

중요하다. 우리의 태도와 기대가 우리가 할 경험의 맥락이 되고, 그 경험은 다시 우리가 정보를 해석하고 의사 결정을 내리는 데 영향을 미친다. 심리학자 르네 프라니욱은 연애와 관련해 두 종류의 마인드셋이 있다고 밝혔다. **소울메이트** 마인드셋은 올바른 짝을 찾으면 관계가 만족된다는 믿음이고 **문제 해결** 마인드셋은 만족스러운 관계는 노력의 산물이라는 믿음이다.

당연하게도, 낭만형 사람들은 소울메이트 범주에 든다. 연애의 단계마다 이 마인드셋이 파급력을 발휘한다. 먼저, 파트너를 구하는 방식에 영향을 미친다. 마야에게 본인이 왜 싱글인 것 같으냐고 내가 물으니 "아직 내게 사랑이 찾아오지 않아서요"라고 대답했다. 그녀의 생각에 사랑이란 마치 천둥번개처럼 자신에게 다가오는 것이다. 그러니 구태여 왜 그녀가 노력을 하겠는가? 낭만형 사람들은 사랑을 '기다리려고' 하지, 사랑을 '만들려고' 노력하지 않는다. (예전에 비행기를 탈 때마다 한껏 꾸미고 탑승하는 여자와 일한 적이 있다. 그 이유를 물으니 혹시나 같은 비행기에 '미래의 남편'이 타고 있을지도 몰라서라고 했다. 그런데, 너무 나선다는 인상을 줄까 봐 정작 본인은 아무에게도 다가가지 않았다.)

두 번째로, 누구와 데이트를 하고 싶은지도 이 마인드셋의 영향을 받는다. 소울메이트 신봉자들은 자기 파트너의 생김새에 대해 대단히 구체적인 비전을 갖는 경향이 있다. 처음 우리가 만났을 때, 마야는 미래 남편의 외모 특징을 줄줄 읊었다. "머리카락과 눈 색깔은 밝고요, 날씬해요. 근육이 있지만 '지나치게' 근육질은 아니에요. 고상한 타투. 머리 길이는 중간 정도. 얼굴은 곱지만 약간 거친, 나쁜 남자 인상이지요. 키는 커야 해요. 175센티미터 이상. 손이 좋아야 하고 손톱이 뭉툭하면 안돼요."

낭만형 사람들은 미래 배우자의 생김새에 확신을 갖기 때문에 그 이미지에 맞지 않는 사람에게는 기회를 주지 않는다. 그래서 결국에는 정말 좋은 짝일 수도 있는 사람을 놓치고 만다.

낭만형이 "바로 저 사람'이라고 믿는 상대와 데이트를 시작하면, 하늘 높이 솟아오른 기대감으로 관계를 빠르게 진척시킬 수가 있다. 하지만 그러다가 커플이라면 어쩔 수 없이 겪게 되는 난관을 만났을 때 (가령, 특별히 열띤 싸움 같은 것) 문제를 극복하려고 애쓰느니 차라리 관계를 포기해버리고 만다.

마야의 이전 연애가 왜 그리 힘들었는지 그녀의 낭만 성향을 보면 이해가 된다. "전에 누굴 사귈 때마다 결국 이런 의문이 생기더라고요. '잠깐, 왜 이렇게 힘이 들지?' 사랑은 노력이 필요 없는 거잖아요, 안 그래요? 그렇다면 이 남자가 '바로 그 사람'이 아니라는 뜻이겠죠." 마야가 말했다.

반대로, 문제 해결 마인드셋을 가진 사람들은 인간관계는 노력이 필요하고, 사랑이란 우리가 취하는 행동이지 저절로 일어나는 것이 아니라고 믿는다. 이들이 연애를 훨씬 잘 해나간다. 관계가 부진해지면 포기하는 대신에 관계 회복에 필요한 일을 하기 때문이다.

당신이 낭만 유형인데 연애를 오래 지속하고 싶다면, 이제 동화에서 벗어나 문제 해결 마인드셋으로 넘어가야 할 시간이다.

사랑은 과학이다

동화 같기를 바라는 기대감

폭발적인 열정으로 가득한 대단한 러브스토리 끝에 결혼에 이른다고 믿는 건 낭만 유형의 사람들뿐만이 아니다. 우리 주변에서도 흔히 그런 믿음을 볼 수 있다.

하지만 언제나 그랬던 건 아니다. 역사적으로 대부분의 시기에는 사랑해서 결혼한다는 건 어리석은 생각이었다. 결혼이란 경제와 편의의 산물이었다. 내가 결혼을 한다면 상대방 아버지의 땅이 우리 아버지 땅에 인접했기 때문이었다. 그게 아니면 가난한 나와 결혼하는 대가로 누군가가 우리 집에 암소 열두 마리를 줬기 때문이었다.

결혼 역사가 스테퍼니 쿤츠에 따르면, "18세기 후반까지 대부분의 사회에서는 결혼이 경제적, 정치적으로 너무도 중대한 제도여서 오로지 당사자 두 사람의 자유 선택에만 맡길 수 없다고 생각했다. 특히 사랑처럼 불합리하고 덧없는 감정을 근거로 두 사람이 결정하려 한다면 더욱 그랬다."

고대의 시를 보면 사랑은 인간이 늘 경험하던 감정이었음을 알 수 있다. 세상에서 제일 오래된 연애시라고 간주되는 4,000년 전 고대 수메르 시대의 〈슈신을 위한 연가Love Song for Shu-Sin〉의 저자가 이르기를, "사자여, 내가 그대를 애무할게요/내 소중한 애무는 꿀보다 달지요." (무슨 생각을 하는지 알겠지만, 아니다, 이건 비욘세의 노래 가사가 아니다!) 그러나 유사 이래 오랫동안, 사랑은 결혼 공식의 일부가 아니었다. 사랑이란 혼인 관계 '밖에서' 경험하는 어떤 것이었다. 아마도 이웃과 바람을 피거나 아니라면 동네 대장장이를 짝

사랑했을 것이다.

알랭 드 보통은 사랑에 대한 사람들의 견해가 시간에 따라 어떻게 변화했는지 연구했다. 그는 의미 있는 삶을 위한 단기 집중 강좌를 제공하는 인생학교를 운영하는 철학자인데, 연애에 대한 심오한 소설 두 권 《왜 나는 너를 사랑하는가》와 《낭만적 연애와 그후의 일상》을 썼다.

알랭 드 보통과 대화를 나눌 기회가 있었는데, 그는 우리 조상들이 사랑을 어떻게 봤는지 이렇게 설명했다. "사랑을 아주 흥분된 순간으로 봤어요. 마치 일종의 질병과 같은, 일종의 황홀경이었죠. 사랑은 일상적 경험을 벗어난 것이었어요…… 거의 접신을 한달까. 그리고 평생 단 한 번 있을까 말까 한 일이었죠. 실질적인 방식으로 대하면 안되는 것이라고들 생각했어요. 당신은 사랑이 몸을 휘감아 젊은 시절의 뜨거운 여름으로 당신을 이끌도록 내버려두겠지만, 그렇다고 사랑 때문에 결혼에 이르는 건 당연히 아니었어요."

1750년경이 되어서야 사랑해서 결혼한다는 개념이 자리잡았다. 이 개념은 유럽에서 시작된 낭만주의로부터 비롯되어 온 세상에 퍼졌는데, 낭만주의 철학자들은 사랑을 "일종의 질병"에서 장기적으로 지속되는 관계에서 기대할 수 있는 새로운 모델로 승격시켰다. 산업 혁명으로 말미암아 이 모델이 주류 사회에 더 빨리 수용되었다. 광범해진 기계화로 막대한 부가 널리 퍼지자 마침내 결혼의 초점이 기초 욕구 충족에서 개인의 충족감으로 옮겨간 것이다.

몇 세기가 흘렀지만 낭만주의는 여전히 사랑에 대한 생각을 지배하고 있다. 아래 낭만주의 이상을 적은 리스트를 보자. 얼마나 많은 항목이 당신 생각과 비슷한가?

- 사랑은 직관이다. 느낌이 오면 바로 알 수 있다.
- 소울메이트를 만나는 순간 바로 그 사람에게 매료될 것이다. 나는 그 사람에게만 끌릴 것이고 그 사람은 내게만 그럴 것이다.
- 소울메이트라면 직관적으로 나를 이해할 것이고 내가 필요한 게 무엇인지 그 사람이 먼저 알 것이다.
- 결혼 기간 내내 파트너와 열정적으로 사랑할 것이다.
- 내게 진정으로 필요한 사람은 소울메이트뿐이다. 그 사람이 절친에서 여행 파트너, 열정적인 애인에 이르기까지 내 삶에 모든 역할을 해줄 것이다.
- 만족할 만한 섹스가 만족할 만한 결혼 생활의 징표이다. 만족스럽지 못하고 드문드문한 섹스(부정행위는 더 나쁘다)는 희망 없는 사이를 의미한다.
- 돈 이야기는 섹시하지 못하다. 사랑은 실용적인 것과는 상관없다.

이런 생각에 공감이 많이 될수록 당신은 낭만주의에 세뇌된 것이다. 이런 식으로 로맨틱한 관계가 펼쳐지기를 바라는 사람들이 마야처럼 소울메이트 신봉자가 된다. "바로 그 사람"을 기다리느라 시간을 낭비하면서 본인이 가진 사랑에 대한 비현실적인 기대에 못 미치는 사람은 누구든 거부한다.

낭만주의 이상과 싸워 이기는 법

영화나 텔레비전 드라마가 오랫동안 달콤한 낭만주의 이상을 지속시켰다(인생은 〈노트북〉이 아니다). 사랑과 오래 지속되는 관계에 대한 낭만주의적 메시지는 옳지 않을 뿐만 아니라 해롭기까지 하다. 게다가 비 맞으며 하는 키스는 보기보다 훨씬 춥고 불편하다. 주된 원흉들은 다음과 같다.

낭만형 증폭제 1: 디즈니 만화 속 프린스 차밍

디즈니가 끊임없이 주입시키는 소울메이트 신념
"그 사람"이 어딘가에 있고, 그 사람은 상상하던 모습 그대로이다.

디즈니는 어느 날 프린스 혹은 프린세스 차밍이 나타나서 우리를 번쩍 안아 들 거라는 이야기를 들려준다. 이런 환상은 이성애 성향 여자들만 병들게 하지 않는다. 나는 다양한 젠더와 성적 지향을 지닌 사람들을 만나왔다. 그런데 그 사람들 역시 어딘가에 있을 완벽한 상대를 기다리고 있었다. 건축가인 어떤 남자는 입양아들의 멘토이기도 했다. 어떤 여자는 박사 학위를 가진 모델이었다. 또 어떤 사람은 남들이 바라는 장점은 모두 가지고 단점은 전혀 없는 사람인데도 그랬다.

디즈니 만화 속 인물들은 서로 알지도 못하면서 사랑에 빠진다. 〈인어공주〉에서 왕자 에릭이 아리엘에 대해 아는 거라고는 그녀가 빨강 머리의 매력적인 여자이고 배가 뒤집혔을 때 자기를 끌고 바

사랑은 과학이다

다 가슴으로 헤엄을 칠 수 있을 만큼 상체 힘이 세다는 것뿐이다. 에릭이 그 때문에 아리엘을 사랑한 걸까? 〈신데렐라〉에서 여주인공이 왕자에게 빠진 이유는 그가 춤을 잘 추고, 분실물을 맞는 임자에 찾아주려고 열과 성을 다해서이다. 말이야 바른 말이지, 좀 얄팍하다.

문제 해결 마인드셋으로 전환

프린스 차밍도 입냄새가 난다.

당신 포함 그 누구도 완벽한 사람은 없다. 무슨 말인지 모르겠다고? 자신이 가장 최근에 실망시킨 사람을 떠올리자. (이래도 모르겠다면 형제들에게 전화해 보자. 기꺼이 귀띔해 줄 거라 확신한다.)

이제 완벽함에 대한 생각을 포기할 때가 됐다.

당신도 마야처럼 미래 배우자에 대한 이미지를 갖고 있을지 모른다. 그 이미지는 아마 어렸을 때 같은 동네 길 건넛집 소년, 혹은 좋아하는 영화 배우를 짝사랑하던 때 형성되었을 것이다. 하지만 이제 그 사람과 함께 딸려오는 꾸러미가 기대와 다를 수도 있음을 깨달을 때가 됐다. 그 사람이 기대보다 작을 수도 클 수도, 통통할 수도 마를 수도, 피부색이 짙을 수도 옅을 수도, 털이 북슬북슬할 수도 매끈매끈할 수도 있다. 그 사람의 외모에 대한 좁은 견해 때문에 눈 앞에 있는 사람의 가능성을 못 볼 수도 있다. 당신이 완벽하지 않은데 왜 상대가 완벽해야 하는가? 이중 잣대는 버리자. 당신은 영화 배우가 아니다. (혹시 영화배우라면, 대박! 내 책을 읽어 주다니 감사하다!)

낭만형 증폭제 2: 디즈니가 말하는 그 후로도 오랫동안 행복하게

디즈니가 끊임없이 주입시키는 소울메이트 신념
사랑에서 힘든 대목은 누군가를 찾기까지이다. 그 후로는 모든 일이 쉽다.

디즈니 영화는 커플이 결혼에 이르기까지 밟는 온갖 과정을, 즉 구애, 갈등, 두 사람을 방해하는 사악한 마녀까지 그 모든 것을 묘사한다. 그러나 일단 두 사람이 적을 무찌르고 마침내 함께하게 되면 그 커플의 고난은 끝난다. 그 후로 오랫동안 행복하게, 과연?

틀렸다. 나는 이를 **그 후로도 오랫동안 행복하게** 오류라고 부르겠다. 사랑에서 힘든 대목이 누군가를 만나기까지라는 생각은 잘못됐다.

문제 해결 마인드셋으로 전환
늘 쉬운 관계란 없다. 아무리 건강하고 만족스러운 결혼 생활도 노력을 요구한다.

누군가를 만나는 일이 힘들기는 하지만 진정한 도전은 만난 후에 올 때가 많다. '힘든 대목'은 좋은 인연을 만들고 유지하기 위해 매일 노력을 기울여야 한다는 점이다. '힘든 대목'은 하루를 마친 뒤 배우자 얼굴을 볼 생각에 설레는 것이다. 결혼한 지 30년, 아이는 둘, 신혼이 훌쩍 지나간 뒤에도. '힘든 대목'은 인생이 던지는 온갖 경제적인, 감정적인, 영적인 풍상을 겪으면서도 당신이 왜 배우자를 사랑하는지 그 이유를 잊지 않는 것이다.

낭만형 증폭제 3: 로코의 우연한 만남

로코romantic comedy**가 끊임없이 주입시키는 소울메이트 신념:** 걱정 마, 사랑이 알아서 찾아올 거야. 아마 기막히게 우연한 방식으로 찾아와서 친구들한테 얘기해 주지 않고는 못 배길 걸.

로코는 영화 티켓 정도는 살 수 있을 만큼 돈을 벌게 된 어른들을 겨냥한 디즈니 동화이다. 대체 누가 어설픈 영국 남자를 매력적이라고 생각하겠는가. (콜린 퍼스는 브루셀 양배추Brussels sporuts 같아서 나이 들기 전에는 그 매력을 모른다.) 로코가 실생활과 다르다는 사실을 우리 모두 잘 안다. 그렇다 해도 몰래 우리의 집단 무의식 속으로 침투해 들어온다. 두 주인공의 우연한 만남이라는 콘셉트가 특히 심하다. 로코에서 남주 여주는 우연히 처음 만나는데, 대개는 두 사람이 각자 자기 길(산지 직거래 시장을 예로 들자)을 가던 중이다. 당신은 그게 내 일일 수도 있겠다는 생각이 든다. 완벽해 보이는 토마토를 집으려고 손을 뻗는데 바로 그 순간 옆에 있던 잘생긴 남자도 동시에 손을 뻗어서 둘이 찌리릿! 눈이 맞는다. 그 잘생긴 낯선 남자가 자기 할머니께 만들어드릴 브루스케타(또르르 구르는 이태리어 발음으로 말한다)를 만들려면 그 토마토가 필요하다고 말한다. 당신은 그에게 양보한다. 남자가 답례로 카푸치노를 대접하고 싶다고 말한다. 당신은 승낙한다. 11개월이 지나, 딱 한 번 대판 싸우고, 크게 화해의 제스처를 하느라 남자가 당신을 쫓아 JFK 공항을 달린다. 남자는 출국심사원 옆에 서서, 새로 잡은 광고 대행사 일자리 때문에 출국하려는 당신에게 제발 서울행 비행기를 타지 말라고 간곡하게 부탁한다.

로맨틱 코미디는 사랑이 저절로 우리를 찾아오지 거꾸로 우리가 찾는 게 아니라는 생각을 주입한다. 첫눈에 반하는 사랑이 진짜라는 생각, 그냥 자기 삶에 충실하기만 하면 (그리고 산지 직거래 시장에서 엄청나게 많은 양의 토마토를 소비하면) 저절로 된다고 착각하게 한다. 그러면 어느 날 마법처럼 미래의 배우자가 눈앞에 떡하니 나타난다고 한다. 인연을 실제 생활 속에서 만나는 점은 나도 인정한다. 파티나 행사장, 심지어는 시위 현장에서도 사람들을 만나니까. 하지만 로코는 사람들이 연애할 때 '과도하게 수동적으로' 지내도 좋다는 신호를 준다.

문제 해결 마인드셋으로 전환

사랑에는 수고, 그러니까 사랑을 찾는 일에서부터 찾은 사랑을 계속 살리는 일까지 다양한 수고가 필요하다. 산지 직거래 시장에 줄 서서 기다리는 일이 전부가 아니란 뜻이다. 누군가를 찾으려면 노력을 해야 한다. (이 책 섹션 2에 그 방법이 나온다.) 인연의 마법은 우연이 남발되는 영화 같은 만남에 있지 않다. 진짜 마법은 전혀 모르는 두 사람이 만나서 하나의 삶을 창조하는 데 있다. 어디서 어떻게 두 사람이 만나는지는 중요하지 않다.

사랑은 과학이다

낭만형 증폭제 4: 소셜 미디어

소셜 미디어가 주입시키는 소울메이트 신념

연애는 노력이 필요 없는, 섹스로 충만한 사랑의 축제이다(찬란한 조명을 받아가며).

적어도 디즈니 만화와 로코는 허구라는 점을 숨기지 않는다. 소셜 미디어는 마치 실제 생활인 것처럼 위장을 하기 때문에 여러모로 더 위험하다. 석양을 등진 낭만적인 해변 산책, 근사하게 차려놓은 저녁 식사 위로 나누는 키스 등 우리는 소셜 미디어에서 완벽한 이미지로 연출된 연애 장면을 본다. 반면에 나는 파트너도 없다. 비교하고 절망한다.

문제 해결 마인드셋으로 전환

먼저, 인스타그램에서 본 걸 믿지 말아야 한다. 그 사진들은 어떤 메시지를 전달하기 위해 자르고, 뿌옇게 처리하고 왜곡한 것이다. 소셜 미디어에 있는 연애 사진들은 커플의 모습을 과도하게 포장한 것들이다. 우리도 사진을 올릴 때 울고불고 하거나 코 후비는 모습을 올리지 않는다. 그렇듯이 여자 친구와 대차게 싸우는 모습, 과연 저 여자와 계속 만나야 하나 밤새워 고민하는 모습을 올리는 사람은 아무도 없다. 그래서 소셜 미디어를 보면 다른 사람은 모두 지극히 행복하고, 힘은 하나도 안 들고, 열정적이어서 완벽한 연애를 한다고 믿게 된다. 그래서 나와 파트너의 관계에 대한 기대도 하늘까지 부풀어 오른다.

인연에는 부침의 시간이 있기 마련이다. 상대와의 좋은 관계를 위해 열심히 애쓰고 있다면 그건 좋은 징조이지 나쁜 것이 전혀 아니다! 좀처럼 소셜 미디어에 올리지 않는 소소한 일상의 순간들('똥 묻은' 기저귀를 갈거나, 빨래를 하거나, 설거지를 하는 등)이 결혼 생활의 많은 시간을 차지한다. 사랑은 이런 순간을 외면하면서가 아니라, 이런 순간들 "안"에서 자란다. 필터 처리 잔뜩 한 해질녘 사진보다 훨씬 더 많은 것을 담고 있는 게 사랑이다.

동화 속 로맨스에서 실제 삶 속의 사랑으로

마야에게 디즈니 영화, 로맨스 코미디, 소셜 미디어가 어떻게 그녀의 낭만 성향을 일으켰는지 설명했다. 그녀가 애인을 구하려면 기대를 바꿔야 했다.

마야는 팔짱을 끼더니 이맛살을 찌푸리며 내게 말했다. "내 꿈을 포기하라는 소리로 들려요. 난 사랑에 나름의 비전을 갖고 있어요. 그런데 그런 건 없대요. 나보고 타협하거나 포기하라는 소리지요. 다른 사람들은 멀쩡히 하는 근사한 연애를 왜 나만 못하라는 거예요? 내가 뭐가 부족해서요?"

알고말고. 내가 말했다. "마야, 아뇨, 그런 게 아녜요. 여태 그려오던 연애와 다른 모습의 연애에도 마음을 열어 달라고 부탁하는 거예요. 타협이 아니라요. 타협이라면 프린스 차밍을 상으로 받겠다는 사람에게 그보다 못한 차선을 택하라고 말하는 거잖아요. 그게 아니라, 프린스 차밍이란 건 세상에 없다는 말이에요."

이 말은 이 책을 읽고 있는 당신에게도 해당된다. 이제 프린스

　　　　　　　　　　사랑은 과학이다

차밍은 포기하고 누군가 실존하는 인물을 찾아야 할 때다. 그 누군가를 래리라고 부르기로 하자.

마야가 사귀게 된 사람 이름이 래리이다. 마야가 그를 만난 건 휴가 간 치과 의사의 대타로 들어간 병원에서였다. 마야는 나와의 세션을 통해 소울메이트 신념을 버리게 되었다. 진짜 사랑을 방해하던 믿음이었다. 지금 그녀가 함께 살고 있는 남자친구는 그녀가 기대하던 유형과는 전혀 다르다. 두 아이를 데리고 사는 이혼남이다.

"그이는 자세도 구부정하고 구멍 난 스웨터를 입고 다녀요. 나 먼저 들어가라고 문을 열어 주는 법도 없고요." 그녀가 웃으며 말했다. 겉모습에 더 이상 신경 안 쓰게 된 자신이 자기도 놀라운 듯했다. "그이는 웃겨요. 친절하고요. 그 사람 옆에 있으면 내가 나다워져서 좋아요. 내가 똑똑하고 재미있는 사람이 되더라고요. 뻔한 소리로 들리겠지요. 알아요. 하지만 그 어느 때보다 지금이 훨씬 행복해요."

두 사람은 다툰다. 추수감사절을 어디에서 보낼지, 마야의 친구이자 원수인 사람 결혼식에 굳이 갈 필요가 있는지, 래리가 키우는 개가 먹을 슈퍼프리미엄급 사료에 그 많은 돈을 써야 하는지 등등을 두고 다툰다. 하지만 그런 다툼이 나쁜 게 아니라 외려 좋다는 걸 마야는 이제 잘 알고 있다.

"우리는 열정적으로 지내요! 주변도 보살피고 터놓고 대화도 나누고요. 서로 다른 사람들이니 당연히 다툼이 있지요. 모든 관계에는 수고가 필요해요. 나는 이 사람과의 관계에 내 수고를 투자하기로 마음먹었어요."

Chapter 4

극대 성향의 연애: 문제점과 해결책

스티븐은 뭘 해야 할지 '본능적으로' 알던 때가 언제였는지 기억도 못하겠다고 말했다. 그는 중대한 혹은 사소한 결정을 내릴 때마다 방대한 리서치를 했다. 다른 회사 구직 면접도 몇 달 간격으로 계속 보지만 ("내 옵션을 열어 두기 위해서죠"라고 말했다) 현재 직장에 머물렀다. 아버지 날 선물로 드릴 위스키 한 병을 고르려고 위스키 후기를 두 시간 동안 섭렵했다. 그에게 결정이란 해체하고 분석하고 난리를 떨어야 하는 문젯거리였다. 휴대폰 메모 어플에는 장단점 비교 리스트가 가득했다. 몇 시간만 리서치를 하면 완벽한 결정을 내릴 수 있는데 왜 그저 그런 결정을 내리는 무모한 짓을 한단 말인가?

이런 그의 행동이 때로 친구들의 그리고 면접관들의 신경을 거스르지만, 그의 우유부단함 때문에 정말 고생하는 사람은 다름 아닌 스티븐 자신이다. 그리고 그의 여자 친구 개비이다.

개비는 스티븐을 사랑했다. 스티븐도 개비를 사랑했다. 두 사람은 4년을 사귀었고 그 중 3년을 같이 살았다. 그런데도 스티븐은 가끔 자문했다. '또 누가 있을까?' 그는 개비의 장점을 잘 알고 있었다. 그녀는 간호사로 일했고 동물 보호소에서 고양이 몇 마리를 입양했다. 한결같고, 따스하고, 살뜰하고, 매력적이고, 상냥하고, 똑똑했다. 그런데도 충분하지 않았다. 그는 그녀가 좀 더 사교적이길 바랐다. 추상적인 사상에 대해 깊은 대화와 디너 파티를 원했다.

개비는 결혼해서 가정을 꾸릴 준비가 됐다고 느꼈다. 예상대로, 스티븐은 확신이 안 섰다. 스티븐이 마음을 정하길 1년 동안 기다린 뒤 개비는 이만 충분하다 싶었다. 스티븐과 사귀기 시작한 '이후로' 만난 친구들 결혼식에 참석하는 것도 이젠 진력이 났다. 어느 늦은 밤, 개비가 눈물을 흘리며 스티븐에게 말했다. "이제 더 기다릴 수가 없어. 결혼을 약속하든가 아니면 헤어져."

그 후 몇 달 동안 스티븐은 어쩔 줄을 몰랐다. 그는 약혼하고 싶어지고 '싶었다'. 하지만 정작 프로포즈는 할 수가 없었다. 친구들과 의논을 했다. 깊이 생각해 보려고 장거리 수영도 했다. 그래도 자기가 진정으로 원하는 게 뭔지 도통 알 수가 없었다. 그는 자문을 멈출 수가 없었다. '다른 사람과 함께라면 혹시 5퍼센트 더 행복하지 않을까?'

극대형 인간 대 만족형 인간

스티븐은 극대형 인간이다. 극대형 인간은 최선의 결정을 해야 한다는 강박을 갖고 있다. 미국의 경제학자이자 정치과학자, 인지 심리학자인 허버트 A. 사이먼이 1956년 논문에 처음으로 이런 성격 유형에 대해 썼다. 사이먼에 따르면 극대형 인간은 특별한 유형의 완벽주의자로서, 가능한 옵션을 모조리 탐색하고 난 후에야 비로소 결정을 내릴 수 있다고 느끼는 사람이다. 그러나 옵션의 수가 방대할 때, 이런 강박은 무서울 만큼 힘들고 궁극적으로는 실행이 가능하지도 않다.

같은 스펙트럼의 반대 쪽에는 **만족형 인간**Satisficer이 있다('만족 satisfy'과 '충분하다suffice'의 합성어). 이들은 나름의 기준을 갖지만 더 좋은 옵션이 있을까 봐 연연하지 않는다. 본인이 원하는 조건이 있기 때문에 "이만하면 충분한" 옵션을 얻을 때까지 찾기는 한다. 그들이 타협을 한다는 뜻이 아니다. 단지 자료를 '좀' 모아보고 이 정도면 '만족스러운' 옵션임을 아는 순간 이제 결정을 내려도 좋다고 생각할 뿐이다.

두 시간 동안 비행기를 탄다고 상상해 보자. 비행기가 이륙하자 영화를 고르려고 화면 스크롤링을 시작하는데 당신은 A) 흥미를 끄는 첫 번째 영화를 선택하는가? 이런 사람은 5분도 채 안 되어 의자 깊숙이 몸을 젖히고 영화 〈굿윌 헌팅〉에 시선을 고정한다. 아니면 B) 25분 동안 스크롤하면서 최신 영화, 코미디, 드라마, 다큐멘터리, 외국 영화는 물론 온갖 텔레비전 드라마까지 샅샅이 뒤진 뒤 마침내 절대적으로 최선이라 생각되는 선택을 하는가?

A라면 아마 만족형이기 쉽다. B를 골랐다면 명백히 극대형이다 (당신이 실제로는 이 스펙트럼 양극단 어딘가에 있을 수도 있고, 아니면 어떤 면에서는 극대형이지만 또 다른 면에서는 만족형일 수도 있다.)

극대형 사람은 늘 선택에 매달려 있다. 그는 신중한 분석이 보다 나은 삶으로 가는 길이라고 철석같이 믿는다. 하지만 그건 사실이 아니다. 만족형이 '좋은' 판단을 할뿐더러 그 판단에 더 기분 좋아하는 경향이 있다. 그 이유는 (강조를 거듭할 가치가 있는데) 만족하는 것이 타협이 '아니기' 때문이다. 만족형 인간 역시 기대 수준이 높을 수 있고 그 기준이 충족될 때까지는 탐색을 멈추지 않는다. 다만 다른 점은 일단 기준이 충족되면 다른 옵션에 연연하지 않는다는 점이다. 반면에 극대형은 기준에 맞는 옵션을 찾은 후에도 나머지 가능성을 전부 살피지 않으면 안된다.

연애에 국한시켜 말하자면, 스티븐 같은 극대형 인간은 충분히 탐색을 해야 완벽한 상대를 찾아 확실하게 믿음이 가는 선택을 할 수 있다고 착각을 한다. 그러나 그런 완벽한 상대, 확실함은 이 세상에 존재하지 않는다. 바로 그런 이유로 극대형은 번민하게 되고 결정을 늦추다가 기회를 잃고 만다. 다른 말로 하자면, 만족형이 되는 게 더 낫다.

극대형 인간은 어쩌다 이리 되었나?

극대형 인간은 걱정이 병이다. 단순히 FOMO(fear of missing out, 좋은 기회를 놓칠까 걱정하는 것)이 아니다. 진단이 조금 더 어려운 FOMTWD(fear of making the wrong decision, 잘못된 결정을 내릴까 걱정하는 것)이다. 그래서 이들은 옵션을 극대로 늘리면 완벽한 선택이 가능하니 걱정이 덜할 거라고 믿는다. 그러나 FOMTWD는 엄청난 중압감을 초래한다. 완벽에서 조금이라도 모자라면 실패라고 느끼기 때문이다.

나도 여행할 때 이런 일을 겪는다. 아무리 내 여정이 완벽하게 펼쳐져도 자칫 실수라도 하면(가령, 도심에서 먼 호텔로 예약했다든가) 여행을 망쳤다는 느낌을 떨칠 수가 없다. '좀 더 자세히 조사하고 올걸'이라고 후회한다. 그래서 이런 생각이 여행을 망치지 않도록 자신과 싸워야 한다.

반려자를 고르는 것보다 극대형 성향을 악화시키는 경우는 거의 없다. 극대형 인간은 실수를 두려워한다. '만약 이혼을 하고 혼자 아이들을 도맡게 되면 어쩌지? 할말도 없는 아내 때문에 퇴근해도 집에 가기 싫어지면 어쩌지? 너무 지겨운 나머지 바람이라도 피게 된다면?'

유사 이래 오랫동안 (많은 사회에서 오늘날까지도) 가족과 공동체, 종교 지도자가 우리가 할일을 (무얼 입을지, 무얼 먹을지, 어떻게 행동할지, 무얼 믿을지, 게다가 누구와 결혼할지도) 지시했다. 그러나 점점 더 개인주의로, 또 세속적으로 변해 가는 오늘날 문화 속에서 우리의 정체성은 각자가 알아서 결정한다. '고기를 먹을까? 안식일에도 일을 할까? 내 아이에게 세례를 줄까? 결혼식은 회당에서 할까? 나를 여자라고 할까 아니면 남자라고 할까 아니면 이도 저도 아니라고 할까?'

한때 문화, 종교, 가족이 빼곡히 채웠던 개인의 삶이 이제는 텅 빈 백지이다. 이로 인해 우리는 자신을 한껏 표현할 자유를 얻었다. 하지만 제대로 해야 한다는 압박감도 짊어지게 됐다. 우리 삶의 저자가 우리 자신인데 내용이 형편없다면 자신 말고는 아무도 탓할 사람이 없다. 분석 마비에 걸리는 것도 당연하다. 공중에 붕 뜬 그 많은 결정거리가 전적으로 우리에게 달려 있다면 당연히 확고한 발판이 간절해진다. "예식장으로 들어갈 때 100퍼센트 확신이 선다면 좋겠어요." 스티븐이 내게 말했다.

하지만 바로 그게 문제다. 스티븐은 "장단점 리스트"를 계속해서 작성하다 보면 정답에 도달할 수 있다고 믿는다. 진공청소기 최적 상품을 고를 때 그랬고 (다이슨V11 애니멀, 평점 5점 리뷰 160개) 최적의 하루를 보낼 계획도 그렇게 세웠다 (5시 서핑, 사람들이 몹시 좋아하지만 아무도 모르는 작은 가판점에서 커피, 단거리 삼종경기, 친구 두 명 만나고, 해변에서 명상, 집밥, 보드게임). 결혼도 이와 다를 바가 전혀 없다고 믿는다. 이 말은, 누구와 결혼할지라는 문제에 정답이 '있다'고 그가 가정했다는 뜻이다. 그런데 그런 정답은 없다.

극대화의 문제

극대형 인간이 더 좋은 결실을 맺는가?

이 질문에 우리는 두 가지 측면 즉, 객관적인 '결과'와 주관적인 '경험'이라는 측면에서 생각해 볼 수 있다. 다시 말해, 선택의 질과 그에 대한 느낌을 따져 보자는 말이다.

극대형 인간인데 모닝 커피에 돈 쓰기가 아까워진 사람을 상상해 보자. 그 사람은 가정용 에스프레소 메이커를 조사하느라 수 시간을 소비한다. 아마존 리뷰도 읽고 와이어커터 같은 상품 비교 사이트도 조사한다. 그러고는 와이어커터의 넘버원 상품, 우아한 자태의 브레빌 밤비노 플러스를 고른다. 기계가 도착하자마자 보니까 생각했던 것과 달리 부엌 크기에 잘 안 맞는다. 더 작은 걸로 골라야 했을까 의문이 든다. 어느 리뷰에서 경고했듯, 기계가 고른 커피 콩의 특징적인 맛은 살리지 못한다. 커피가 추출되는 동안 머리에서도 김이 난다. 다른 걸로 고를 것을 후회가 막심하다.

한편, 그의 만족형 친구 역시 에스프레소 메이커 시장의 문을 두드린다. 그는 몰로 가서 네스프레소 스토어에 들어가 뭐가 필요한지 점원에게 말하고 적당한 가격의 기계를 골라 들고 나온다. 그러고는 극대형 친구에게 매일 라떼를 만들어 먹는 과정이 얼마나 즐거운지 말해 준다. 알록달록한 커피 파드 고르는 일부터 우유로 스팀 만드는 일까지 세세하게 말이다.

위의 시나리오를 보면 극대형 인물은 가능한 최고의 에스프레소 기계를 구했다. 여러 웹사이트에 극대형 인간의 기계와 그 친구 기계가 비교돼 있는데, 극대형이 이겼다. 하지만 자기가 내린 결정에 기분이 좋은 사람은 누구인가?

보고에 따르면, 만족형 사람들이 스스로의 결정에 기분이 더 좋다고 한다. 객관적으로 열등한 선택을 했을 때조차 그렇다 (세상에, 친구 커피메이커는 와이어커터 추천 리스트에도 못 들었던 말이다!). 그 이유는 극대형 인간이 끊임없이 스스로를 의심하기 때문이다. 그들은 이중으로 고생한다. 먼저, 결정을 내리기까지의 갈등이 고생스럽고 결정한 후로는 잘못된 결정을 내렸을까 봐 근심한다.

《선택의 패러독스》 저자인 심리학자 배리 슈워츠에 따르면, 극대형 사람들과 만족형 사람들이 구분되는 지점은 결정의 잘잘못이 아니라 내린 결정을 두고 느끼는 감정이라고 한다. "극대형 인간은 좋은 결정을 내리고도 그 결정에 기분이 언짢다. 만족형은 좋은 결정을 내리고 그래서 그 결정에 그 기분이 좋다."

목표가 무엇인가? 지상 최고의 커피머신을 갖는 것인가 아니면 행복한 것인가? 당신이 행복을 추구한다면 실제로 중요한 건 주관적인 경험이지 객관적인 결과가 아니다. 커피의 품질도 중요하지만 그 커피를 어떻게 '느끼냐'가 훨씬 더 중요하다.

만족의 지혜

극대형 인간은 결정하기 전에 앞에 놓인 돌마다 일일이 뒤집어보고 싶어한다. 이런 사람들에게 연애는 특히 더 지난한 과제이다. 같은 도시에 사는 싱글도 모두 만나 볼 수는 없는 노릇 아닌가. 결혼을 하거나 오랜 인연을 맺기로 마음먹었다면 지금 가진 정보를 근거로 결정을 내려야 한다.

극대형 인간은 이런 생각에 초조해진다. 막상 골랐는데 행복하지 않다면 어쩐단 말인가? 이제 희소식을 주겠다. 믿기 힘들겠지만 우리를 행복하게 만드는 멋진 도구가 있다. 바로 뇌다! 뇌는 우리가 일단 마음을 정하면 그게 왜 좋은 선택이었는지 합리화를 도와준다.

합리화란 우리가 잘했다고 스스로를 납득시키는 힘을 말한다. 값비싼 코트를 샀는데 한 달 안으로 환불이 가능한 상황이라고 가정해 보자. 그 코트를 집으로 가져가서는 이런저런 장단점을 생각해 볼 것이다. 그런데, 그냥 입기로 결정했는데도 머릿속에 떠올렸던 단점들이 사라지지 않을 것이다. 반대로, 마감 세일에서 장만한 코트는 사는 즉시 전적으로 좋아하기 시작할 것이다. 어차피 환불도 못하는데 결점은 뭐하러 일부러 생각하겠는가? 합리화의 힘이란 이토록 강력하다. 적극 받아들여라.

데이팅에도 이 원리가 작용한다. 우리가 누군가로 마음을 정하면, 뇌는 그게 잘한 선택이라고 최선을 다해서 우리를 믿게 한다. 만족형 사람들은 본능적으로 이를 알고 그 덕을 누린다.

이제 다음과 같은 생각을 할지도 모르겠다. '내가 원하는 건 단순히 좋은 정도의 결정이 아니야. 그 정도로는 타협하기 싫어.' 이는 만족에 대해 모르고 하는 말이다. 만족형도 기대 수준이 아주 높을 수 있다는 사실을 기억해야 한다. 그들도 자기 기대 수준을 맞추느라 얼마간 이런저런 옵션을 둘러본다. 그러나 그들이 다른 점은, 일단 자기 기준에 맞는 옵션을 찾으면 그것으로 만족한다는 것이다. 또 다른 옵션이 뭐가 있는지 궁금해하지 않는다. 그래서 내가 당신에게 만족형 인간이 되도록 노력해 보라고 권하는 것이다. 행복해지기를 선택하는 것이야말로 최고의 선택이니까.

비서 문제

만족형 인간처럼 데이트하는 방법을 배우기 위해, **비서 문제**라고 알려진 의사 결정 수수께끼를 풀어 보자. 비서를 구한다고 상상해 보자. 차례차례 면접 볼 후보가 100명이 있다. 한 사람 면접이 끝날 때마다 그 사람을 채용할지 아니면 그 다음 면접을 계속 진행할지 정해야 한다. 한 번 퇴짜를 놓으면 그 사람은 탈락이다. 나중에 마음을 바꿔 채용하겠다고 번복할 수 없다.

어떻게 하면 제일 좋은 후보 뽑을 확률을 극대화할 수 있을까? 너무 빨리 결정하고 싶지는 않다. 좋은 후보가 마지막에 나올지도 모르는데 그 사람을 놓치고 싶지 않기 때문이다. 하지만 너무 뒤쪽까지 면접을 진행하고 싶지도 않다. 마지막 후보가 변변치 않을 위험도 있다.

이 문제의 정답을 수학적으로 계산하면 이렇다. 우선, 후보자들 가운데 37퍼센트만 먼저 면접을 본 뒤 일단 멈춘다. 첫째 그룹에서 최고 후보가 누구인지 알아낸다. 이제 이 사람을 중요 '벤치마크'로 삼는다. 초반 37퍼센트 후보를 평가했으니, 계속 면접을 진행하다가 벤치마크보다 뛰어난 후보가 최초로 나왔을 때 그 사람을 채용하면 된다.

이 논리가 데이팅에도 적용된다. 비서 문제에서는 100명의 후보가 있었다. 데이팅에는 얼마나 많은 매치가 이 세상에 있는지 알 수가 없다. 안다 해도 다 만나볼 수도 없는 노릇이다. 생활, 교통, 지리가 모두 우리를 가로막고 있다. 데이트 후보 전체 '숫자'를 생각하는 대신, 얼마나 '오래' 적극적으로 파트너를 구할 시간이 우리에게 있는지 생각해 보자. 37퍼센트 룰을 그 시간에 적용해 보자. 브라이언 크리스천과 톰 그리피스가 저서 《알고리즘, 인생을 계산하다》에서 결혼하기 원하는 싱글 남자를 거론했다. "그가 상대를 물색하는 기간이 18세에서 40세에 이른다고 가정하면 37퍼센트 시점은 26.1세이다. 그때를 기점으로 찬찬히 찾던 시기에서 훌쩍 뛰어들 시기로 변해야 한다."

이 말은 그 남자가 26.1세 무렵, 이전에 연애했던 8.1년의 세월을 통틀어 중요 벤치마크, 즉 그때까지 데이트했던 여자 중에 최고가 누구인지 판단해야 한다는 뜻이다. 그런 다음 결혼은, '벤치마크보다 더 좋다'고 그가 생각하는 '바로 다음 사람'과 하면 된다.

이 비서 문제를 더그에게 설명해줬다. 그는 소프트웨어 엔지니어로, 최근에 자기 사업을 메이저 기술 회사에 팔았다. 연애는 수차례 했는데 3개월에서 6개월 정도만 지속됐다고 했다. 연애하던 여자마다 늘 뭔가 부족한 면이 보였다고 했다. 이 여자는 그가 농담하면 웃어줬지만 본인이 재미가 없었고, 저 여자는 일을 너무 많이 했고, 그 다음 여자는 너무 일을 안 했다.

내가 벤치마크 개념을 설명하기 시작하자 그가 고개를 끄덕이더니 내 말을 가로 막았다. "아아, 알겠어요. 내가 지금 서른 한 살이니까 예전에 사귄 사람 중에 좋은 아내가 될 뻔한 사람이 있었다는 말이네요." 그는 감을 잡았다.

그에게 숙제를 내주었다. "작년에 데이트했던 여성들을 모두 스프레드시트 한 장에 적어 넣으세요. 열을 나눠서 여성들 이름, 어떻게 만났는지, 같이 있으면 어떤 기분이 들었는지, 공유했던 가치가 무엇이었는지 적어보세요. 다른 디테일을 적어도 좋아요. 하지만 지저분한 단점 리스트나 섹시 랭킹 같은 걸 보자는 소리가 아닙니다."

"알겠습니다."

다음 세션 때 더그가 랩톱을 펼치더니 자기 숙제를 보여 주었다. 페이지가 로딩이 되는 동안 그가 말했다. "이름은 브리엘. 브리엘이 바로 그 사람이에요."

—

"바로 그 사람? 그러니까 천생연분 '바로 그 사람' 말이에요?" 내가 물었다. (안다. 내가 싫어하는 표현이 '바로 그 사람' 맞다. 하지만 그 말에 대한 내 혐오심을 잠시 내려 놓았다.)

"내가 결혼할 그 사람이 아니라, 벤치마크 그 사람이라고요. 똑똑하고 재미있고 함께 있으면 즐겁고 야심 있고 예쁘기도 한 여자였어요. 아아, 그 사람과 대체 왜 헤어졌는지 모르겠네요. 어쨌든 그 사람은 이젠 너무 늦었어요. 그래도 브리엘이 내 벤치마크예요. 다음에 그 여자만큼이나, 아니면 그 여자보다 더 좋은 여자가 생기면 마음을 정하려고요."

이제 당신 차례. 처음 데이트를 시작한 나이에서 오랜 반려와 정착하고 싶은 나이까지 햇수를 세어 보라. 그 숫자의 37퍼센트는 몇 세인가? 그 답을 데이트 시작했던 해에 더해라. 그 해가 당신의 37퍼센트 해이다. 당신이 30대라면 아마도 그 해를 이미 지났을 것이다. 내가 더그에게 내준 숙제를 당신도 한 다음 벤치마크 파트너가 누구인지 알아보자.

걱정하지 않아도 된다. 다음 데이트 상대와 결혼하라는 말이 아니다. 37퍼센트 해가 지났다는 이유로 이미 너무 늦었다는 뜻도 아니다. 다만 합리적인 벤치마크를 찾아낼 수 있을 만큼 당신에게도 충분한 데이터가 있을 거라는 뜻이다. '리서치가 더는 필요하지 않다.' 다음에 당신의 벤치마크만큼 혹은 그 보다 더 좋은 사람을 만나면 그 사람으로 마음을 정하면 된다.

이제 다시 스티븐 이야기로 돌아가겠다. 그는 여전히 자문하고 있었다. '다른 사람과 함께하면 5퍼센트 더 행복할 수 있을까?' 개비는 스티븐에게 최후통첩을 내리고 몇 개월이 지나자 다시 한 번 정면 대결을 시도했다. 스티븐은 아직 결혼반지 살 계획이 전혀 없음을 인정했다. 개비가 이제는 끝이라고 그에게 말했다. 이사 박스가 들어오고 이별의 혼란 중에 섹스를 하고 소셜 미디어에는 새 프로필 사진이 올라왔다.

스티븐은 반이 비어 버린 자기 아파트에 홀로 앉아 있었다. 소파도 없고 텔레비전도 없고 서랍장도 없었다. 침대 하나, 의자 몇 개, 힘들여 조사한 끝에 장만한 초경량 캠핑 용품들이 전부였다.

그 당시에는 스티븐이 내게 다시 연락할 일은 없을 거라고 생각했다. 그리고 스티븐 부류의 사람들을 겪어 본 내 경험을 근거로, 아마도 새 여자들을 만나고 있을 거라고 추측했다. 그가 들떠서 만나다가 100퍼센트 확신이 들지 않는다는 이유로 떠날 여자들을.

그런데 일 년쯤 지나 그에게서 전화가 왔다.

"만나는 사람이 있어요. 평생을 함께하고 싶은 사람이에요." 스티븐이 말했다.

뜻밖의 소식에 나는 전율이 일었다. "자세히 얘기해 주세요."

"지난 주말에 함께 여행을 갔어요. 자전거를 타고 요리를 하고 섹스도 했어요. 이 사람이랑 결혼해야겠다는 느낌이 오더라고요."

그가 행복하다는 말을 들으니 나도 너무 행복했다. 하지만 짚고 넘어가야 했다. "머릿속 스티븐은 뭐래요? '5퍼센트 더 행복할 수 있을까?' 묻는 사람이 있잖아요?"

　　　　　　　　　　　　　　사랑은 과학이다

그가 웃었다. "네, 쉽지 않았어요. 그래도 나름 노력했어요. 이 사람과 함께하는 게 감사하더라고요. 다른 사람을 만나면 뭘 가질 수 있을까 따위는 이제 생각 안 해요. 이 사람과 함께 내 인생을 설계하고 싶다는 생각밖에 없어요. 멋지게요."

스티븐은 만족하는 법을 익혔던 것이다. 불확실성과 함께 해도 불편하지 않은 법, 기진맥진할 정도로 조사하지 않고도 결정하는 법을. 그 과정을 거친 뒤 스티븐은 자기 인생의 구두점을, 극대형의 근심 가득한 물음표에서 만족형의 자신감 넘치는 마침표로 바꿨다.

처음에는 스티븐의 이야기를 경고의 에피소드로 쓰게 될 줄 알았다. **완벽을 바라며 훌륭한 것을 내치지 마라.** 하지만 지금은 성공 사례로 말할 수 있다. 극대형 여러분, 자신에게 행복이라는 선물을 주자. 만족이라는 선물을 주자.

Chapter 5

주저 성향의 연애: 문제점과 해결책

$$\wedge\wedge\wedge$$

샌프란시스코 시내 어느 호젓한 발코니에서 새로 맞는 고객 시어를 만났다. 그의 사무실에서 몇 블록 떨어진 곳이었다. 서른다섯 살에 키가 180센티미터가 넘는 남자였다. (나중에 그가 말하기를 샌프란시스코 유대인 데이팅 마켓에서 그의 키는 아주 유리한 조건이라고 했다.)

시어를 만나러 갈 때 그에 대해 아는 게 거의 없었다. 직접 만나 보니 자신감 넘치는 매력적인 남자였다. 테이블에 앉아 우리가 마실 커피를 주문하려고 줄을 서 있는 그 남자를 보면서 그가 왜 내 도움을 원하는지 그 이유를 추측해 보려 애썼다. 누구와 데이트를 할지 결정하기 힘들어서 그러나? 악화된 관계를 끝내고 싶어서 그러나? 힘들게 헤어지고 나서 새로 시작하고 싶은 걸까?

그가 라떼를 들고 걸어와서 내게 건넨 뒤 말했다. "음, 제 쪽에서 먼저 시작해야겠지요. 여태 여자 친구를 사귀어 본 적이 한 번도 없어요. 아, 맞아요, 고등학교 때 한 명이 있었던 것 같지만 그 후로는 없어요."

연애 경험이 그렇게 없다니 나는 깜짝 놀랐다. "왜 그렇게 됐다고 생각하세요?"

"여태 준비가 된 적이 없거든요. 처음에는 직업부터 안정되기를 바랐어요. 그러다가 굉장히 좋은 일자리를 잡았는데, 그러고 나니까 돈을 좀 모아야 아내를 부양할 수 있겠더라고요. 그래서 웬만큼 돈을 모았다 싶었는데 그때부터 제가 심리상담을 받기 시작했어요. 그랬더니 나부터 먼저 챙기고 싶더라고요. 최근에는 다른 직장으로 이직을 했는데 그러자 또 다시 일이 안정될 때까지는 준비를 더 해야 할 것 같더라고요."

그는 언젠가는 아내와 가정을 갖고 싶지만 아직은 준비가 안 된 것 같다고 말했다. 그래도 나를 찾은 이유는 전문가의 도움을 받으라고 부모님이 성화를 해서라고 했다.

그의 이야기를 들으면 아마도 고개를 끄덕이며 수긍할 것이다. '맞는 말이지. 잘하고 있네. 이 남자는 준비만 되면 금방 연애하겠네.' 그런데 좀 더 자세한 이야기를 듣다 보니 그는 '이미' 준비가 다 되어 있었다. 큰 회사에서 변호사로 일한 지 벌써 10년째였고 경제적으로도 안정되어 있었다. 그는 자기를 잘 아는 성숙한 사람이었다. 취미도 있었다(기타를 친다고 했다. 잘은 못 쳐도, 라고 본인이 말했다). 친구도 많았다. 가족과도 사이가 좋았다.

시어 같은 고객을 많이 봤다. 일등 배우자감인데 정작 데이트는 적극적으로 하지 않는다. 이런 부류를 나는 **주저형 인간**이라고 부른다. 그들이 상담을 받는 이유는 데이트를 해야겠다고 '느끼기'

때문이지만, 정작 실천은 못한다. 왜 데이트를 안 하냐고 물으면 "준비부터 좀 해야죠"라는 핑계를 쏟아낸다.

"살부터 빼고요."

"승진부터 하고요."

"대학원부터 마치고요."

"프로필 사진부터 찍고요."

"직장 일이 좀 잠잠해지면요."

우리는 모두 어느 정도 조건이 나아지길 바란다. 그러나 이런 바람이 핑계로 변할 수 있다. 이해는 된다. 사람 만나는 게 무서우니까. 두려움이 주저형 인간을 마비시킨다. 거절당할까 두렵다. 실패할까 두렵다. 충분하지 않을까 두렵다. 그러니 사람 만나기를 피하는 것도 이해가 간다. 시도를 안 하면 실패도 없다, 안 그런가?

하지만 준비가 100퍼센트 될 때까지 기다리는 사람들은 본인이 무얼 놓치고 있는지 잘 모른다.

기다리는 게 왜 잘못일까

어떤 일도 100퍼센트 준비하는 건 불가능하다. 데이팅을 포함해서, 아니 특히 데이팅은 더 그렇다. 자기 능력이 완성될 때까지 기다리고 싶은 마음은 이해가 된다. 이상적인 상대를 만났는데 정작 그 사람이 나를 거절하면 어쩐단 말인가?

주저형 인간의 머리에는 어느 날 문득 눈을 뜨니 준비가 되어 있다라는 스토리가 들어 있다. 그 스토리는 허구이다. 인생은 그렇지 않다. 누구나 어색한 느낌이 들 때가 있다. 스트레스가 심한 상황에 처하면 대다수 사람들이 불안해 한다. 우리 대부분 한 구석씩 남에게 들키고 싶지 않은 면이 있다. 하지만 이런 사람들 모두가 데이트하다가 키스하다가 사랑에 빠졌다가 헤어지고는 다시 사랑에 빠지고 결혼을 한다. 이윽고 당신도 나가서 만남을 시작해야 한다. 불완전한 모습 그대로. 누구나 불완전하다. 당신이 선택하게 될 그 사람도 마찬가지이다.

그리고 혹시 당신이 스스로 상상하는 대로, 승진도 하고 몸무게도 5킬로그램 줄이는 등 소위 완벽한 상태에 도달한 다음 연애를 시작했다고 치자. 그러면 상대가 너무 조건을 따져 사랑하는 건 아닐까 하는 의심이 없을까? 만일 당신이 직장을 잃고 상황이 나빠져 치즈 중독이 되는 바람에 몸무게가 10킬로그램이나 불어나면 상대에게 버림받을지도 모른다는 두려움이 생기지 않을까?

데이트를 주저하고 미루면 생각보다 놓치는 게 많다. 경제학자들은 종종 **기회비용**, 즉 어떤 옵션을 배제하고 다른 옵션을 택했을 때 치르는 비용을 거론한다. 서로 상반되는 두 개의 옵션, 즉 옵션 A와 옵션 B가 있는데, 옵션 B를 선택할 경우의 기회비용은 옵션 A를 포기하면서 잃게 되는 것이고 반대의 경우도 마찬가지이다.

간단한 예로, 대학원에 진학할까(옵션 A) 아니면 현재 직장에서 일을 계속할까(옵션 B) 사이에서 갈등한다고 치자. 대학원 등록금과 2년 생활비를 합하면 20만 달러에 이른다. 그러면 대학원에 다니는 총비용이 얼마나 드는 걸까? 20만 달러? 아니다. 그 돈은 기회비용을 무시한 금액이다. 대학원을 가면 풀타임 직장을 그만두니 못 받게 될 현재의 봉급도 대학원 진학 총비용에 포함시켜야 한다.

그래서 총비용은 등록금에 생활비에 직장을 계속 다녔다면 받았을 2년치 봉급을 합한 금액이다.

다른 예를 들면, 당신이 친구 서맨사가 어느 바에서 여는 생일 파티에 갈까 혹은 직장 동료 데이비드의 집들이 파티에 갈까 고민 중이라고 가정해 보자. 서맨사의 파티에 간다고 가정하면 그 비용은 단지 거기 가는 데 걸린 시간, 바에서 치를 비용, 다음 날 숙취로 얼마나 골이 지끈거릴지 뿐만이 아니다. 데이비드와 그의 집에서 만날 직장 동료들을 사귈 수 있는 기회를 놓친 비용도 있다.

연애의 경우, 주저형 인간은 자신감도 더 생기고 돈도 더 생기고 뭐든 더 생길 때까지 기다린다고 한다. 하지만 연애를 시작하지 않아서 놓치게 되는 기회비용은 등한시하고 있다.

배울 기회를 놓친다

첫 번째 기회비용은 배움의 기회를 잃는 것이다. 자신이 좋아하는 것 혹은 싫어하는 것이 무엇인지 다양한 사람과 사귀어 보지 않으면 알 수가 없다. (오랜 시간에 걸쳐 조금씩 변화가 있기는 하지만) 데이팅은 반복이 되는 경우가 많다. 자신이 좋아하는 것 혹은 상대에게서 찾아야 하는 가치를 잘 모를 경우에는 특히 그렇다. (이에 관해서는 챕터 8에서 더 자세히 논의하겠다.)

당신이 뭔가 원한다고 생각해서 시도했는데 나중에 보니 진정으로 원하는 게 '아니었다면', 그걸 알고 난 후에는 다음 길을 갈 수 있게 된다. 혹시 당신이 신비스러운 사람에게 끌릴 수도 있겠다. 그렇다면 태양의 서커스 배우, 히치하이킹으로 마다가스카르를 횡

사랑은 과학이다

단하고 손수 바지를 만들어 입는 어딘가 냉담해 보이는 보헤미안을 당신이 사귄다고 가정해 보자. 처음에는 그 신비스러움에 매료됐지만 몇 달 연애를 해 보니 이제는 좀 더 따뜻하고 다정한 (그리고 품질 좋은 바지를 입는) 파트너를 원하게 됐다. 이 사람과 연애를 안 했다면 당신이 어떤 타입을 오랜 반려로 원하는지 전혀 모를 것이다.

내 고객 징을 예로 들겠다. 서른 한 살에 처음으로 데이트를 할 참이다. 어렸을 때 가족 이사가 잦아서 그녀는 평생 친구 그룹을 만들지 못했다. 하물며 여자 친구는 더 없었다. 대학 시절 그녀는 공부만 열심히 하는 수줍은 학생이었다. 새로 친구들을 사귀었지만 연애 같은 학창시절 통과 의례와는 거리가 멀었다.

대학 졸업 후 그녀는 광고회사 인턴으로 들어갔다. 열심히 일해서 수석 카피라이터까지 지위가 올랐다. 자신이 원하던 대로 스스로를 세련되고 유쾌하고 열정적인 사람으로 변모시켰다. 그런데도 아직 연애는 못 했다. 너무 뒤쳐진 느낌이라 시도조차 하지 않았다. 징은 경험 부족 때문에 이제 좋은 짝을 찾기가 더 한층 까다로워졌다는 사실을 깨달았다. "실습 기회를 놓친 거예요. 내가 뭘 좋아하고 뭘 싫어하는지도 몰라요. 그걸 모르니 파트너를 구하는 게 훨씬 더 힘들게 느껴져요."

데이팅 렙 하기

사람 만나기를 미루는 주저형 인간은 연애 기술을 연마할 기회도 놓친다. 데이트하는 법은 저절로 알게 되는 거라고 생각하는 고객이 너무 많아서 나는 끊임없이 놀란다. 데이트가 얼마나 어려운데!

여느 다른 일과 마찬가지로 연애도 숙달되려면 시간이 필요하다.

나는 내 고객들에게 렙을 반복하라고 충고한다. 렙rep이란 1회의 운동 동작을 말한다. 헬스장에 가면 몇 배수로 렙을 해야 신체가 강화된다. 연애할 때도 몇 배수로 데이트를 해야 강해진다. 당신이 데이트를 미룬 채 집에 앉아서 아직 준비가 안 됐다고 생각하고 있을 때 누군가는 사람을 만나러 나간다. 그렇게 해서 재미있게 말하는 기술, 남의 말을 잘 듣는 기술, 프렌치 키스하는 기술을 연마한다. 데이팅 렙을 하는 것이다.

징은 자기가 여전히 초보처럼 느껴진다고 했다. "일생일대의 시합을 하는데 풋내기 선수나 저지르는 실수를 하고 있어요." 사실 누구나 처음에는 풋내기 같은 실수를 할 수밖에 없다. 언제 데이트를 시작하건 실수는 하게 마련이니 차라리 지금 하는 게 나을 것이다.

데이트는 어찌 보면 스탠드업 코미디 같은 것이다(잘 모르는 사람이 당돌한 질문을 던지는 경우가 그보다는 덜하길 바랄 뿐이다). 두 경우 다 관객을 중심으로 하는 예술이다. 코미디언이 집에 있다가 우스운 농담을 하면, 그건 그냥 습작일 뿐이라고 한다. 관객 앞에 서야 비로소 스탠드업 공연이라고 할 수 있다는 뜻이다. 세상 그 누구도 처음 마이크 앞에 서자마자 객석을 뒤집을 수는 없다고, 실전으로 배워야 한다고 스탠드업 코미디언들은 말한다. 그래서 유망한 코미디언들이 무대 경험을 쌓으려고 그렇게 노력하는 것이다. 넷플릭스 코미디 〈앨리 윙: 베이비 코브라〉로 유명세를 떨치기 전에 앨리 윙은 매일 밤 작은 클럽에 가서, 손님 중 아무나 공연할 수 있도록 설치한 오픈 마이크 앞에 서서 무대 연습을 거듭했다.

데이트도 마찬가지이다. 흥미로운 질문을 던지는 법, 매혹적인 방식으로 자신을 표현하는 법, 첫 키스로 진입하는 법을 연습할 필요가 있다. 이런 게 당신의 렙이다. 이 가운데 혼자 방구석에 앉아 준비할 수 있는 기술은 하나도 없다. 유일한 방법은 '실제로 데이트를 하는 것'이다.

주저하지 말고 데이트를 시작하라

행동 과학자들은 **의도-실천 갭**을 경고한다. 즉, 뭔가 해 보려는 의도는 있지만 행동으로 실천하지 않는 경우가 많다는 뜻이다. 데이트를 시작하겠다는 의도는 있다. 하지만 그 의도를 행동으로 옮기지 못하고 그만 의도와 실천 사이의 간극에 갇혀버리는 사람들이 있다. 당신이 실천에 나설 수 있도록, 행동 과학 도구함에서 몇 가지 테크닉을 꺼내 주겠다. 이 기술이 징에게도 통해서, 그녀는 실수투성이 첫 만남을 몇 번 하더니 어색함을 조금이나마 벗어난 두 번째 만남에도 꽤 나가게 되었고, 세 번째, 네 번째 데이트를 거듭하다가 결국 연애를 시작해 첫 번째 남자친구를 갖게 되었다.

1단계: 데드라인을 정한다

사람을 움직이게 만드는 가장 효율적인 방법은 데드라인을 주는 것이다. 그것도 단기로 설정하면 특히 좋다. 비밀번호를 바꿔야 한다는 연락을 은행에서 받았다 치자. 언제까지라는 말이 없다면 사람들이 어떻게 할까? 바꾸겠다는 '의도'는 있지만 언제든 할 수 있는 일이기 때문에 실천하기 전에 잊어버리기도 한다. 의도와 실천의 갭에 빠진 것이다.

반면에 은행에서 "귀하는 오늘 마감시간까지 비밀 번호를 바꿔야 합니다"라고 보낸 이메일을 받았다 치자. 이 경우에는 데드라인이 짧고 구체적이다. 사람들은 그 기한을 놓칠까 봐 당장 비밀번호를 바꾸거나 혹은 그날 따로 시간을 내어 수정작업을 할 것이다. 데드라인이 짧게 주어지면 실천에 나설 확률이 훨씬 높아진다.

몇몇 학자들이 시간 안배가 적절한(기한은 짧되 실행은 가능하게 설정한) 데드라인의 효과를 연구했다. 행동 과학자 수잰 슈와 아엘릿 그니지는 사람들이 제과점에서 상품권을 사용하는 횟수를 살펴봤다. 상품권이 두 달 동안 유효할 때는 10퍼센트도 안 되는 사람들만 패스트리로 교환했다. (나머지는 빵 부스러기처럼 날아갔다!) 그러나 상품권 기한이 3주밖에 안 되는 경우에는 30퍼센트가 넘는 사람들이 상품권을 사용했다. 첫 번째 시나리오 속 사람들이 실행을 늦춘 이유는 나중에 해도 괜찮다고 생각했기 때문이다. 데드라인을 짧게 받았던 사람들은 기한을 놓칠 수도 있다고 생각했기 때문에 보다 즉시 대응을 했다.

주저형 인간이라면 이제 데이팅을 시작할 데드라인을 설정해 보자. 나는 지금으로부터 3주를 제안한다. 데이팅 선행 준비(아래에 그 리스트를 제시했다)에는 충분하지만 너무 늘어져서 추진력을 잃을 정도는 아닌 시간이다.

2단계: 사전 준비
데드라인을 정했으면 데이팅 사전 작업을 시작하자. 어플을 다

사랑은 과학이다

운로드하고 몇 가지 확실한 조합의 의상을 준비한다. 즉흥 연기 수업을 듣는 것도 생각해 보기 바란다. 남의 말을 주의 깊게 듣고 다른 사람들과 어울리는 법을 배울 수 있다. 다음번에 친구들과 저녁 식사를 하면서 주의를 기울여 보자. 주의가 내 내면으로 치중되는지(내 인상이 어떨까?) 아니면 정말 호기심을 느끼는지(이 사람이 무슨 말을 하려는 걸까?).

　그리고 데이팅이라는 게임에서 한동안 벗어나 있던 사람이라면, 이 참에 돋보이는 사진을 몇 장 준비하자. 한때 온라인 데이팅을 두려워하던 고객이 있었다. 그녀가 늘 하던 말이 "적당한 프로필 사진이 없어요"였다. 그래서 얼굴이 예쁘게 나오도록 사진에 투자를 좀 하자고 내가 그녀를 설득했다. 사진을 받아보더니 드디어 그녀는 준비가 됐다고 생각했다. 어플을 설치하고 자기 프로필 사진으로 호평을 받더니 그 다음 주에 첫 만남을 하러 나갔다. 사진 한 장 찍으려고 전문가에게 돈을 펑펑 쓸 필요는 없다. 화사한 조명에 괜찮은 휴대폰을 가진 친구만 있으면 된다(아. 초상화 모드!).

　데이트 준비의 일환으로 테라피스트를 만나는 것도 좋겠다. 당신을 가로막는 요인이 무엇인가? 말못할 두려움이 있는가? 과거 어떤 경험이 앞길을 방해하는가? 단, 테라피를 받는다는 핑계로 데이트 시작을 늦춰서는 안 된다. 테라피는 즉효약이 아니다. 단 몇 주만에 완벽한 버전의 당신으로, 데이트 '채비가 완벽한' 사람으로 만들어 주리라 기대해서는 안 된다. 테라피를 받겠다고 마음먹고 데이트와 '병행하라'.

3단계: 다른 사람들에게 알린다

자기 목표를 공개적으로 선언한 사람은 그 목표에 집중할 확률이 더 크다. 사회 심리학자 케빈 맥콜이 이끄는 일단의 연구자들이 재미있는 실험을 통해 이를 입증했다. 연구자들은 각별히 어려운 시험을 눈앞에 둔 학생들을 다른 그룹으로 나누었다. 한 그룹의 학생들에게는 목표 점수를 서로 이야기하도록 시키고 다른 그룹에게는 혼자만 알고 있으라고 했다. 다른 사람들과 목표 점수를 공유한 그룹 학생들은 목표에 더욱 전념하며 공부 시간도 늘렸다. 그리하여 목표를 달성하고 원하던 점수를 얻은 학생들이 20퍼센트 더 많았다.

가까운 친지 두세 명에게 이제 데이트를 시작하겠다고 알려라. 데드라인도 알려라. 공개 선언을 하고 나면 당신의 평판이 달려 있기 때문에 더 한층 마음이 내킬 것이다. (보너스로 좋은 점: 공동체에 데이트 목표를 알리면 소개의 물꼬가 트이게 된다. 챕터 9에 소개 부탁하는 방법이 나온다.)

4단계: 새 아이덴티티를 정한다

우리가 가진 아이덴티티(정체성)은 다양하다. 딸, 친구, 비욘세 팬, 러너 등 다양한 내가 있다. 그런데 특정 순간 어떤 아이덴티티에 마음이 기우느냐에 따라 우리 행동이 달라진다. 스탠포드와 하버드 학자 팀의 연구에 따르면, 사람들의 아이덴티티를 확인하는 것만으로도 그들의 행동을 바꿀 수 있다고 한다. 연구자들은 선거 주일에 투표자 등록을 마친 유권자들을 조사했다. 한 그룹에는 다

사랑은 과학이다

음과 같은 질문을 했다. "투표 행위가 얼마나 중요하다고 생각합니까?" 인구 구성이 동일한 다른 그룹에게는 질문을 약간 바꿔서 물었다. "다가오는 선거에 투표자가 된다는 게 얼마나 중요하다고 생각합니까?" 그리고 나중에 투표 기록을 가지고 실제로 누가 투표장에 나왔는지 확인해봤다. 투표자가 '된다는 것'에 관한 질문을 받은 사람들이 투표 '행위'에 관한 질문을 받은 사람들 보다 11퍼센트 가량 더 높은 참가율을 보였다.

두 그룹 사람들 모두 투표하려는 '의도'는 있었다. 그러나 자신을 투표자로 생각하도록 부추김을 당한 사람들이 더 많이 투표했다. 그들은 투표를 해볼까라는 생각만 한 것이 아니라 자신을 투표자로 생각했다. 일단 그런 아이덴티티가 강조되자 현장에 나가서 투표한 사람이 더 많아졌다.

같은 식의 지렛대를 데이팅을 시작하기 위해 사용해도 좋겠다. 자신의 아이덴티티가 데이트 나가는 사람someone who goes on dates이 아니라 데이터dater임을 강조해 보자. 거울 앞에 서서 큰 소리로 말해 보자. '나는 애인을 구하고 있어. 나는 데이터야." 데이트 나가기 전에 이러는 모습이 우스꽝스러운가? 물론이다! 그래도 어쨌든 해야 한다.

예전에 제이컵이라는 고객이 있었다. 그는 처음 나와 통화할 때 자신을 "아주 뚱뚱해요"라고 했다. "우리 엄마도 뚱뚱하고, 아빠도 뚱뚱하고요, 식구 모두 뚱뚱해요." 그가 한 말이다.

그는 비영리 단체의 학습 개발 팀에서 일했다. 회사에 새로 들어온 신입 사원을 맞아 첫 주에 하는 현장 교육을 담당했다. "모르는 사람 만나는 게 내 일이에요. 그건 전혀 문제가 안돼요. 끔찍하게 싫은 건, 다른 사람 앞에서 내가 옷을 벗는 거예요. 그러니 다 무슨 소용이 있겠어요?"

제이컵은 과거에 살을 빼려고 했지만 금식을 견디지 못해서 원래의 자신, 즉 몸무게 때문에 속상하고 여전히 싱글인 사람으로 도로 돌아가게 됐다고 말했다. 나는 매주 한 번씩 제이컵을 만나 그가 자신을 (일단 살부터 빼고 연애를 할 사람이 아니라) 데이터로 보도록 부추겼다. 거울 연습도 시켰다. 그는 정말로 연습을 싫어했지만, 그래도 하기는 했다.

어느 날 평소에 하던 세션과는 달리, 아마도 당시 내가 〈퀴어 아이〉* 마라톤 시청을 하고 마음이 동해서였겠지만, 나는 제이컵을 데리고 쇼핑을 갔다. 바야흐로 그가 자기 몸에 사랑을 보여 줄 때가 됐다고 생각했다.

그가 탈의실에서 나오며 말했다. "우와, 내가 거의 멋져 보일 지경이에요."

내가 웃었다. 유행에 민감한 십대 판매원 덕분에, 그동안 제이컵이 옷을 살 때 두 사이즈 큰 옷을 골랐다는 사실을 알게 되었다. 그는 그날 자기를 돋보이게 하는 청바지, 재킷, 셔츠를 여러 벌 새로 샀다. 이후 몇 달 동안 우리는 그의 자존감을 높이는 방법을 찾았다. 절대로 오지 않을 수도 있는 멋진 몸매 대신 그의 잘생긴 눈, 짓궂은 유머 감각 등 강점에 집중했다.

시간이 흐르자 데이터로서 그의 아이덴티티가 점점 강화되었다.

* 다섯 명의 남자 전문가들이 출연자를 꾸며 주는 내용의 리얼리티 쇼

사랑은 과학이다

그는 계속해서 거울 연습을 했고 처음보다는 익숙해졌다. 이윽고 데이팅앱을 깔고 적어도 일주일에 한 번은 데이트를 하려고 노력했다. 어느 주말 제이컵은 대학 시절 옛 친구를 다시 만나게 되었는데, 상대방은 덴버에서 샌프란시스코를 방문한 참이었다. 그는 그녀와 산책을 하며 자신의 데이팅 모험담을 들려주었다. 그날 그녀 눈에 처음으로 그가 로맨틱한 관계 후보로 들어왔다.

그녀가 다음번 샌프란시스코를 방문했을 때 두 사람은 데이트를 했다. 그리고 한 번 더 했다. 그 다음에는 그가 덴버로 그녀를 찾아갔다. 그리고 그녀가 또 다시 샌프란시스코로 왔다. 일 년을 빨리 감기로 건너뛰자. 그는 그녀와 함께하기 위해 덴버로 이사를 갔다. 우리가 마지막으로 이야기를 나눌 때 그는 신이 나 있었다. 그가 절대로 얻지 못할 거라고 생각했던 것, 건강하고 행복한 연애를 마침내 얻은 것이다. 그의 몸무게는 그대로였다. 그가 뺀 것은 자신을 초라하게 보는 시선이었다. 그는 자신을 언젠가 데이트에 나갈 사람이 아니라 현재 활동 중인 데이터로 보았다.

스스로를 데이터로 보기 시작하자. 그러면 세상도 당신을 그렇게 볼 것이다.

5단계: 작게 시작한다

한 주에 여러 번 데이트를 할 필요는 없다. 심리학자 에드윈 로크와 게리 레이섬의 연구에 따르면 구체적인 목표를 세우면 그 목표를 달성하기 쉬울 뿐만 아니라 의욕, 확신, 자기 효용성이 더 커진다고 했다.

일반적으로 나는 고객들에게 적어도 일주일에 한 번은 사람 만나라고 권한다. 만남을 위한 시간을 평소 일정에서 적극적으로 확보해 두어야 한다. 매주 수요일 퇴근한 후에 소개팅 하는 걸 목표로 세운 고객이 있었다. 꾸준히 해 보니, 한 주의 중간쯤 기대하는 일이 되었다. 게다가 첫 만남이 잘되면 주말에 한 번 더 만날 수도 있었다.

6단계: 스스로에게 관대해지자

자, 어려운 줄은 나도 안다. 당신은 이제 겨우 한 발 밖으로 내디뎠다. 아마 난생 처음일 것이다. 두렵다. 상처받을 수도 있다. 아니면 상처를 주든지.

첫 만남이 바라던 대로 되지 않았다면 스스로에게 절친 대하듯 말하자. 그 친구가 전화를 걸어서는 당신에게 이렇게 말한다고 상상해 보자. "이게 다 무슨 소용이야? 이렇게는 아무것도 안 될 거야. 내가 너무 부족한 탓이야."

당신이라면 어떻게 조언할 것인가? 부정적인 의견을 보태지는 않을 것이다, 안 그런가? 오히려 격려할 것이다. "자자, 겨우 소개팅 한 번 가지고. 일단 경험한 게 어디야. 뭐든 배웠을 거 아니니, 이번은 잘 안 되었다고 해도."

스스로를 격려하는 법을 배우자. 저렇듯 관대한 어조로 스스로에게 말하는 법을 배워야 한다.

이 챕터 초반에 등장한 주저형 남자, 시어의 핵심 열쇠가 바로 이 점이었다. 주변의 도움을 통해 마침내 시어는 자기 자신을 있는 그대로 받아들이는 법을 배웠다. 장차 되고 싶었던 자기 모습에 더는 치중하지 않았다. 그는 현재도 독신이고 데이팅을 하고 있다. (혹시 키 크고 사려 깊은 아마추어 기타 연주자가 좋다는 사람이 주변에 있으면 내게 데려오세요!) 이제 당신 차례다. 오늘 시작하라.

+ 사전 준비 체크리스트 +

- □ 나는 아래 날짜에 본격적으로 데이팅을 시작하겠다.
  _____ 년 _____ 월 _____ 일
- □ 데이팅앱을 적어도 한 개 이상 설치하겠다.
- □ 프로필에 쓸 사진이 적어도 다섯 장은 있다.
- □ 데이트 나갈 때 입을 옷이 두 벌은 있다.
- □ 데이팅을 시작한다고 알린 친구가 적어도 두 명은 된다.
- □ 거울 앞에 서서 말했다. "나는 애인을 찾아. 나는 데이터야." (아니라면 최소한 "나는 내가 데이터라고 생각해!")
- □ 적어도 일주일에 한 번 첫 만남을 갖기로 마음을 정했다.
- □ 나 자신에게 관대하게 말하는 법을 연습하고 있다. 아이나 절친에게 하는 식으로 말한다.
- □ 벽에 부딪쳐 힘이 빠지더라도, 주저형 방식으로 돌아가지 않고 다시 노력하기로 마음을 정했다.

헤어진 애인과는 연락하지 않는다

내 주저형 고객들이 본격적으로 데이팅을 결심하지 못하고 헤맬 때가 꽤 있었는데, 알고 보니 헤어진 애인에게 집착하느라 그러는 경우가 많았다. 다음의 충고는 모든 사람에게 하는 말이다: 헤어진 애인과는 연락하지 않는다.

헤어진 애인과 (대놓고 혹은 은근히라도 로맨틱하게) 연락을 주고받으면서, 두 사람 사이에 마음이 바뀌면 돌아갈 수 있도록 문을 열어두는 거라고 생각할 수도 있겠다. 그런 본능은 이 책에서 탐구해 본 수많은 다른 본능과 마찬가지로 잘못됐다. 헤어진 애인이 주위에 있으면 앞으로 나아가기 힘들어진다.

학자들의 연구 결과도 뒷받침한다. 하버드의 심리학자 대니얼 길버트와 제인 이버트는 학생들 대상으로 이틀짜리 사진 워크숍을 여러 차례 열었다. 학생들은 캠퍼스를 돌아다니며 사진을 찍었고 강사의 도움을 받아 필름 현상까지 마쳤다. 워크숍을 끝낸 뒤 런던에서 열리는 특별 전시회에 강사가 사진을 보낼 예정이니 학생들에게 작품 한 개씩을 고르라고 했다. 한 그룹의 학생들에게는 그날 보내야 하니 바로 골라야 하고 또 추후 변경은 불가능하다고 밝혔다. 다른 그룹의 학생들에게는 지금 골라야 하지만 며칠 뒤 혹시 다른 사진으로 바꿀 의향이 있는지 물어보려고 누군가 전화를 할 것이라고 말했다.

두 번째 그룹의 학생들에게 강사가 전화를 걸어 혹시 사진을 바꾸길 원하냐고 물었을 때 그렇다고 대답한 학생은 매우 적었다. 하지만 전체 학생을 조사해 보니, 변경의 기회가 없었던 그룹에 속한

사랑은 과학이다

학생들이 기회가 있었던 그룹 학생들보다 자기 사진에 대한 만족도가 훨씬 높았다. 선택을 변경할 수 있었던 학생들이 왜 만족도가 낮았을까? 심지어 대다수 학생들이 원래 선택했던 작품을 그대로 고수했는데도.

본능적으로 우리는 돌이킬 수 있는 결정을 돌이킬 수 없는 경우보다 더 좋아한다. 하지만 이런 유연성 때문에 종국에는 우리가 행복하지 못할 경우가 많다. 우리는 마음을 바꿀 수 있기를 바란다. 전화기를 반품하고, 비행기표를 다른 날로 바꾸고, 행사 초대를 받으면 "봐서"라고 대답하고 싶다. 하지만 사진을 바꿀 수 있었던 학생들처럼, 번복할 수 있다고 생각하는 선택에는 사람들이 온 마음을 다 주지 않는다. 그런데 그 온 마음을 다 주는 것이 행복의 핵심이다.

앞서 말했듯 우리가 일단 무언가에 마음을 정하면 뇌가 합리화라는 마법 같은 과정을 시작해서 그게 좋은 선택이었다고 믿게 한다. 시간이 지나서라도 일단 선택한 것에는 긍정적인 특징을, 선택하지 않은 것에는 부정적인 특징을 부가한다. 선택한 사진을 바꿀 기회가 없었던 학생들은 마음을 정한 뒤 바로 합리화 과정을 시작했다. 사진을 바꿀 수 있었던 학생들은 일주일 동안 갈팡질팡 여러 가지 옵션을 견주어 봤다. 그러는 동안 의심이 생겼고, 그래서 처음 골랐던 사진을 그대로 고수했더라도 처음보다는 확신이 줄어들었다.

다시 말해, 사람들이 원하는 건 변경 가능한 결정이지만 결국 우리를 더 행복하게 만드는 건 변경 불가능한 결정이라는 뜻이다. 헤어진 애인을 주위에 두고 잠재적인 연애 후보로 삼는 일은 이별을 '변경 가능한' 결정으로 만든다.

자, 혹시 어젯밤 헤어진 애인 SNS에 슬그머니 들어가지 않았던 가? 만약 아직도 연정을 품은 채 혹시나 다시 결합할 수 있을까 기대하고 있다면 아래 **뒤늦은 후회를 막기 위한 7가지 간단한 조치**를 실행하기 바란다.

1. 숨을 크게 들이 쉰다.
2. 휴대폰을 집어 든다.
3. 예전 애인들 번호를 지운다.
4. 차단한다. 전부 차단한다. 소셜 미디어, 이메일, 당신의 잠자리 등. 전 애인의 엄마나 형제가 당신을 팔로우하면 그 사람들도 차단한다. (너무 가혹해 보일지도 모르지만, 그렇게 해야 미래의 당신을 보호할 수 있다. 그 엄마가 당신 예전 애인이 새 연인과 함께 미슬토 나무* 아래에서 찍은 사진을 포스팅할지도 모른다.)
5. 이제 정말로 그 사람 번호를 지워라. 어딘가 따로 저장해 둔 번호가 있다는 걸 나는 안다. 지우는지 두고 보겠다.
6. 휴대폰을 태워라. (농담이다. 하지만 진심으로 말하는데 이별 후 초창기에는 기기 접속 시간을 줄이는 게 좋다.)
7. 아, 페이엡 벤모payment app Venmo도 잊지 말 것. 전 애인이 새로 사귀는 사람에게 벤모 머니를 보내는 걸 목격하는 건(세상에, 저거 섹시 가지 이모티콘인가?!?! **나한테는 저거 준 적 없잖**

---

* 미슬토 나무 아래에서 키스를 나누면 사랑이 이루어진다는 미국 민담이 있음

사랑은 과학이다

아!!!) 정서 안정에 몹시 안 좋다.

  과장이 심하다고 생각할지 모르겠다. 예전 애인 인스타그램이나 페이스북에 이따금씩 들러본들 그까짓 게 해로우면 얼마나 해롭겠는가? 심리학자 타라 마셜과 애슐리 메이슨의 연구를 보자. 마셜이 어느 연구 논문에서 말했다. "페이스북을 통한 이전 파트너 노출은 치유 과정을 방해할 수 있다." 메이슨은 이전 애인과 연락하고 지내는 것이 심리적 건강을 '악화시킨다'는 증거를 찾아냈다. 그러니 제발 부탁인데, 이전 애인과 자지 마라! 메이슨은 또 "전 애인과의 섹스"가 각자의 길을 가는 것을 어렵게 만든다는 증거도 찾아냈다. 다시 말해, 전 애인 주변을 얼쩡대다가는 (혹은 그 사람과 동침하다가는) 극복 과정이 지연될 뿐이라는 뜻이다.

  그러니 부디 당부하는데 그 문 좀 닫고 잠그자. 이전 애인과 연락 금지! 변경 가능한 결정을 불가능한 결정으로 바꿔야 한다.

Chapter 6

자기 애착 유형 테스트: 불안, 안정, 회피

〰〰

바 워크아웃* 수업을 받다가 비비언을 만났다. 그녀는 언제나 일등으로 도착해서 수업이 시작하기도 전에 열심히 엉덩이 조이기와 마이크로 스쿼트를 했다. 나 역시 수업 시간보다 일찍 도착하는 걸 좋아하는 타입이었다. 좋은 자리를 놓칠까 걱정을 덜려는 목적이 주된 이유였다. 몇 주가 흐르자 우리는 서로를 알아보았다. 둘 다 운동 강사가 늦게 도착하면 언짢은 기색을 감추느라 애쓴다는 점까지 비슷했다.

그러던 어느 아침 서로 말을 건네기 시작했는데, 공통점이 아주 많았다. 미국 동부에 서로 같이 친한 친구들이 몇 명 있었고 샌프란시스코로 이사 온 해도 같았다. 동네에서 좋아하는 카페도 같아서 수업이 끝나면 종종 함께 갔다. 어느 날 그 카페에서 그녀가 털어놓았다. "내가 좋다는 남자들은 하나같이 나를 안 좋아하고, 나

---

* 발레와 요가를 결합한 운동

좋다는 남자들은 내가 보면 하나같이 따분해요." 주문하는 줄에 서 있는데 그녀가 주위를 둘러보더니 낮게 속삭였다. "어쩌면 좋아요? 내가 그냥 타협을 해야 하나요?"

비비언은 자신을 타협하는 유형으로 보고 싶어하지 않았다. 그녀는 대형회사에서 기업 홍보일을 하며 "위기 관리 커뮤니케이션"을 담당하고 있었다. 그 해와 그 전해에 무자비한 위기가 여러 차례 있었다. 그녀는 언제든 전쟁을 치를 준비가 돼 있어야 했고, 어떤 소송, 어떤 악의적인 공격에도 대비가 되어야 했다. 주 5회 운동을 하고, 엄격한 비건 식단을 했고 그 당시 항해 면허를 막 딴 상태였다. 그녀는 모든 것을 스스로 통제하고 있었다. 연애만 '빼고' 전부다.

비비언은 내가 데이트 코치이자 매치 메이커라는 사실을 알고 있었다. 저번에 만났을 때 자기 연애사를 약간 언급하긴 했지만 이렇게 터놓고 말하는 건 처음이었다.

"자, 한 걸음만 뒤로 돌아갑시다. 지난 연애사는 어땠어요?" 내가 물었다.

"한마디로, 실망스러워요." 그녀가 말했다. "2년 정도 만난 남자가 있었어요. 그걸 만났다고 해야 할지도 잘 모르겠네요. 아마 그 남자는 아니라고 할 거예요. 내가 뉴욕에 살 때 같은 아파트에 살던 남자였는데 그 사람이 마음이 동할 때마다 같이 자곤 했지요. 그러다가 난 여기로 옮겨왔고, 다시 어떤 남자를 알게 됐는데 그가 자꾸 헷갈리는 신호를 보내는 것 같더니 그냥 제풀에 김이 샜어요. 최근에는 데이팅앱을 이용해서 백만 번쯤은 만나러 나갔어요. 그런데 누가 날 좋다고 하면 바로 그 순간 나는 마음이 식는 거예요. 사실대로 말해 주세요. 내가 저주받은 거 맞죠? 이러다 독거노인으로 죽겠죠?"

웃음이 터졌다. "아녜요, 비비언은 정말 멋진 분이에요. 미인이고 재미있고 게다가 세상에, 배도 몰 줄 알잖아요. 그냥 본인이 찾는 유형이 잘못된 거 아닐까 싶네요." 나무랄 생각은 없었는데 나도 모르게 점차 코칭 모드로 바뀌었다. 그녀를 돕고 싶었다.

"잘못된 유형이라고요? 내가 키 큰 남자나 부자를 찾는다는 말을 한 것도 아닌데요?"

"그런 뜻으로 한 말이 아녜요." 내가 그녀의 말을 가로막았다. **"애착 이론**이라는 말 들어 본 적 있어요?"

애착 이론

내가 고객들에게 알려 주는 연애학 지식 중에서 애착 이론이 가장 강력한 힘을 발휘한다. 이는 우리가 왜 특정 유형 사람들에게 매료되는지, 지난 연애가 왜 제대로 안 됐는지, 왜 특유의 나쁜 습관이 생겨서 고통을 겪는지 설명에 도움을 주는, 그래서 매우 인기가 있는 프레임워크이다.

애착 이론을 다룬 책을 읽어도 좋다. 예를 들면, 아미르 레빈과 레이첼 헬러가 쓴《그들이 그렇게 연애하는 까닭》이나 수 존슨 이 쓴《날 꼬옥 안아줘요》같은 책들을 권한다. 그러나 이와는 별도로, 이 책에서도 그 내용 일부를 다루고 싶다. 내 친구들과 고객은 물론, 내 자신의 삶에도 지대한 영향을 미친 이론이기 때문이다. 나

사랑은 과학이다

는 수년 동안 연애 문제로 고생하는 고객들을 상대하다가 애착 이론을 알게 되었다. 그래서 이 프레임워크를 고객들에게 사용했더니 그들의 접근법을 완전히 바꿀 수 있었다. 쉽지는 않지만 효과는 강력하다. 손가락으로 꼽을 수 없이 많은 사람들이 애착 이론을 배운 덕분에 결혼 생활을 성공적으로 이끌 수 있었다고 내게 말했다. (확실히 나는 이 이론에 '애착'이 매우 크다.)

음료를 주문한 뒤 비비언과 나는 카페 뒤쪽, 쿠션을 가득 채워놓아 아늑한 곳으로 가서 앉았다. 나는 그녀에게 애착 이론이 무엇이고 왜 중요한지 설명하기 시작했다.

이론의 시작은 발달 심리학자 존 보울비의 연구로 거슬러 올라간다. 그는 어린아이들이 선천적으로 어머니에 대한 애착을 타고 난다고 믿었다. 이후, 메리 에인스워스라는 심리학자가 아이들 사이에 애착이 어떻게 다른지 "낯선 상황" 테스트라고 불리는 유명한 실험을 통해 조사했다. 에인스워스는 (12~18개월) 아이와 그 엄마들을 실험실로 불러서 몇 가지 시나리오를 세운 뒤 관찰했다.

먼저 장난감이 가득한 방에 엄마와 아이가 들어갔다. 아이는 안심하고 놀며 주변을 탐색했는데 그럴 수 있는 이유는 엄마가 안전 기지secure base 역할(필요할 때 도움을 주는 역할)을 하기 때문이다. 그런 다음 실험실 조교가 와서 엄마에게 방에서 나가라고 시킨 뒤 엄마가 나갔을 때부터 몇 분 뒤 다시 돌아올 때까지 아이가 어떻게 반응하는지 관찰했다. 이 실험의 목적은, 안전 기지인 엄마가 잠시 자리를 비웠을 때조차 아이가 자기 요구가 충족되리라 믿을 수 있는지 알아보는 것이었다.

어떤 아이들은 엄마가 자리를 뜨자마자 스트레스 징후를 보였다. 이 아이들은 엄마가 돌아오자 울음을 멈추고 진정이 되는 듯하다가 갑자기 화를 내며 엄마를 밀치더니 다시 울기 시작했다. 에인스워스는 이런 아이들을 **"불안 애착형"**이라고 불렀다. 다른 그룹의 아이들은 엄마가 떠나자 울었지만 다시 돌아오자 금방 울음을 그쳤다. 그러고는 놀이를 다시 시작했다. **"안정 애착형"** 아이들이었다.

세 번째 그룹의 아이들은 엄마가 떠나도 반응을 보이지 않았다. 돌아왔을 때도 아는 체하지 않았다. 그 상황에 신경 안 쓰는 척했지만 아이들의 심박수와 스트레스 레벨이 올라간 것을 보고 조사자들은 이 그룹의 아이들도 우는 아이들 못지않게 동요했다는 사실을 알 수 있었다. 이 아이들은 **"회피 애착형"**이었다.

에인스워드 팀이 내린 결론은 우리 모두 애착과 주목이 필요하지만 각자 자기 보호자에 응대하는 방법이 다를 뿐이라는 것이었다.

몇 년이 흐른 뒤 연구자들은 같은 이론으로 어른들의 애착 유형을 구분할 수 있음을 알았다. 즉 우리가 누구에게 매료되는지, 어떻게 그 사람과 공감하는지, 왜 연애가 성공 혹은 실패하는지를 동일한 프레임워크로 해석할 수 있게 되었다는 뜻이다. 그렇다고 해서 함부로 연애 문제를 엄마 탓으로 돌리지 말자. 우리와 부모의 관계는 성인이 된 후의 애착 유형을 결정하는 수많은 요소들 가운데 하나일 뿐이니까.

"나는 어떤 유형인데요?" 비비언이 물었다.

"글쎄요. 엄마가 나갔다고 울고, 돌아왔는데도 계속 우는 불안 애착형 아이들 있지요? 그 아이들은 자기 필요가 충족되지 못할까 봐 걱정이 되어 분노와 좌절을 터뜨린 거예요. 어른이 되면, 버림받을까 두려워서 끊임없이 파트너와 연락을 하고 싶어 하지요."

"나랑 똑같네요."

비비언에게 내가 미소 지었다. 바로 지난 주에 내가 수업에 빠지자 그녀가 문자 여러 통을 속사포처럼 쏴댔기 때문이다.

"불안 애착형" 사람들의 뇌는 "활성화 전략" 즉, 밀착감을 다시 확보하려는 생각으로 가득하다. 예를 들면, 파트너 생각이 끊이지 않는다. 그게 아니면 파트너의 장점만 보고 자신의 장점은 과소평가한다. 이런 왜곡된 생각 때문에 패닉에 빠진다. 또한 파트너에게서 즉답을 얻지 못하면 버림받은 줄 알고 걱정한다. 그 걱정은 파트너와 활발하게 소통해야만 떨칠 수 있다. 이런 성향 때문에 그들은 섣불리 연애에 뛰어들고, 유통기한이 끝난 관계인데도 매달린다. 혼자 남겨지는 게 무섭고 이번이 마지막 사랑일까 봐 걱정되기 때문이다.

"불안 애착형 사람들은 '저항 행동'을 해요. 그게 꼭 나쁘다고 지적하는 말이 아니예요." 내가 말했다.

불안 애착형은 파트너의 관심을 받기 위해 종종 과도한 행동을 한다. 지나칠 정도로 문자나 전화를 하거나, 상대의 질투심을 유발하기 위해 그만 만나자고 위협을 하거나, 자기 주장을 강조하려고 잠수를 타거나 거는 전화를 무시하고 안 받는다.

그렇다면 엄마가 돌아왔어도 언짢았던 속마음과 달리 무심한 척했던 회피 애착형의 경우는 어떨까? 그 아이들은 필요를 모두 충족시키지 못했던 보호자를 믿을 수 없다고 느꼈다. 그러고는 회피형 애착 유형 어른으로 성장한다. 거절의 고통을 최소화하기 위해 상대방과의 결속을 원하지 않는 척한다. 자신의 정서적 요구를 충족시켜 줄 상대가 있다고 믿지 않기 때문에 누구에게도 지나치게 가까이 다가가지 않으려 한다. 친밀감이 커지면 상대에게서 벗어나려고 애쓴다. 그렇게 관계를 멀리하려는 시도를 **"비활성화 전략"**이라고 부른다. "나는 아직 준비가 안 됐어요"라거나 "거리를 좀 두고 싶어요." 혹은 "일이 너무 힘들어서 지금은 만날 수 없어요"라는 말을 상대로부터 들었다면, 지금 당신은 회피 애착형 행위를 경험하고 있는 셈이다.

이런 애착 유형을 가진 사람들은 파트너의 불완전성을 두고두고 곱씹으며 그를 핑계로 현재의 연애에서 벗어나 다시 독립하고 싶어 한다. 자신이 아직 싱글이라면, 혹은 다른 사람과 함께라면 더 행복할 거라는 환상에 젖는다.

회피 애착형에 대한 대략적인 설명을 듣자 비비언이 고개를 끄덕였다. "내가 데이트했던 사람들이 딱 그랬어요." 그녀가 말했다.

"너무 자책하지 말아요. 정말 흔한 패턴이거든요. **'불안 회피 회로'**라고 불러요." 내가 그녀에게 말했다. 불안 애착형 사람들은 사랑하는 사람이 물러설 것을 예견하고, 그러니까 자기가 상대를 쫓아다녀야 한다고 믿는다. 비비언이 같은 아파트에 살았던 남자와 겪은 일이 바로 이 경우에 해당한다.

"아주 흥미롭네요." 비비언이 말했다. "그런데 저는 너무 알고 싶어요. '그가 내게 답전화를 줄까? 이번 주말에는 그를 만날 수 있

사랑은 과학이다

을까?'" 거절당할까 봐 생기는 이런 불안함을 비비언은 설레임으로 착각하고 있었다. 그 남자가 물러서기 시작하자 비비언의 감정은 더욱 강렬해졌다.

한편, 회피 애착형인 그 남자의 경험은 완전 딴판이었을 것이다. 이런 애착 유형의 사람들은 독립성을 잃는 것이 두렵다. 따라서 비비언이 바짝 다가가기 시작했을 때 아마도 그 남자는 특유의 건강하지 못한 연애관이 한층 더 강화되어 외려 훨씬 뒤로 물러서고 싶었을 것이다.

"이런 식으로 생각해 보면 불안 회피 회로가 말이 돼요. 회피 애착형 사람들은 다른 사람들을 밀어내는 데 너무 재주가 좋아서, 각별하게 끈기 있는 상대를 만났을 때에야 비로소 연애를 하죠." 내가 말했다.

"끈기 빼면 전 아무것도 아니에요." 비비언이 말했다.

마침내 점원이 우리 음료를 가져왔다. 비비언이 창문 너머 바깥 벤치에 앉아 있는 어느 커플을 바라보며 물었다. "마지막 그룹, 엄마가 돌아오자 울음을 그친 아이들은 어떤가요?"

"그 아이들은 안정 애착형이에요. 엄마가 필요를 충족시켜 줄 거라는 확신이 있어요. 안정 애착형 사람들이 이상적인 배우자예요. 의지할 수 있고 믿음직하지요. 극단적인 드라마는 피하는데, 피할 도리 없이 그런 일을 당하면 슬쩍 물을 탈 줄도 알아요. 유연하고 너그럽고 소통에 능해요. 행동은 한결같고, 사람 간에 영역 설정을 아주 건강하게 해요. 밀착된 관계를 맺어도 편안하게 느끼죠. 안정 애착형 사람들의 연애 만족도가 회피형이나 불안형 사람들보다 높다고 보고되고 있어요."

"난 한 번도 그런 사람과 데이트를 한 적이 없어요. 안정형 사람들이 인구 1퍼센트 정도밖에 안 되는 거죠?" 비비언이 물었다.

실제로는 인구의 50퍼센트가 안정형이고 20퍼센트가 불안형, 25퍼센트가 회피형, 그 나머지 인구가 불안-회피 애착형에 해당한다. 아마도 희소식 같을지도 모르겠다. 그러나 안정 애착형 사람들이 인구의 절반이나 되어도 싱글 인구에서는 그보다 훨씬 드물게 볼 수 있다는 점이 문제이다. 안정 애착형 사람들은 빨리 상대를 찾기 때문이다. 또 건강한 인연을 맺는 데 능통하기 때문에 헤어지는 일 없이 그 관계 속에 잘 지낸다. 따라서 데이팅 풀에는 늘 불안형, 회피형 인간들로 가득하다.

내가 이 모든 설명을 마치자 비비언이 한숨을 지었다. "포기할래요." 이렇게 말하더니 들고 있던 스무디 마지막 한 모금을 삼켰다.

말은 그렇게 했지만, 실제로 그러지는 않았다.

+ 본인 유형 알아보기 +

본인의 애착 유형이 궁금하다면 아래의 질문에 대답해 보자.

1. 친밀하고 밀착된 관계를 얼마나 편하게 느끼는가? 친밀함을 피하려는 성향이 얼마나 큰가?

사랑은 과학이다

2. 상대가 주는 사랑과 관심이 어느 정도 불안한가? 연애 관계가 늘 걱정스러운가?

밀착감을 갈망하지만 파트너가 자신에게 주는 관심과 미래의 두 사람 사이가 불안하게 느껴지는 사람은 불안 애착형이기 쉽다. 지나친 밀착이 불편하고 결속감보다는 자유의 가치가 더 큰 사람이라면 회피 애착형이기 쉽다. 친밀감도, 혼자 보내는 시간도 편안하게 느끼고, 연애 관계에 자주 걱정하지 않는 사람이라면 안정 애착형이라고 할 수 있다.

자신의 애착 유형을 확인하려면 내 홈페이지 loganury.com에 링크되어 있는 온라인 퀴즈를 풀어 보기를 권한다.

안정형 파트너를 찾자

비비언은 말로는 포기하겠다고 했지만 우리가 대화를 나눈 후 몇 달 동안 다른 방식으로 연애에 접근하려는 노력을 기울였다. 그녀는 안정형 파트너를 찾기 시작했다. 시간이 걸렸다. 그녀가 새로운 사람을 만나러 갔다가 와서는 "따분한" 남자였다고 불평을 했다. 좀 더 깊이 들여다보니 상대가 그녀에게 잘해 주면 그런 말을 한다는 걸 알게 됐다. 예를 들면, 두 번째 만난 자리에서 그녀가 다음 주에 시애틀로 출장을 간다고 남자에게 말한 적이 있었다. 그러자 그 남자가 현지 레스토랑 추천 리스트를 그녀에게 보내 줬다.

그 이야기를 하며 그녀가 결론을 내렸다. "그래서 이제 그 남자는 그만 만나려고요."

"잠깐, 뭐라고요?" 내가 물었다.

"그 남자가 너무 지나치게 나를 좋아해서요. 한심해요."

나는 그녀가 다른 관점에서 상황을 볼 수 있도록 최선을 다했다. 이 남자는 그녀가 좋으니까 도움이 되고 싶었던 것이다. 이는 한심한 행동이 아니라 안정적인 행동이었다. 우리는 그녀가 가진 불안 회피 회로를 끊기 위한 작업을 했다.

비비언의 이야기에 공감이 많이 된다면 당신도 분명 불안 애착형 사람일 것이니 같은 숙제를 하면 된다. 다만, 당신이 따분하게 느끼는 사람이면 '누구든지' 안정형이라고 내가 말하는 게 아니다. 실제로 따분한 사람일 수도 있다. 하지만 숨바꼭질을 멈출 때가 됐다. 비비언에게 준 도전 과제가 바로 안정형 파트너와 데이트하도록 노력하라는 것이었다. 문자하겠다고 말하면 문자를 하는 사람. 무슨 생각을 하는지 알려 주는 사람. 밀당 게임을 하거나 회피하지 않고 심지어 드라마처럼 극단적인 상황도 완화시키는 사람.

회피 애착형 독자들에게도 이와 똑 같은 과제를 드린다. 안정형 파트너를 구하라!

자기 제어하는 법을 익힌다

동시에 본인도 보다 안정적인 사람이 되기 위해 노력해야 한다. 애착 유형은 전 생애에 걸쳐 비교적 변동이 적지만, 대략 4분의 1 정도는 4년에 걸쳐 자신의 애착 유형을 바꿀 수 있었다. 노력이 필

사랑은 과학이다

요하지만, 애착 유형은 바꿀 수 있다.

비비언은 작심하고 바꾸기로 했다. 그녀로서는 **자기 제어**하는 법, 즉 파괴적인 충동과 감정을 다스리는 법을 익혀야 했다. 그녀는 상대에게 즉시 응답이 없어도 패닉하지 않도록 스스로 훈련했다. 그런 때가 되면 불안을 잠재우려고 대신 산책을 나가거나 친구와 통화했다. (그 전날 직장 엘리베이터에서 만난 남자에게 문자 열네 통을 보내는 것보다 이 두 가지 방법이 훨씬 건강하다.)

자신이 회피 애착형인 경우, 문득 마음이 멀어지는 게 느껴질 때 자기 감정에 주의를 기울여야 한다. 상대에게서 숨는 대신 거리를 좀 달라고 부탁할 줄 알아야 한다. 혹은 상대의 단점만 보면서 그 이유로 상대를 버리고 싶다면 다른 테크닉을 이용해 보자. 단점 대신에 긍정적인 자질을 찾아보는 연습을 하자. 완벽한 사람은 아무도 없다는 사실을 기억하자. 설혹 이 사람을 떠난다 해도, 다음 만날 사람 역시 완벽하지는 않을 것이다.

혼자 힘으로 자신의 애착 유형을 바꾸는 일은 커다란 도전이다. 지금의 우리가 되기까지 의식하지 못하는 많은 이유가 숨어 있다. 과거를 파헤치다 보면 뜻하지 않게 어려운 질문을 꺼내게 될 수도 있다. 우리와 어머니와의 관계가 애착 유형에 어떤 연관이 있을까? 지금 더 튼튼한 애착을 구한다면 그게 어머니를 배신하거나 저버린다는 뜻일까? 본인의 요구를 가장 잘 들어 주기를 바랐던 사람에게서 필요한 대접을 못 받았다는 사실을 직시해야 할지도 모른다. 이런 이슈들을 테라피스트에게 털어놓으면 도움이 된다고 생각하는 사람들이 많다.

매번 수업이 끝나면 비비언과 그녀의 연애 생활을 이야기했다. 그녀는 곧 자신에게 관심을 표하는 남자들을 '따분하다'고 말하지 않게 되었다. 한 번은 회피 애착형이 분명한 남자가 구애를 하자 거절 의사를 밝힌 뒤 내게 뿌듯한 마음으로 문자를 보낸 적도 있었다. 그 후 어떤 일이 일어났을까? 대략 6개월 뒤 그녀는 아주 잘생긴 남자를 만났다. 휴스턴에서 막 샌프란시스코로 이주해 온 사람이었다. 금요일 밤 처음 만나고 헤어진 뒤 그가 그녀에게 전화를 했다. "당신이 정말 마음에 들어요. 내일 다시 만나고 싶네요." 그녀는 그 말을 듣고 평소처럼 '한심하다'고 생각하지 않았다. 대신에 정신을 차리고 보니 그가 말한 대로 다음날 그와 함께 아침 식사를 하고 있었다. 아침 식사는 산책으로 이어졌다. 산책은 수제 맥줏집에서 그녀 친구들과의 만남으로 이어졌다. 맥줏집에 이어서 취한 채 택시를 타고 그의 집으로 갔고 가서는 오래 낮잠을 잤다. 그 후 2년이 지났고 두 사람은 아직도 같이 낮잠을 잔다.

사랑은 과학이다

Chapter 7

상대방의 돈, 외모, 성격, 취미보다 중요한 것

～～～

브라이언은 키아누 리브스보다 좀 더 잘생긴 형제처럼 생겼다. 우리는 네바다 주 사막에서 매년 열리는 전위적인 축제 버닝맨에서 만났다. 축제 첫날 밤 머리 꼭대기부터 발끝까지 하얀 리넨 옷을 입고, 목 주위에 더스트 고글을 늘어뜨린 그가 내게 속삭였다. "키스해도 돼?" 나는 고개를 끄덕이고 모자를 고쳐 썼다. 눈표범 스타일을 완벽하게 연출하려고 표범 무늬 점프수트에 맞춰 쓴 크림색 모피 모자였다. 폴 오컨폴드가 디제이를 하는 동안 우리는 키스를 했다. 수천 개의 불꽃이 우리 주위에서 춤을 추었다. 비트가 줄어들자 관중이 환호했고 우리는 더 열렬히 키스했다.

나중에, 마술사 복장을 한 낯선 사람이 우리가 포옹하고 있는 모습을 담은 폴라로이드 사진을 한 장 건네 주었다. "사랑에 아주 흠뻑 빠진 사람들처럼 보여요." 나도 우리가 그런 줄로 철석같이 믿었다. 달 표면처럼 황량한 이곳, 마치 딴 세상 같은 곳으로 나왔다가 그에게 흠뻑 빠지는 로맨스에 휩쓸렸다.

샌프란시스코에 돌아와서도 여전히 나는 브라이언에게 관심이 있었다. 어느 날 오후 구글 본부 벤치에 앉아서 (우리 둘 다 그곳에 근무했다) 각자의 "감압 경험" 그러니까 버닝맨에서 돌아와 다시 일상에 적응하느라 겪은 경험담을 주고받았다. 브라이언의 리넨 옷은 티셔츠와 청바지로 바뀌어 있었다.

우리는 사내 스낵카페에서 맥주를 들이켰고, 같이 구글 셔틀을 타고 샌프란시스코로 돌아가곤 했다. 그의 옆자리로 미끄러지듯 앉을 때에는 미소가 절로 나왔다. 우리는 헤드폰도 같이 썼다. 그가 아이언앤와인의 "공중 곡예사"를 틀었다. 눈을 감으면 사막에서 춤출 때 무아지경으로 행복했던 순간들이 떠올랐다. '그래, 이런 게 사랑이겠지.'

브라이언은 섹시하고 즉흥적이면서 재미있는 사람이었다. 하지만 믿을 수가 없었다. 내가 보낸 문자에 답을 할지, 자기가 내게로 오겠다고 한 날 과연 올지 따위를 도무지 알 수 없었다. 그는 내가 자기를 얼마나 좋아하는지 알고 있었다. 어느 날은 관심 있는 것처럼 대하다가 또 어느 날은 냉담하게 굴었다. 그런데 나는 한 번도 다음의 질문을 떠올린 적이 없었다. '그는 친절하고 사려 깊은가? 나는 그의 판단을 신뢰하나? 우리 아이 치과 약속을 그가 잊지 않고 데려가 줄까?' (본인이 치과 가는 패턴으로 미루어 짐작해 보면, 천만에, 잊어버릴 거다.)

뒤돌아보니 대체 왜 내가, 진지한 상대를 만나 오래도록 좋은 인연을 맺고 싶어하던 나 같은 사람이 대체 왜 죽자고 그에게 매달려

사랑은 과학이다

나랑 사귀어 달라고 졸랐는지 모르겠다. 왜 나는 계속해서 브라이언 같은 남자에게 빠졌을까? 나는 내가 원하는 인연을 만드는 데 전혀 도움이 되지 않는 선택만 골라 했다. 당시의 나는 오래 함께 할 사람과 데이트를 하는 대신 짧게 보는 재미에 최적화되어 있었다.

프롬 데이트 대 인생 반려자

우리 가운데 미래의 자신에게 유리한 선택을 하기 힘들어 하는 사람이 많다. 연애 관련해서만 하는 말이 아니다. 집안일을 미룰 때도 그렇고 (결국에는 해야 하는 걸 알면서도), 운동을 안 할 때도 그렇고 (장기적인 건강에 중요한 걸 알면서도), 돈을 함부로 쓸 때도 그렇다 (절약해야 하는 걸 알면서도). 우리가 이런 판단을 내리는 건 **현재 중시 편향**의 영향이다. 즉, 지금 여기에 지나치게 높은 가치를 두는 데 비해 미래에는 부당할 정도로 낮은 가치를 부여하는 판단 오류를 저지르는 것이다.

사랑을 오래도록 지속시킬 생각 없이 데이트하는 사람이 많다. 브라이언을 쫓아다니던 당시의 내가 그랬다. 고교 졸업 파티에나 어울릴 법한 **프롬 데이트**였다. 프롬 데이트로 이상적인 조건은 어떤 것일까? 사진발을 잘 받고, 하루 저녁을 흥겹게 해 주고 친구들 앞에서 내 위신을 세워 주는 사람이다. 우리 중에 고등학교를 졸업한 지 십 년도 넘은 사람들이 부지기수이지만 여전히 같은 잣대를 미래 파트너를 고를 때 사용하고 있다. 우리는 정말로 프롬 데이트와 결혼하고 싶은 걸까? 훗날 늙은 부모님을 보살펴야 하는데 그가 돕지 않을까 봐 염려하고 싶은가? 아이 학교에서 학부모 간담회를 하는데 안 나타날까 봐? 병에 걸렸다가 회복해야 하는데 간병을 안 해 줄까 봐?

누군가를 만날 때 처음부터 이런 질문을 하는 사람은 없을 것이다. 이 질문에 대한 답에 따라 그 사람과 키스할지, 혹은 한 번 더 만날지 여부가 결정되지도 않을 것이다. 그러나 오래 함께 할 파트너를 찾는다면, 인생의 부침이 있는 동안 내 편이 되어 줄 사람을 바라게 된다. 의지할 수 있는 사람. 함께 결정을 내릴 사람. **인생 반려자**The Life Partner 말이다.

나는 다행히 에스더 퍼렐이라는 탁월한 커플 테라피스트를 멘토로 둘 수 있었다. 러브스토리와 라이프 스토리는 다르다고 그녀가 내게 말했다. 우리가 사귈 상대는 많지만 함께 삶을 일궈 갈 사람은 그보다 적다. 그녀는 누구와 결혼할까 고민될 때 '이 사람과의 러브스토리는 어떨까?'라는 질문 대신 '이 사람이라면 함께 삶을 가꿀 수 있을까?'라는 질문을 하라고 조언해 줬다. 근본적인 구별이 가능하다.

사춘기를 통과할 무렵에는 우리 대다수가 프롬 데이트 부류에 반한다. 이해가 된다. 십대 시절에야 누구랑 뽀뽀할지가 중요하지 누가 내 아이에게 좋은 부모일지가 중요하지 않으니까. 그러나 이제 우리는 더 이상 열다섯 살이 아니다. 오래 함께 할 인연을 찾기로 마음을 정했다면 이제 프롬 데이트는 그만 찾고 인생 반려자를 구하기 시작해야 한다.

프롬 데이트를 버릴 때

언제 이런 태도 전환을 이루어야 할까? 모두에게 적용되는 정답은 없다. 하지만 행동 과학자 댄 애리얼리와 대화 중에, 자녀를 원하는 사람들이라면 도움이 될 만한 경험 법칙을 산출한 적이 있다. 파트너 평가 방식을 의도적으로 바꿔야 할 때는 아이를 가지려는 시점에서 대략 6~8년 전이다. 이것은 과학적으로 증명된 숫자는 아니고 언제 마음을 바꿔야 할지 곰곰이 생각하게 해주는 개념적 틀이라고 생각하면 된다.

내 생각에 아마 독자 여러분 가운데 상당수가 내 고객들처럼 이미 그 기간 속에 들어와 있을 것 같다. 여러분에게 뒤처졌다는 느낌을 주려는 의도는 아니다. 다만 이제는 스스로를 진지하게 여기고, 진지한 파트너가 되어 줄 누군가와 사귀기 시작하라고 독려하고 싶을 뿐이다.

스스로에게 솔직해지자. 프롬 데이트와 인생 반려자, 둘 가운데 누구와 사귀고 싶은가? 혼자 사는 남자와 몇 차례 데이트 경험이 있다고 말한 고객이 있었다. 그녀가 그의 아파트에 가서 화장실을 썼는데, 보니까 세면대에는 면도하고 떨어뜨린 턱수염이 수북하고, 휴지는 없는데 쓰레기통은 넘쳐흘렀다고 했다. 내 고객은 실력 있고 성공적인 전문직 여성이었다. 나이는 서른 넷, "아이를 많이" 갖고 싶다고 말했다. 화장실이 지저분하기 때문에 그 남자가 좋은 남편이자 아빠가 될 수 없다는 말이 아니다. 그러나 서른네 살인 그녀가 아이를 많이 낳고 싶다면 현실적으로 서둘러야 했다. 그렇다면 아이 가질 준비가 더 잘 된 사람이 누구일까? 화장실을 깨끗

하게 정돈할 줄 아는 남자와 아직도 기숙사에 사는 듯 행동하는 남자 중에서? 나는 그녀에게 그 프롬 데이트에게 이만 작별을 고하고 인생 반려자를 찾는 데 에너지를 집중하라고 조언했다.

인생 반려자를 찾는 쪽으로 태도 전환하려면 지금 자신이 갖고 있는 현재 중시 편향을 깨닫고 의도적으로 이를 극복하려고 애써야 한다.

중요한 자질에 대한 우리의 잘못된 생각

나는 코칭 외에도 매치 메이커로 일하며 고객들에게 만남을 주선한다. 너무나 많은 친구와 고객들이 데이팅앱을 힘들어 하기에 이 일을 시작하게 됐다. 매치 메이커로서 수십 명의 사람들을 만나 보니 사람들이 파트너에게서 무얼 원하는지 알게 되었다. "로건의 리스트"에 등록하려고 내 웹사이트 서류 양식에 수백 명의 사람들이 자기 정보를 기입했다. 사람들이 진지한 상대에게서 제일 중요하다고 '생각'하는 게 무엇인지 파악하기에 충분한 데이터를 이 과정을 통해 모았다. 이제 사람들의 생각과 오랜 인연을 위해 '실제로' 중요하다고 연애학 학계에서 공인한 것들을 비교해 보겠다.

연애학에서는 존 가트맨 덕에 많은 통찰을 얻을 수 있었다. 그는 연애 관계 연구에 40년이 넘는 세월을 보냈다. 그는 수년에 걸쳐 동료 학자 로버트 레벤슨과 함께 미디어에서 "사랑의 실험실love Lab"이라고 부르는 관찰 조사 실험실로 커플들을 불러들여 그들의 관계에 대해 하는 말을 기록했다. 가트맨은 커플들에게 처음 만난 이야기와 최근에 싸운 이야기를 해 달라고 부탁했다. 심지어 그는

사랑은 과학이다

몇몇 커플들을 어느 아파트로 초대해서 주말을 함께 보내라고도 했는데, 이미 그곳에는 카메라가 설치되어 있어서 그 사람들이 일상 생활에서 서로 어떻게 반응하는지 관찰할 수 있었다.

사람들이 아파트 실험에 참여하고 몇 해가 지난 뒤 가트맨은 커플들의 관계를 확인하는 후속 조사를 했다. 참여자들은 두 부류로 나뉘었다. "대가"는 아직도 행복한 결혼 생활을 하는 커플들이었다. "재앙"은 이미 헤어졌거나 불행하게 남아 있는 커플들이었다. 그는 이 두 부류의 커플을 찍은 예전 영상을 보며 대가와 재앙을 구분 짓는 패턴이 무엇인지 살펴보았다.

가트맨의 실험 결과와 다른 연애학자들의 연구를 보면, 오랜 인연의 성공에 필요한 요소가 무엇인지 분명해진다. 다시 말해, 무엇이 인생 반려자의 자질인지 연구 결과가 알려 준다는 뜻이다. 그러나 이는 내 매치 메이킹 고객들이 원하는 자질과 달랐다. 그들은 대신 짧은 연애에 바람직한 특징, 즉 프롬 데이트의 특징에 치중했다.

생각만큼 중요하지 않은 것

우리는 오랜 인연에 중요한 자질을 과소평가하는 데 그치지 않고 상관없는 자질에 과도한 가치를 두기도 한다. 이는 부분적으로 초점 착시라고 부르는 인지 오류 탓이다. 초점 착시란 결과(예를 들어, 미래의 행복)을 기대할 때, 특정 요소의 중요성을 과대평가하는 경향을 말한다.

행동 경제학자 대니얼 카너먼과 데이비드 슈케이드가 이런 현상을 살펴봤다. 이들은 미시간 주와 오하이오 주에 있는 대학을 다니는 학생들에게, 자신처럼 중서부 지역 대학을 다니는 학생들과 캘리포니아 주 대학생들 가운데 누가 더 행복할 것 같냐고 물어 봤다. 같은 질문을 남부 캘리포니아 지역 대학생들에게도 했다.

두 그룹 학생들 모두 캘리포니아 학생들이 더 행복할 거라고 답했다. 그러나 연구 결과에 따르면 캘리포니아 지역 학생들이나 중서부 지역 학생들이나 전반적인 삶의 만족도는 거의 동일했다.

두 그룹 학생들 모두 따뜻한 기후 지역 거주가 일상의 만족에 미치는 영향을 과대평가한 것으로 드러났다. 기후가 두 지역을 비교할 때 "쉽사리 관측되고 뚜렷이 구분되는" 차이였기 때문이다. 학생들은 행복에 영향을 미치는 다른 요소들, 즉 두 그룹 학생의 공통 요소인 성적, 사회적 지위, 가정사, 금전, 장래 직업 등등은 전부 무시했다.

카너먼은 자신의 연구 결과를 완벽하게 요약했다. "우리가 그것(기후)에 관해 생각하며 그것(기후)이 중요하다고 생각하면, 그것(기후)보다 중요한 것은 없다." 무언가에 대해 생각하는 것만으로도 큰 차이를 만든다는 뜻이다.

배우자 후보를 고를 때 우리는 초점 착시 함정에 빠지는 오류를 흔히 범한다. 내가 코칭하는 사람들이 요구사항을 나열하면서 "춤추기 좋아하는 사람을 원해요" 같은 말을 할 때가 있다. 그 말을 하는 순간 그 사람은 자기가 춤을 좋아한다는 사실에 생각의 초점을 두고 있다. 그러면 초점 착시 효과로 춤 '생각'을 하는 것만으로도 춤의 중요성이 과도해진다. 실제로는, 설령 살사의 밤 행사에 가서 셔츠에서 땀내가 진동하도록 춤을 즐기는 사람이라 해도 그 사람

사랑은 과학이다

이 댄스플로어에서 보내는 시간은 한 달에 몇 시간밖에 안 되기가 쉽다. 그러나 사람들은 이런 사소한 특징에 꽂혀서 훨씬 더 중요한 요소들을 무시하는 경향이 있다. 오랜 인연이 누리는 행복과 관련이 깊은 요소들은 이런 것이 아니다 (이에 대해서 곧 상세히 밝히겠다.) 외모, 돈 등도 마찬가지다. 이 역시 우리 생각보다 훨씬 작은 차이밖에 주지 않는다.

1) 돈

오해하지 말자. 돈은 중요하다. 빈곤선 아래에 있는 부부가 기초 필수품조차 구하기 힘들다면 그 결혼은 유지가 힘들다. 텍사스 기술 대학 심리학자들의 연구에 따르면, 저소득 커플의 관계 불만도가 중산층 커플에 비해 훨씬 컸다. 저소득 커플이 느끼는 불행의 정도는 이혼 커플이 헤어지기 직전 달 느끼는 정도와 같다고 보고된다.

재정 곤란이 결혼 생활에 스트레스를 준다는 사실은 절대 비밀이 아니다. 이혼 사유 가운데 가장 커다란 이유이기도 하다. 재원이 충분하면 재정적으로 힘든 결정을 내리지 않아도 된다. 가령 맏아이의 이를 교정해 주어야 할까 아니면 막내에게 수학 과외를 붙여 줘야 할까 따위의 갈등으로 끊임없이 스트레스를 받지 않아도 된다는 말이다. 게다가 하버드 경영대학의 연구에 따르면 요리나 청소처럼 시간이 많이 걸리는 가사 업무를 외주 용역에 맡길 여력이 되는 커플들은 양질의 여가 시간을 더 많이 함께 보낼 수 있기 때문에 커플 만족도가 더 크다고 한다.

그렇다고 해서 행복하기 위해 부유한 파트너를 찾아야 한다는 말이 아니다. 정확히 어느 지점에서 돈이 많을수록 그에 상응하는 행복 보장이 안 되는지, 그 문턱을 알아내기는 힘들다. 하지만 행동 경제학자 대니얼 카너만과 앵거스 디튼의 유명한 연구에 따르면 연봉이 7만 5천 달러를 넘으면 그 위로는 "정서적 웰빙"(경제학자들은 행복을 이렇게 일컫는다)에 아무런 증가가 없다고 했다.

사람들이 돈에서 얻는 행복의 정도는 주변 사람들의 부에 영향을 받는다고 많은 연구들이 주장한다. 중요한 건 내 집의 크기가 아니라 이웃집과 '비교'했을 때 크기라는 뜻이다. 그 이유는 사람들이 상황에 익숙해지기 때문이다. 우리는 종종 적응(상황에 익숙해지는) 과정을 간과한다. 물건이 아무리 좋아도 결국 시간이 지나면 관심도 줄어든다. 일단 관심에서 사라지면, 그 물건이 우리 관심의 초점이었을 때와 같은 정도의 기쁨이나 슬픔을 주지 않는다. 이런 현상이 1978년 심리학자 필립 브릭먼이 이끈 실험 결과를 설명해준다. 연구자 팀은 복권에 당첨된 사람들을 대상으로 당첨 1년 후에 설문 조사를 했다. 복권 당첨자들은 장기적으로 봤을 때 우리가 생각하는 것만큼 행복하지 않았다. 당첨자들의 행복도는 비당첨자들과 비슷한 정도였지만 실은 아무것도 얻지 못한 사람들이 누리는 소소한 일상의 기쁨을 즐기는 데 곤란을 겪고 있었다. 당첨자들은 새 환경에 '적응'해 버렸고, 그래서 전반적인 생활 만족도에 부가 끼치는 영향은 기대보다 훨씬 적었다.

2) 외모

외모가 생활의 많은 영역에서 차이를 만든다는 건 엄연한 사실이다. 매력적인 사람들은 연봉도 높고 정치에서 상대적으로 덜 매력적인 경쟁자를 누르기도 쉽다. 매력에 관한 수많은 연구에 따르면, 사람들은 잘생긴 사람일수록 설득력, 신뢰성, 적극성, 사회적 자신감, 성적 민감성, 건강, 지능, 친화성이 높을 것으로 여긴다고 한다.

데이팅 이야기를 하자면, 잘생긴 외모를 높이 사는 데에는 역사상, 진화상의 이유가 있다. 오래 전에는 삶이 생존을 위한 몸부림이었다. 깨끗한 피부나 숱 많은 머리칼 등 신체적인 매력의 특질은 건강과 활력을 의미했다. 그래서 짝짓기에 중요한 조건이 되었으니, 자녀들에게 그 우월한 특질을 '유전'시킬 뿐만 아니라 '살아 남아' 자녀 양육을 거들어 줄 확률이 크기 때문이다. 미모의 상대를 쫓아다니라고 우리 뇌에서 명령을 내리는 데에는 다 이유가 있는 법이다.

요즘 세상에서는 현대 의학과 식량 산업이라는 기적 덕분에 예전 같은 문제로 신음하지 않는다. 우리 자손이 생존할 확률은 월등히 높아졌다. 그러니 파트너를 고를 때 번식 적합성, 즉 미래 세대에 유전자를 전달할 능력을 최우선으로 삼는 행위가 더는 의미가 없다. 애 아빠가 십대 시절에 여드름이 왕성했다 할지라도 애는 아무렇지도 않을 것이다.

게다가 다른 특성은 배제하고 매력에만 집중하는 것은, 욕정이란 시간이 흐르면 스러질 수밖에 없다는 사실을 간과하는 것이다

(기억하라, 우리는 지금 장기적인 행복을 논의 중이다). 심리학자 타이 타시로는 자신의 저서 《왜 그런 사람과 결혼할까?》에서 시간이 흐름에 따라 결혼 생활 만족도가 어떻게 변하는지 14년에 걸친 조사 결과를 분석했다. 그 결과 7년에 걸쳐 파트너에 대한 '욕정'(성적인 열망)이 '애호'(충실함과 다정함이 특징인 우정)보다 두 배나 빠르게 감소했다고 밝혔다.

생물 인류학자 헬렌 피셔가 그 이유를 설명했다. 욕정은 초기에는 놀랄만큼 강렬하다가 이윽고 스러지기 때문이다. 우리가 사랑에 빠질 때의 느낌은, 상대가 마치 마약이어서 중독되는 것 같은 느낌이다. 피셔에 따르면 코카인을 흡입했을 때나 사랑에 빠졌을 때나 자극되는 뇌 부위가 같다고 한다.

욕정이 스러지는 것도 진화의 관점에서 보면 전략적인 변화이다. 파트너에게 '중독'이 되어야 그 사람 주위에 남아 아이를 낳고 함께 기를 수 있다. 그 아이가 대략 네 살쯤 되어 어설프게나마 독립하여 생존할 수 있을 때까지 말이다(적어도 고대 사바나 기후 지역에서는 그렇다는 뜻이다). 일단 거기서 우리 할 일이 끝나면 욕정이 사라지고, 뇌는 우리를 해방시켜 다른 파트너와 다른 아이를 가지게 한다. 그렇게 해서 생긴 아이들 가운데 적어도 한 명은 어른이 되도록 살아남아 우리 DNA를 전달할 확률이 높아지게 된다.

만일 당신이 밤낮없이 섹스를 하는 단계에 있을 때 자기 연애에 대한 평가를 한다면, 그게 덜할 때 둘 사이가 어떨지 얼마나 잘 알 수 있을까? 그리고 만약 당신이 만족스러운 섹스를 추구한다면, 말해 두겠다. 매력적인 사람이 잠자리에서도 좋으리라는 보장은 없

사랑은 과학이다

다. 아름다운 사람들이 연마를 게을리하는 기술이 있을 수 있다. 굳이 필요가 없기 때문이다. 텔레비전 드라마 〈써티 락〉의 "거품" 편에서 배우 존 햄이 연기한 인물은 자기 미모에 갇혀 사는 남자인데 서브를 할 줄 모르는 전직 프로 테니스 선수, 하임리히 요법을 모르는 의사이다. 그를 가리켜 티나 페이가 "나만큼이나 섹스를 못하는 남자야"라고 불평한다. 그녀의 상냥한 직장 상사는 이 말이 무슨 뜻인지 경험으로 알고 말해 준다. "초절정 미남은 그래서 위험해. 거품 속에 들어 있어서 바른말 해 주는 사람이 아무도 없거든." 그렇다, 그러니까 최고로 잘난 사람이 최고로 잘하는 애인이 될 거라는 지레 짐작은 엄금이다.

끝으로, 적응에 대해서 방금 배운 것을 기억하자. 아무리 매력적인 사람과 결혼을 해도 결국 그 사람의 외모에 익숙해진다. 애초의 기쁨은 색이 바랜다. 섹스의 동력은 새로움이 아주 큰 원인이다. 그러니 당신의 파트너가 아무리 핫해도 시간이 흐르면서 그에 대한 성욕이 점차 사라진다. 이유는 단지 새 사람이 아니라는 것뿐이다. 속담을 좀 바꿔 보겠다. "짚신도 다 섹스가 싫증난 짝이 있다." 콩깍지도 한때! 욕정도 한때! 중요한 건 당신이 그 사람에게 매료되었다는 사실이지 최고로 핫한 사람을 낚았다는 것이 아니다.

3) 비슷한 성격

파트너 성격이 자기와 좀 비슷했으면 좋겠다고 불평하는 고객이 많다. "나는 외향적인 사람인데 그이는 너무 내향적이에요. 우린 절대로 안 어울려요." 혹은 "난 신경이 너무 예민한데 이 사람은 무슨 일에든 꿈쩍도 안 해요. 우린 안 어울려요."

내가 살펴보니 나이가 좀 있는 고객들에게 이런 정서가 특히 두드러진다. 젊은 사람이 연애할 때는 마치 스타트업 기업 같다. 두 사람이 만나 함께 뭔가를 만들기 시작한다. 둘 모두 자기가 원하는 게 뭔지 아직 잘 몰라서 유연하게 찾아간다. 그런데 나이가 들어 오래 함께 하는 관계를, 그리고 종국에는 결혼생각을 하게 되면 그 과정이 기업 합병 같다. 완전히 독립된 두 사람이 함께 하는 것이다. 나이가 들수록 사는 방식이 굳어 버리기 때문에 각자 본인의 삶에 쉽게 맞춰줄 수 있는 누군가를 갈망하게 된다. 그래서 비슷한 사람이어야 합병하기 쉬울 거라고 지레 짐작한다.

하지만 그 짐작은 잘못됐다. 비슷한 성격이 오래 잘 지내는 관계의 전조가 되지는 못한다는 연구 결과가 있다. 노스웨스턴 대학 교수이자 결혼 전문가 엘리 핑켈을 인터뷰하기 위해 만났을 때 그가 이런 말을 했다. "연애 관계에 얼마나 만족하고 행복한지는 두 사람 성격이 얼마나 흡사한지와 전혀 상관관계가 없어요." 다시 말해, 성격이 비슷하지 않다는 이유로 상대를 배척하면 파트너 후보 풀을 줄여 버리는 실수를 저지르게 된다는 뜻이다.

물어보겠다. 데이트를 '정말로' 자기 자신과 하고 싶은가? 나는 아닌데!

고객 중에 인생 자체가 파티인 사람이 있었다. 호탕한 성격의 이벤트 프로모터였다. 그가 사귄 여자는 조용하고 살뜰한 성격이었는데 웬만하면 밤 열 시 이전에 잠자리에 들고 싶어했다. 그는 의구심이 들었다. '나랑 좀 더 비슷한 사람이랑 사귀는 게 낫지 않을까?'

그를 자리에 앉힌 뒤 내가 말했다. 본인 같은 사람 둘이 한 방을 써도 비좁을 판에 하물며 커플 사이라면 오죽하겠냐고! 서로 관심의 중심이 되고자 치고 받고 싸울 것이다. "혹시 '어메이징 레이스'라는 텔레비전 프로그램 알아요?" 커플이나 친구, 가족이 짝을 이루어 전 세계를 돌며 임무 완수를 해야 하는 서바이벌 프로그램 이야기를 꺼내며 내가 말했다. "성격이 너무 비슷한 짝은 서로 싸우더라고요. 같은 문제에 봉착해서 헤어나오질 못해요. 제일 성공적인 듀오는 서로를 보완하는 사람들이었어요. 동일한 특성이 없는 사람들. 비행기를 놓치면 한 사람이 다른 길을 찾아내서 동료의 패닉을 달래 주더라고요. 그런 식이니 나중에는 이기는 거죠. 인생 반려자도 그래야 하지 않겠어요?"

일 년 남짓, 그 남자는 자기와 좀 더 닮았으면 하고 바라는 대신 파트너의 차이를 인정하는 연습을 했다. 최근에 두 사람은 아이를 갖기로 했다.

+ 유전학! +

성격이 비슷한 상대를 찾고 싶다고 말하는 사람이 많다. 그런데, 미시간 주립대학 연구팀의 윌리엄 춥닉과 리처드 루카스가 평균 20년을 함께 산 2,500쌍이 넘는 부부를 조사해 봤더니 성격이 비슷한 부부가 성격이 다른 부부보다 더 행복하지는 않다는 사실을 알아냈다. 게다가 우리 인류는 유전자가 나와 '다른' 사람을 선호하도록 진화가 이루어졌을 것으로 추측된다.

어떤 이론에 의하면 우리는 유전자가 다른 사람의 체취에 매력을 느낀다고 한다. 그런 상대와 번식을 하면 서로 다른 두 세트의 유전자를 자손에게 전해 주게 되고 그렇게 해서 더 강건해진 후손의 생존 가능성을 키운다고 한다. 스위스 생물학자 클라우스 베데킨트가 이 이론을 실험한 티셔츠 연구가 유명하다. 그는 남녀 학생들의 DNA를 수집했다. 남학생들에게 체취를 얻을 수 있게 티셔츠를 이틀 연속으로 입되 섹스처럼 체취를 유발시키는 행위는 하지 말라고 지시했다. 그런 다음 여학생들에게 티셔츠 여섯 벌(셋은 유전자가 비슷한 남학생 것이고 셋은 다른 남학생의 것이다) 냄새를 맡고 각각 냄새의 강도, 쾌감, 섹시함의 정도를 평가하라고 했다. 그 결과 본인과 '많이 다른' 유전자를 가진 남자의 체취를 여자가 선호한다는 사실을 알아냈다. (공교롭게도, 경구피임약을 먹고 있는 여자들의 경우 작용이 반대였다. 부부가 결혼한 다음 여자가 피임을 중단했는데 다른 사람에게 끌린다면, 그것 참 곤란할 듯하다.)

4) 공동 취미

나이든 선배와 함께 장거리 자동차 여행을 할 때였다. 선배 부부가 테니스를 얼마나 좋아하는지를 주제로 우리는 이야기를 시작했다. 그 이야기를 하다 보니 어느덧 주유소까지 가게 되었다. 선배가 차에서 내려 주유를 하는 동안 휴대폰을 뒤졌다. 다시 차에 타더니 폰 화면을 내 눈 앞으로 내밀며 말했다. "이것 좀 봐. 우리 시부모님 너무 귀엽지 않아?" 보니까 흐릿하게, 제대로 잘 찍지도 못한 60대 부부의 셀카 사진이었다.

차 시동을 걸며 선배가 말했다. "솔직히 남편 부모님이 어떻게 그렇게 오래 함께 사는지 놀랄 정도야. 같이 하시는 게 하나도 없거든."

"공동 취미를 실제보다 더 중요하게 생각하는 사람들이 많아요. 두 분이 같이 하시는 일이 많을 텐데 아마 선배가 잘 못 보시는 걸 거예요." 내가 말했다. 이 말은 선배에게 가트맨 부부 이야기를 해 준 다음에 했다. (나는 주로 장거리 자동차 여행을 하다가 처음 정차 지점에 도착하기 전에 가트맨 부부 이야기를 한다.)

앞에서 이미 언급했던 존 가트맨은 유명한 임상심리학자 줄리 가트맨과 부부이다. 존은 대부분의 시간을 실험실에서 커플들의 미세한 의사 표현을 코딩하면서 보낸다. 그는 자기 스스로를 "열렬한 실내인"이라고 말한다. 그리고 자기가 피크닉을 가면 죽을 수도 있는 이유를 천 개도 넘게 꼽을 수 있다고 우스갯소리를 한다. 줄리도 존처럼 커플 치료에 열정적이다. 하지만 줄리는 야외에서 지내기를 즐기는 사람이다. 대학 시절에는 스키 시합에도 나갔고, 50세 생일에는 에베레스트 베이스 캠프까지 하이킹이 소원이었다. 존이, 피크닉도 무섭다는 남자가 줄리와 함께 얼음을 깨며 에베레스트 산을 오르는 광경을 상상해 보라.

물론 줄리와 존은 결혼 전에 자기들의 차이를 이미 알고 있었다.

하지만 두 사람의 일을 통해, 커플이 오래도록 잘 지내기 위해서 공동 취미를 꼭 가져야 하는 건 아니라는 사실을 잘 알고 있었다. 그래서 두 사람은 30년 이상 행복한 결혼 생활을 유지하고 있다.

핵심은 이러하다. 서로 관심이 달라도 괜찮다. 나 좋은 일 하자고 두 사람 관계에 투자해야 하는 시간을 없애지 않는 한에는 그렇다는 뜻이다. 남자는 와인을 무척 좋아하는데 아내는 와인에 무심하다면, 그것도 괜찮다. 그 남자가 반드시 소믈리에와 결혼할 필요는 없다. 중요한 것은 남자가 와인을 마실 때, 혹은 새로 상을 받은 카버네 소비뇽을 시음하러 나파 밸리로 찾아갈 때 파트너가 그에게 죄책감을 느끼게 하거나 혹은 "웬 술을 그렇게 '노상' 마셔요?"라고만 하지 않으면 된다. 좋은 사이에는 각자가 각자의 취미를 인정하는 거리가 있어야 한다.

+ 다른 중요한 사람 (OSO) +

서로 다른 취미를 유지하는 비결은 "다른 중요한 사람other significant other"이다. 이 말은 연애학자 엘리 핀켈이 만든 표현이다. 요즘 커플을 보면 연애 상대가 본인의 필요를 모두 맞춰줄 수 있다고 생각하는 사람이 많다. 이는 상대방 한 사람에게 여러가지 모자를, 아니 사실은 결혼하기 전에 본인이 몸담았던 사교 네트워크 안에 여기저기 뿌려 놓았던 모자를 한 사람에게 전부 써 달라고 부

사랑은 과학이다

탁하는 말과 다름없다.

상대가 우리 요구를 전부 충족시켜 주기를 기대한다면 두 사람 사이에 엄청난 중압감을 주게 된다. OSO가 그 중압감을 덜어줄 수 있다. 이런 식으로 생각해 볼 수 있다. 모자 열두 개를 한 사람 머리에 한 더미로 쌓아 올리면, 그 모자 더미가 (그리고 아마 그 사람도) 무너질 것이다. 대신, 야구 모자는 스포츠를 좋아하는 사촌에게 주고 RBI(컴퓨터 야구 게임)이야기를 하고 싶으면 '그녀'에게 전화를 하면 된다. 카우보이 모자는 컨트리 음악을 좋아하는 친구에게 주고 다음에 춤출 상대가 필요하면 '그'와 계획을 세우면 된다.

사회심리학자 일레인 청, 웬디 가드너, 제이슨 앤더슨이 이 생각을 지지한다. 정서적인 필요에 따라 우리가 의지할 수 있는 사람이 다수라면 (한두 명이 아니라) 우리의 전반적인 행복이 증진된다고 한다. 예를 들어, 화가 날 때는 룸메이트와 이야기를 하고 슬플 때는 친구와 이야기하는 식이다.

연애를 하고 있다면 다음과 같은 방법으로 다른 중요한 사람(OSO)을 삶 속으로 끌어들이면 된다. 먼저 파트너가 해 줬으면 하고 내가 바라는데 그 사람은 그 임무에 별 관심이 없어 하는 역할들을 꼽아본다. 예를 들면, 파티에 동반해 달라고 했는데 파트너가 실은 작은 모임을 선호한다든지. 혹은 나는 그 사람이 박물관이나 미술관에 가자고 해 주기를 바라는데 정작 그는 그런 데 관심이 없다든지. 그 사람이 내 관심을 공유하지 않는다고 해서 그가 나쁜 파트너는 아니라는 사실을 꼭 기억해야 한다! 그리고 파트너에게 어울리지 않는 역할을 대신해 줄 친구나 친척을 찾아 본다. 멀리 보면 이래야 "내가" 행복해진다. 내 욕구가 충족되기 때문이다. 그러면 상대도 자기가 가진 관심과 실력으로 잘할 수 있는 역할에 집중하게 되기 때문에 "상대도" 행복해진다.

생각보다 중요한 것

내가 고객을 상대할 때, 본인의 최우선 목표가 정서적으로 안정된 상대를 만나는 것이라고 밝힌 사람은 거의 없었다. 혹은 어려운 결단을 잘 내리는 사람이라거나. 간혹 친절을 언급하기는 하는데 주로 원하는 키의 최대치와 최소치를 말하고 난 '뒤'에 덧붙이는 사항이었다. 하지만 오래 잘 지내는 관계를 이끄는 데에는 겉으로 보이는 특징이나 공동 관심사보다 이런 것들의 기여가 훨씬 더 크다고 연애학자들은 말한다.

이런 점들이 중요하다는 걸 사람들이 모르지는 않는다. 그러나 누구와 연애할지 정할 때 이런 속성의 가치를 과소평가하는 경향이 있다. (이런 자질은 측정하기 힘든 것이 그 이유 중 하나일 것이다. 한동안 지내 봐야 알아볼 수 있는 자질들이니까. 데이팅앱이 왜 측정하기 쉽고 생각보다 중요하지 않은 자질에만 초점을 맞추는지는 이로써 설명된다. 자세한 설명은 다음 챕터에서 하겠다.) 인생 반려자를 원한다면 다음의 특징을 가진 사람을 찾아보자.

1) 안정된 정서와 친절함

타이 타시로는 저서 《왜 그런 사람과 결혼할까》에서 파트너를 고를 때 무엇이 중요한지 알아보기 위해 기존 연구들을 뒤져 봤다. 그 결과 안정된 정서와 친절이 가장 중요하지만 동시에 가장 과소평가된 두 가지 특질이라고 말했다. 안정된 정서란 스스로를 제어할 줄 알아서 분노나 충동에 무너지지 않는 힘이라고 그가 정의했다. 커플 당사자들이 안정된 정서로 결속될 경우 두 사람 사이가 만족스럽고 안정적이리라 예측이 가능하다.

2017년 TED토크에서 타시로는 "친절한 파트너가 최고다. 너그럽고, 공감해 주고, 협조적이다." 친절하고 정서적으로 안정된 사람은 상대를 인정과 배려로 대한다. 이는 존 가트맨, 줄리 가트맨의 연구에서도 관계를 오래도록 성공적으로 지속시키는 열쇠라고 밝혔다.

어떤 사람이 얼마나 친절한지 알아보려면 덕 볼 것이 없는 사람을 그 사람이 어떻게 대하는지를 눈여겨보면 된다. 그가 웨이터에게 친절한가? 지하철에서 자리를 양보하는가? 직장 신입이 업무를 처음 배울 때 참을성 있게 대하는가? 친구나 가족이 힘들면 짐을 덜어 주려 하는가?

정서가 안정된 사람을 판별하는 방법은 스트레스 상황에 그 사람이 어떻게 대응하는지 보면 된다. 기겁을 하는가 아니면 침착한가? 정서적으로 안정된 사람은 반응이 신중하다. 충동적으로 '반응'하는 게 아니라 시간을 들여 사려 깊게 '대응'한다. 내 고객에게

이 개념을 설명할 때 나는 홀로코스트에서 살아남은 유명한 정신과 의사 빅터 프랭클의 말을 인용한다. 그의 글이다. "자극과 반응 사이에 거리가 있다. 그 거리 안에 우리가 어떤 반응을 할지 선택할 힘이 있다. 그렇게 한 반응에 우리의 성장과 자유가 있다." 정서적으로 안정된 사람은 그 거리를 잘 사용한다.

2) 의리

호시절에는 함께 잘 지내다가 내가 곤란할 때는 전화번호조차 잊어버리는 그런 친구가 있는가? 특정 상황에서는 호시절 친구나마 괜찮을 때가 있지만, 호시절 파트너는 곤란하다. 좋을 때나 나쁠 때나 함께 할 사람을 구해야 한다. 의리가 중요하다.

나는 가끔 나의 언니가 결혼식에서 낭독한 글귀를 생각한다. (내가 결혼식을 집전하겠다고 몇 번이나 말했는데 언니가 거절한 것도 생각한다. 대체 현대판 중매쟁이를 단상에서 원하지 않는 사람이 어디 있다고?!) 암환자 치료전문의 로빈 쇤탈러가 쓴 글인데 제목은 "그가 내 가방을 들어 줄까?"였다.

쇤탈러는 수천 커플이 위기를 겪는 모습을 지켜봤다고 했다. 그래서 남녀 관계에 뭐가 정말 중요한지 알게 됐다고 설명했다. "그 커플들을 지켜본 것은 대단한 특혜였다. 그러나 단점도 있다. 독신인 내 여성 친구들이 온라인 데이팅앱에 올리는 자기 소개 글을 보여 줄 때 소리 죽여 구시렁거리게 됐다. 친구들은 '해질녘 오랜 해변 산책과 고양이를 좋아해야 함'이라거나 '프랑스 요리, 카약, 여행'이라고 쓴다. 아니면 이런 고전적인 문구를 쓰든지. '낚시 친구

찾음. 미끼를 잘 다뤄야 함.' 이런 소개 글을 보면 나는 단상에 올라가 암전문의라도 된 것처럼 외치고 싶어진다. '좋은 낚싯대를 가진 친구는 잠깐은 좋겠지. 하지만 네가 정말 만나고 싶은 사람은 암 병동에서 네 가방을 들어 줄 사람이라고.'"

언니는 본인이 필요할 때면 가방을 들어 줄 멋진 남자를 만났다. 다시 말하면, 언니가 결혼한 사람은 곁에 있다가 언니가 무너지면 보살펴 줄 사람이다. 의리를 추구해야 한다. 내가 업계 최고상을 받거나 암병동에 입원하거나 나와 함께 있어 줄 사람을 찾아야 한다.

3) 성장 마인드셋

심리학자 캐럴 드웩은 수십 년에 걸쳐 이른바 "고정" 마인드셋과 "성장" 마인드셋에 대해 연구했다. 성장 마인드셋을 가진 사람들은 본인의 지능과 기술을 향상시킬 수 있다고 믿는다. 배우기를 좋아한다. 도전에 의욕을 느끼고 실패를 능력 신장의 신호로 본다. 유연한 마음으로 위기에 편안하게 대처한다. 고정 마인드셋을 가진 사람들은 정반대로 믿는다. 재능과 지능은 타고나는 것이고 모험을 했다가는 망신만 당할 거라고 생각한다.

성장 마인드셋을 가진 사람과 어울려야 한다. 문제가 생기면 (피치 못할 문제는 언제나 생기기 마련이다) 그 상황에 맞서 일어날 파트너를 원하지, 졌다며 두손 들 사람을 원하지는 않을 테니까. 성장 마인드셋을 가진 사람이 문제에 뛰어들어 상황을 개선시킬 가능성이, 상황이 개선될 리가 없다고 지레짐작하고 포기할 가능성보다 훨씬 더 크다.

+ 성장 마인드셋을 식별하는 법 +		
상황	고정	성장
도전에 접근하는 방식	회피한다	이용한다
실패에 반응하는 방식	포기한다	계속한다
새로운 기술을 배우는 것에 대한 견해	망신당할 기회로 본다	성장할 기회로 본다
타인의 성취에 대해 반응하는 방식	위협받는다	고무된다
스스로에게 말하는 태도	내면의 비평가가 지르는 심한 책망의 어조	스스로를 위로하는 어조

4) 나의 긍정적인 면을 드러나게 하는 성격

결국 연애하는 사이란 두 사람이 각자 누구인지가 아니라 두 사람이 함께 하면 무슨 일이 벌어지는지가 중요하다. 이 사람이 '나'의 어떤 면을 꺼내 줄까? 이 사람의 친절함으로 배려 받은 내 마음이 느긋해지는가? 아니면 그 사람의 불안감 때문에 나도 불안해지는가? 상대가 내게서 어떤 성질을 꺼내는지 알아야 한다. 왜냐하면 그 사람과 함께하면 갖게 될 나의 모습이 바로 그 성질이기 때문이다.

명목상으로 완벽해 보이는 남자를 만나던 고객이 있었다. 그녀가 찾던 모든 것을 갖춘 남자였다. 특히 지능이나 성공적인 커리어가 그랬다. 그러나 불행하게도, 두 사람이 함께 할 때마다 여자는 자기가 초라하게 느껴졌다. 그녀가 요리를 하면 왜 실력보다 수준이 높은 레시피를 골랐냐고 그가 물었다. 혹은 그녀가 벽에 걸어놓은 피카소 액자를 두고 놀렸다. 데이트를 마치고 나면 여자는 자기 결정에 의심이 들었다. 자기 자신에게도 의심이 들었다. 처음 그녀는 그의 비평이 자기를 강하게 만든다고 생각했다. 단지 그가 "그녀를 향상시키려고" 그런다며 나를 설득하려 들었다. 그러나 우리 작업을 통해서 그녀가 알게 된 점은 실제로는 그가 매우 불안정해서 그 때문에 그녀에게서도 불안을 촉발시켰다는 사실이었다. 명목상으로 그가 어떻게 보이는지는 중요하지 않다. 실제로는 그가 그녀의 마음을 상하게 했다. 평생을 스스로 의심하고 싶지 않았던 여자는 그와의 관계를 끝냈다.

내 친구 중 한 명이 말하기를 자기는 여자친구를 만나면 자신감이 생긴다고 했다. 그녀는 그에게 조언해 달라고 요청하고 해 주면 실행한다고 했다. 그녀가 그에게 의지를 하면 자기가 중요하고 능력 있는 사람이 된 느낌이라고도 했다. 그는 그녀가 꺼내 주는 자기 모습이 무척 좋았다.

이 사람 주위에 있을 때, 혹은 함께 시간을 보낸 직후 내가 어떤 느낌이 드는지 잘 살펴봐야 한다. 에너지를 받는가? 김이 빠지는가? 따분한가? 부족한가? 행복한가? 원한다고? 똑똑하다고? 멍청하다고? 내게서 최고의 모습을 꺼내 주는 사람을 선택해야 한다.

———

친구 여러 명과 함께 만나서 제3자의 눈을 빌리는 것도 도움이 된다. "그 사람 어때 보여?"라고 묻는 대신 "그 사람이랑 함께 있을 때 '내가' 어때 보여?"라고 물어야 한다.

5) 잘 싸우는 기술

싸우는 건 재미가 없다. 그렇다고 해서 꼭 재난만은 아니다. 연애 롤 모델이 없어서 어떻게 싸우고 어떻게 화해하는지 몰라도 초조할 필요 없다. 잘 싸우는 법을 배우면 된다. 소소한 의견 충돌에서 괴성을 지르는 결투에 이르기까지 모든 싸움은 일이 닥쳤을 때 그 일을 해결할 기회를 준다. 아니라면 화가 차곡차곡 쌓이게 된다.

여자친구와 싸운 적이 '없다고' 자랑스러워하던 친구가 있었다. 어느 날 여자친구가 둘이 같이 살던 집을 꾸몄는데 그에게는 자기 공간이 사라진 느낌이 들었다. 그의 관심사나 물건들이 모두 치워져 있었기 때문이다. 그는 그 점을 거론하고 싶었지만 충돌이 없는 게 튼튼한 관계의 증표라고 생각해서 참았다. 시간이 흐를수록 그는 분노가 쌓여갔다. 같이 사는 집에 자기 물건이 나와 있지 않은 모습이 두 사람 사이를 암시한다고 생각하기 시작했다. 두 사람 사이에 본인이 없다고 생각했다. 그래서 둘의 관계에 정성을 들이지 않기 시작했고 대부분의 시간을 직장의 자기 혼자 쓰는 사무실에서 보냈다. 마침내 그 문제를 그가 꺼냈을 때는 이미 늦었다. 두 사람 사이에 너무 심한 원망과 거리감이 생겨서 그들은 5년 연애를 끝내게 되었다.

싸움을 잘하기 위한 첫 단계는 연애 문제에 두 가지 유형, 즉 해

사랑은 과학이다

결 가능 유형과 영구 지속 유형이 있음을 아는 것이다. 영구 지속형 문제란 두 사람 사이에서는 해결이 불가능하고 영원히 고정되는 문제를 말한다. 존 가트맨의 연구에 의하면 연애 갈등의 69퍼센트가 영구 지속형이라고 했다.

영구 지속형 문제로 흔한 예는 한 사람은 외출을 좋아하는데 다른 사람은 집에 있기를 좋아하는 경우, 그리고 한 사람은 깔끔한데 다른 사람은 지저분한 경우 등이 있다. 또 직업과 가정, 야망, 돈, 섹스 횟수에 대해 서로 다른 의견도 이에 포함된다.

가정해 보자. 내가 뭐든지 5분(아니면 10분) 늦게 도착하는 사람인데 내게 중요한 사람 집안 가훈이 "이른 시간이 정각이요, 정각은 늦은 시간이고 늦으면 나타날 생각을 말아라"라면 어떨까. 필연적으로 시간 싸움을 할 것이다. 이 차이를 잘 '관리'(공항에 각자 따로 간다든지)하면 그때 그때 방법을 찾겠지만 문제가 '해결'되지는 않을 것 같다. 그러니 설정할 현실적인 목표는 서로 바꾸라고 설득하거나 합의하지 '않는' 것, 오히려 이런 차이를 인정하고 건설적으로 지낼 방법을 찾는 것이다.

커플 테라피스트 댄 와일은 저서 《허니문이 끝난 뒤》에서 이렇게 설명한다. "오래 함께할 파트너를 고른다는 것은 피할 도리 없이 해결 불가능한 문제 세트도 함께 고른다는 것이다." 목표는 싸우지 않을 사람을 찾는 게 아니다. '잘' 싸울 수 있는 사람, 싸우면 관계가 끝날지도 모른다는 걱정을 시키지 않는 사람을 고르는 것이다. 싸움을 잘하기 위한 두 번째 비결은 불화에서 빨리 회복하는 것이다. 존 가트맨은 "화해 시도", 즉 싸움이 격해지는 걸 방지하는 말이나 행동에 대해서 말했다. 성공적인 커플들은 싸움의 가열을 중단시키기 위해 농담을 하든지, 양보를 하든지, 파트너의 좋은 점을 말해 주든지 해서 화해 시도를 한다.

6) 어려운 결정을 함께 내릴 수 있는 능력

파트너와 함께 언젠가는 어려운 선택을 해야만 하는 때가 온다. 두 사람 중에 한 사람이 직장에서 엄청난 제의를 받았는데 다른 도시로 가야 한다면 어떻게 할 것인가? 혹은 장애가 있는 아이를 기르게 된다면? 부모가 연로해서 24시간 보살펴야 한다면? 어려운 결정을 함께 내릴 사람이 절실해진다.

데이트 시작한 지 한 달 만에 여자친구가 실직을 하게 된 고객이 있었다. 그녀는 꿈의 직장을 잃는 슬픔을 겪는 동시에 빨리 새 직장을 구해야 했다. 금방 좋은 직장을 잡지 않으면 샌프란시스코에 남아 있을지 아니면 동부로 도로 돌아가야 할지 정해야 했다. 어려운 과정이었지만, 여자 친구가 이 어려운 상황을 잘 헤쳐 나가도록 돕다 보니 난감한 상황에서 두 사람이 얼마나 협력이 잘되는지 알게 되었다고 했다. 재미있는 상황은 분명 아니었지만, 두 사람이 함께 살 수 있음을 봤고 그래서 둘 사이가 강화되었다.

상대와 함께 결정을 내리면 어떨지 알아보려면 실제로 그 사람과 결정을 내려 보는 게 가장 좋은 방법이다. 진짜 결정을 말이다('중국 음식을 시킬까 태국 음식을 시킬까' 같은 결정을 말하는 게 아니다). 당신의 연애가 스트레스를 얼마나 잘 견딜지 검증이 꼭 필요하다. 억지로 위기 상황을 연출하라는 말이 아니다("도와줘! 할머니가 납치당했어!" 같은 문자는 보내지 말자). 다만 두 사람이 어려운 일을 겪을 때 유심히 살펴보자. 예를 들어 복잡한 요리를 하거나 해외여행을 갔을 때 둘 사이가 어땠나? 아니면 두 사람이 같이 차를 타고 가다가 길 한복판에 멈춰 버린 경우에는? 같은 날 각각 다른 결혼식에 초대받았을 경우는 어떻게 했었나? 둘 다 좋은 선택지(혹은 둘 다 나쁜 선택지)를 두고 고민할 때 어떻게 행동했나?

댄 애리얼리는 "카누 실험"이라고 부른 방법을 제안했다. 카누를 같이 타 보라. 그렇다 진짜 카누를 말이다. 공동의 리듬을 찾을 수 있나? 한 사람이 리드하고 다른 사람이 따르는 것이 편안한가? 아니면 두 사람 다 늘 주도권을 잡고 싶은가? 무엇보다 중요한 것은, 상황이 잘못됐을 때 상대를 얼마나 비난하는가? 한 팀이 되어 험한 물살을 어떻게 헤쳐 나가는지 주의 깊게 관찰해 보자.

7) 프롬 데이트는 파티장에서 헤어진다

관계를 오래 유지하는 데 생각보다 중요하지 않은 요소들은 표면적인 특징으로, 상대를 처음 만난 순간 쉽게 식별되는 자질이다. 보다 중요한 사항은 연애 중에, 혹은 적어도 몇 차례는 더 데이트를 해야 드러난다. 그러니 우리는 의도적으로 접근법을 바꿔야 정말 중요한 것에 집중할 수 있다.

그런데 바꾸기 쉽지 않다. 나도 해 봐서 안다.

오래 전, 버닝맨 이후 대략 4개월이 지난 어느 토요일 밤이었다. 그날 밤 뭐할지 브라이언에게 문자로 물었다.

"난 부티에 갈 거야." 디제이가 로봇이나 해적 차림을 하고 여장 남자들이 한껏 치장하고 무대에 서는 그 지역 댄스 클럽 이름을 거론하면 그가 답했다. 나도 같이 가고 싶었는데 그는 같이 가자는 말이 없었다.

내가 역제안을 했다. 그 전에 내가 저녁을 사겠다고 했다. 사막에서 춤추면서 우리가 얼마나 즐거웠는지 일깨워 주면 그가 같이 가자고 할 줄 알았다. 저녁을 먹으며 이럭저럭 꼬드겨서 그가 부티전초전으로 친구들과 만나 노는 장소까지는 합류할 수 있었다. 술이 몇 잔 들어가니 나도 그들과 함께 부티에 가고 싶다고 조를 수가 있었다.

그의 친구들이 클럽으로 들어가는 동안 우리는 바깥에 서 있었다. 그때 나는 짧은 가죽치마에 실크 탱크톱을 안으로 넣어 입은 상태라 추워 죽을 것 같았다. (악명 높은 샌프란시스코 여름밤은 무시하고 그에게 같이 가자는 소리를 들어 보려고 고른 옷이었다.) 추워서 몸을 앞뒤로 기울이자 하이힐 축이 흔들댔다.

그가 양손을 내 벗은 어깨에 얹더니 정면으로 내 눈을 보고 말했다. "부탁인데, 이제 그만 따라와. 내 친구들이랑 클럽에 들어가서 여자를 만날 거거든. 넌 집에 가."

난 울면서 매달렸다. 하지만 30분 뒤 그는 돌아서서 친구들을 만나러 클럽으로 들어갔다.

어디서부터 잘못된 걸까? 그때까지 내가 접한 어떤 연애 조언도 그 순간을 설명할 수 없었다. 별볼일 없는 클럽 밖 길거리 한복판에 혼자, 녹아 흐르는 아이라이너와 콧물을 줄줄 흘리며 서서, 이랬다 저랬다 헷갈리는 신호를 보내는 사람을 쫓아다니는 스스로를 바보 멍청이라고 느끼는 순간을.

내가 브라이언 같은 남자를 쫓아다닌 게 그때가 처음이 아니었다. 늘 잘못된 사람만 쫓아다닌다는 사실을 나도 알았지만 그걸 어떻게 교정할지 그 방법은 몰랐다. 일주일 뒤, 이제 그만 내 길을 가고 싶은 마음이 간절했기 때문에 나는 나디아라고 하는 뉴에이지 데이트 코치를 찾아갔다(당시는 내가 아직 연애 산업에 몸담기 전이었다).

나디아와 내가 양반다리를 하고 앉았다. 그녀의 사무실/거실/젠 가든/에너지 집결지에 깔아 놓은 양탄자 위였다. 그녀는 내가 알아듣도록 찬찬히 설명했다. 내가 브라이언을 좋아하는 이유는 그가 신이 많은 사람이라서 옆에 두면 재미있기 때문이라고 했다. 하지만 그는 내가 남편감으로 찾는 사람과는 전혀 딴판이며, 그가 끄집어내는 초조한 내 모습을 내가 싫어하고 있다고 했다. 그녀가 엄격한 러시아 억양으로 말했다. "숙제를 줄게요. 당신이 연애하면서 어떤 '느낌'을 받고 싶은지에 집중해 보세요."

다음번 만났을 때 내가 대답을 했다. "그 사람과 함께 할 때 내가 똑똑하고 재미있는 사람이라는 느낌이 들면 좋겠어요. 그가 나를 소중하게 대해 준다는 느낌을 확인하고 안정되고 싶어요."

나디아가 수긍한다는 듯 고개를 끄덕였다.

그날 세션을 마치고 먼 길을 걸어서 집으로 돌아갔다. 숙제를 들고. 깊은 좌절감이 들었다. 나디아의 조언은 소중한 도움이 되었지만 나는 여전히 브라이언에 대한 집착을 끊을 수가 없었다. 바로 그 순간에도 그가 어디서 무슨 (혹은 누구를) 생각하고 있는지 알고 싶었다.

내가 휴대폰을 꺼내 들고 그에게 문자를 보낼까 망설이고 있는데, 그 순간 일정 초대 알림장이 열렸다. 스콧이라고, 직장에서 만난 남자가 보낸 것이었다.

우리가 만난 건 8년 전, 대학 다닐 때 서로 같이 아는 친구와 점심 식사를 하면서였다. 그런데 지난 해 여름 구글 셔틀 정류장에서 그가 다시 자기 소개를 하며 인사를 건넸다. 그리고 얼마 후에 내가 그를 점심 식사에 초대했는데, 이번에는 직장 내 하버드 동창 모임이었다. 밥을 먹으면서 내가 통계 코딩 언어 R을 배우고 싶다고 말했다. 그는 자기가 막 수학과 박사 과정을 그만 뒀다고 밝히며 내게 개인 교습을 해 주겠다고 했다.

우리는 직장에서 일주일에 한 번씩 만나기 시작했다. 그는 타고난 선생이었다. 친절하고 배려할 줄 알고 재미있었다.

"네가 R로 만든 그림을 토대로 올드 페이스풀 간헐천의 분출 분포를 뭐라고 할래?" 그가 개인 교습 중에 물었다.

"쌍봉 분포?"

"맞았어!" 그가 환호하며 내게 하이파이브를 했다.

하지만 불행하게도, 그가 자기는 이국적인 곳으로 가는 여행이며 버닝맨 군중을 싫어한다고 말하는 바람에 우리 사이에 싹트고 있던 호감을 뭉갰다. 나는 문자로 관계를 끊었다.

하지만 그건 나디아 이전의 일이었다. 그날 집으로 오면서 내가 찾는다고 나디아에게 말했던 여러 자질이 스콧에게 있음을 깨달았다. 그와 함께할 때면 내가 똑똑하고 재미있는 사람이라는 느낌, 그가 날 소중하게 대하는 느낌, 그래서 안정감이 들었다.

—

사랑은 과학이다

스콧을 새로운 시각으로 재평가하고 나자 깨달음이 왔다. 이전에 겉모습만 보고 사람을 좋아하던 것은 진짜를 제대로 보지 못하고 다만 미혹distraction됐던 것이었다. 나는 스콧이 내 주위에 있을 때 그 느낌이 좋았다. 사막에서 밤새 파티를 즐긴다는 소리에 그가 펄쩍 뛰는데도 그랬다. 그 후 몇 년이 흐르고 보니, 나디아의 조언은 그저 현명하기만 한 것이 아니었다. 수많은 연구 결과를 토대로 한 것이었다.

그 운명적인 토요일, 돌로레스 공원을 걸어 지나는 길에 샌프란시스코 스카이라인을 내려다보며, 스콧의 점심 초대에 나는 "좋아"라고 대답했다.

그날 점심이 매주, 그리고 다시 매일 행사가 되었다. 우리는 전화로 각자 잘 안 풀린 온라인 데이트 이야기를 하며 서로를 위로하기 시작했다. 그와 친구들이 내가 사는 집 근처에서 유튜브 쇼("실리 밸리"라고 부르는 테크 패러디)를 녹화하는 바람에 촬영 전후로 그와 나는 몇 분씩 만나곤 했다.

어느 날 우리가 또 한 번 함께 점심 식사를 한 뒤 작별 인사를 할 때, 그는 나무에서 떨어진 하얀 꽃을 주워서 내 머리에 꽂아 주며 말했다. "우리가 하이쿠(짧은 일본 시)에 나오는 인물들 같구나."

나는 금요일에는 아무 일정이 없다고 말했고, 그는 데이트를 신청했다. (그러니, 제대로 말하자면 데이트 신청은 내가 한 것이다.)

스콧은 브라이언과 전혀 달랐다. 내게 관심이 있음을 분명히 했다. 그를 만나 함께 시간을 보내면 나는 신이 났다. 내 머릿속에서 속삭이던 목소리, '그가 나를 좋아할까?'라고 묻던 목소리가 더는 들리지 않았다. 그렇다는 걸 이미 알았기 때문이다. 그는 문자로 "오늘 너랑 함께할 생각에 너무 신난다."라거나 "난 네가 똑똑해서 좋아."라거나 "너랑은 빨리 진도가 나갔으면 좋겠어."라고 말했다.

우리의 첫 공식 데이트 2주 후에, 그가 한 어떤 말에 신경이 거슬러서 내가 험한 문자를 보냈다. 예전 연애 경험으로 비추어 이런 상황은 커다란 싸움으로 번지게 될 터였다. 곧 소파에 앉아 뚫어질 듯 휴대폰을 노려보며 벌렁거리는 심장을 부여잡고 짧고 전투적인 폭풍 문자를 내리찍을 터였다. 그런 다음 무슨 일이 일어날지 나는 알고 있었다. 설왕설래하다가 마침내 내가 너무 화가 나서 그간 믿고 의지했던 그 오랜 저항 행동, 그러니까 그의 전화나 문자를 무시하는 행동에 돌입할 터였다. (불안 애착형에게 격려의 박수 부탁합니다!)

그런데, 우리는 그 길로 들어서지 않았다. 스콧이 문자로 답했다. "이 이야기는 만나서 하자." 이렇게 안정적인 사람과의 연애는 처음이었다. 완전히 새로운 경험이었다. 우리는 다짜고짜 언쟁을 벌이는 대신 뭐가 문제인지 의논을 했다. (그의 어머니가 테라피스트라는 점도 도움이 된 것 같다.)

내가 구글에서 스콧을 점심에 초대한지 6년이 흘렀다. 지금까지 우리는 버닝맨 두 번 (결국에는 그가 생각을 바꿨다), 스쿠버 다이빙하러 태국 여행 한 번을 함께 경험했다. 그리고 같은 아파트에 살면서 바질 하나, 다육이 셋을 죽였다.

우리는 행복하다. 우리는 R이 우리 사랑의 언어라고 종종 말한다.

데이팅앱
알고리즘을 알면
성공이 보인다

Chapter · 8
데이팅앱의 추천 방식과 효과적인 프로필 작성

$$\sim\!\sim\!\sim$$

스콧을 틴더에서 만났을 때 나는 왼쪽으로 스와이프했다.

내가 어떻게 스콧을 만났는지 이야기했다. 대학 때 만나고 몇 년 후 구글 셔틀 정류장에서 그를 만났다. 내가 하지 않은 이야기는, 그가 내게 개인 교습을 시작하기 전에 틴더에서 그를 봤다는 이야기다. 나는 그의 사진을 몇 개 보고는 퇴짜를 놓았다.

2014년, 직장에서 집으로 셔틀버스를 타고 가는 길이었다. 샌프란시스코의 우울한 교통 체증에 옴짝달싹 못하고 있을 때 틴더에 어딘가 친숙해 보이는 남자 사진이 보였다. 그 남자와 내게 공동의 친구가 많은 걸 보니 같은 대학을 나온 게 틀림없었다. 야구모자를 거꾸로 쓰고 탱크톱을 입고 있었다. 햇빛에 부셔서 게슴츠레 뜬 눈에 미소는 없었다. 형제 같은 느낌. 내 타입이 아니었다. 나는 왼쪽으로 스와이프했다.

왜 내가 이 사람을, 나를 이토록이나 행복하게 하는 사람을 온라인으로 봤을 때 거절했을까? 어떻게 같은 사람에 대해서 그토록 다른 결론을 내릴 수 있었을까?

내가 원하는 게 뭔지, 오래 지속되는 연애에서 뭐가 날 행복하게 해 줄지 나는 안다고 생각했다. 그리고 사진 몇 장만으로도 사람을 정확하게 평가할 수 있다고 믿었다.

두 가지 모두 내가 틀렸다.

이런 식의 오류를 범하는 사람이 나뿐만은 아니다. 내 고객 중에는 인간성도 좋고 친구와 취미 등등 모든 것을 다 갖춘 사람들이 많다. 그런데도 계속 싱글이다. 왜? 데이트 방법이 잘못됐기 때문이다. 그들의 잘못도, 또 우리의 잘못도 아니다. 앱의 잘못일 때가 많다.

스탠포드 대학 사회학 교수 마이클 J. 로젠펠드의 연구에 따르면 요즘 커플이 연결되는 가장 흔한 방식이 "온라인으로 만났어요" 라고 한다. 그 다음이 "바 혹은 식당에서 만났어요"이고 그 다음이 "친구 소개로 만났어요"라고 한다. (드문 경우로 "로데오에서", "내가 이 망할 X의 데이팅앱에 대해 욕을 퍼붓고 있었는데 그 말을 들어 준 낯선 사람", "레드 랍스터 식당에서" 등이 있다.)

지난 20년간 디지털 데이트가 폭발적으로 증가했다. 로젠펠드에 따르면, 1995년에는 온라인으로 만난 커플이 2퍼센트였지만 현재는 39퍼센트라고 한다. 점점 더 많은 커플이 디지털로 연결되기 때문에 친구나, 가족, 직장 등 사회 네트워크를 통하거나 학교나 교회 등 공동체를 통해 만나는 커플 수는 점점 줄고 있다.

앱이 건실한 커플도 무수히 만들었지만, 다른 거대 소셜 미디어

사랑은 과학이다

에서 우리가 목격했듯이, 사용자들에게 해로운 편견을 주입하기도 한다. 너무나 많은 사람들이 앱으로 만나고 또 앱을 사용하지 않는 사람도 앱 사용자와 데이트를 하기 때문에, 앱 제작자는 미묘하지만 동시에 깜짝 놀랄 만큼 큰 힘을 우리 애정 생활에 행사하고 있다. 그들이 디자인한 데이트 환경 안에서 우리의 결정이 좌우된다. 좀 더 심하게 말하자면, 우리가 내리는 결정에 그들이 깊이 관여하고 있다는 뜻이다.

정통 경제학에서는 사람들의 선택preference이 일관되고 잘 변하지 않는다고 상정한다. 행동 과학자들은 그 말이 거짓임을 안다. 사실은 환경이 중요하다. 물리적 장소이든 디지털 장면이든 우리가 결정을 내리게 세팅된 현장이 미치는 파급 효과가 크다. 우리의 선택은 옵션이 나열된 방식에도 크게 영향을 받는다. 우리 선택이 영구하리라 생각하지만 사실은 상당히 잘 바뀐다는 뜻이다.

이런 현상이 간식 고르기에서 드러난 사례가 있다. 몇 년 전에 구글이 "엠앤엠즈 문제"를 가지고 직원들을 살펴봤다. 직원들이 건강한 먹거리를 선택하도록 회사 내부 행동 과학팀이 간식이 제공되는 환경을 바꿔 보았다. 기존에 간식 먹으러 온 직원들을 알록달록한 초콜릿 알로 유혹하던 대형 투명 통을 치웠다. 초콜릿은 라벨을 잘 붙인 불투명한 통으로 옮겨서 유혹을 줄이고 좀 더 건강한 먹거리인 말린 무화과나 피스타치오 같은 것들은 손 닿기 쉬운 곳에 투명 유리 단지에 담아 두었다.

똑똑한 그곳 기술 직원들은 언제든 건강한 간식을 먹을 수 있다는 사실을 줄곧 알고 있었다. 그러나 단지 '환경'을 바꾸는 것만으로 직원들의 엠앤엠즈 섭취량이 달라졌다. 뉴욕 오피스 단독으로만 7주에 걸쳐 3천 1백만 칼로리 섭취가 줄어들었다. 이 실험을 다룬 〈워싱턴 포스트〉에 의하면 "2,000명이 근무하는 오피스당 자판기 9개 분량의 엠앤엠즈 섭취가 감소한 것"이라고 한다. 구글 사무실 직원들의 기호에 관련된 변화는 전혀 없었다. 다만 불투명한 통만으로 그렇게 유의미한 차이를 이끌어 낸 것이다. 환경 변화가 직원들의 선택에 끼치는 파급력은 지대했다.

요즘 데이팅의 경우, 데이팅앱이 우리 결정을 좌우하는 환경이다. 우리는 앱이 특정 매치를 제시하는 방법이나, 그 매치가 화면에 드러나는 순서에 영향을 받는다. 내 고객들이 어떤 앱에서는 이 사람을 거절했는데 몇 주 뒤 다른 앱에서는 같은 사람을 수락하는 경우가 있다고 말하는 이유가 바로 그래서이다. 사소한 맥락의 차이가 우리 결정에 커다란 영향을 끼치기 때문이다.

분명히 밝히는데 나는 앱 반대자가 아니다. 다른 방식으로는 만날 수 없었을지도 모를 행복한 커플 수백만 쌍을 앱이 배출했다. 데이팅앱은 소위 시장이 작은 싱글들에게 특별히 뜻이 깊다. 가령 LGBT+, 인구 희박 지역에 사는 사람들, 나이 50세가 넘어 데이트하려는 사람들이 여기에 포함된다. 그리고 데이팅앱이라고 해서 모두 똑같지는 않다. 사람들을 앱에서 벗어나 실제로 만나서 데이트하게 돕는 앱을 나는 응원한다.

(사실 이 책을 쓴 다음 내가 데이팅앱 힌지의 연애학 디렉터로 일하게 됐다. 힌지의 주안점은 유저들이 앱에서 벗어나 실제로 데이트를 하도록 하는 데 있다 회사의 슬로건이 '삭제되도록 고안된 회사'이다. 뿐만 아니라 힌지는 내가 이 책으로

사랑은 과학이다

실현하고 싶어하던 바로 그 일, 즉 전세계 수백만 명에게 좀 더 효과적으로 데이트하는 법을 알려 주는 일을 해 보라고 나를 고용했다.)

유감스럽게도, 특정 데이팅앱이 정보를 제공하는 방식 때문에 우리가 엉뚱한 데 집중하기 쉽다. 그러지 않아도 된다. 자신에게 유리하게 앱 사용하는 법을 알려 주겠다. 자칫 빠지기 쉬운 함정은 피하면서 디지털 데이팅의 이점을 누리자.

데이팅앱의 방식이 잘못됐다

한창 이메일을 쓰고 있는데 조너선이 문을 두드렸다. 첫 세션인데 15분을 늦기에 안 오려나 생각하고 있었다.

"죄송, 죄송해요!" 그가 거대한 손을 내밀며 말했다. "일 때문에 꼼짝도 할 수가 없었어요."

조너선은 큰 키에 날씬하고 매력적인 사람이었다. 웃을 때, 그리고 자기 현재 직급인 CEO의 C를 발음할 때도 보조개가 드러났다. 중서부 출신인데 샌프란시스코에 와서 산지 대략 5년쯤 되었다. 그 세월 대부분을 싱글로 지냈는데 몇 번 엮였다가 금방 식은 관계가 몇 차례 있었다. 몇 년 동안 데이팅앱을 가지고 혼자 애쓰다가 내게 도움을 구하러 왔다.

첫 세션을 진행하면서 조너선이 스스로의 수준을 얼마나 높게 잡고 있는지, 그리고 다른 분야에서는 얼마나 성공적으로 잘 살아왔는지 알게 되었다. 대학 다닐 때는 학생회장이었고 메이저급 국제 상도 몇 번 탄 적 있었고, 로즈 스칼라*였고 등등. 그는 야심도

---

* 세계적인 인재를 뽑아 옥스포드 대학에서 수학하게 하는 로즈 장학금 수혜자

컸지만 생각이 깊고 재미있는 사람이었다. (부모님이 간절하게 부러워하며 나와 비교하는 그런 사람, 무슨 말인지 알죠?)

"앱을 줄곧 사용했고 데이트도 수없이 했어요. 내가 원하는 게 뭔지는 아는데, 거기 맞는 사람은 못 찾겠더라고요. 키는 적어도 190에 몸이 좋고 경영자나 임원이면 좋겠어요. 도와 주실 수 있나요?" 그가 말했다.

"물론이죠, 도와드릴 수 있어요. 하지만 생각하시는 방식대로는 아닐 거예요." 내가 대답했다.

조너선은 자신에게 "딱 맞는" 키 큰 경영인을 소개받을 필요가 없었다. 그에게 필요한 건 데이팅에 대해 완전히 다른 마음가짐이었다. 그러려면 앱이 어떻게 그에게 영향을 미쳤는지, 그것부터 이해해야 했다.

이슈 #1: 우리 뇌는 측정 가능하고, 쉽게 비교할 수 있는 특징에 집중한다. 앱은 표면적인 속성을 나열하기 때문에 그런 자질이 더 중요하다고 생각하게 만든다.

앞의 챕터에서 논의했듯, 수십 년에 걸친 연애학 연구 결과에 의하면 오래 지속되는 관계에서 중요한 자질은 상대가 정서적으로 안정됐는지, 친절하고 의리가 있는지, 그리고 그 사람 때문에 내 기분이 어떻게 변하는지 등이다.

하지만 현재의 데이팅앱으로는 이런 자질 가운데 '그 어느 것도' 검색할 수가 없다. 어떻게 그게 가능하겠는가? 성격적인 특징 자체도 정확한 측정이 힘들다. 그 특징이 '나'에게서 무얼 이끌어 내

사랑은 과학이다

는지는 말할 것도 없다. 그래서 데이팅앱에서 우리가 얻을 수 있는 정보는 앱이 실수 없이 포착해서 나열할 수 있는 특징으로 제한된다. 키, 나이, 대학, 직업 등이 그 예이다. 거기에, 멋있지만 다가갈 만하고, 섹시하지만 장난스럽게 나온 사진을 골라내는 능력도 추가되겠다.

그래서 문제이다. 경영 컨설턴트들이 즐겨 말한다. "당신이 측정하는 것이 곧 당신이다." 댄 애리얼리가 월간 경영학 잡지 〈하버드 비즈니스 리뷰〉에 이 주제로 칼럼을 썼다. "사람들은 자신을 재는 척도를 의식하며 자기 행동을 조절한다. 우리가 무얼 측정하든 상대는 그 척도에 최고의 성적을 내려고 한다. 우리가 재는 것이 우리가 얻을 결과이다. 이상이다." 애리얼리 설명에 따르면 회사에서 마일리지 리워드 제도를 만든 후 고객에게 비행 마일리지가 중요하다고 말해 주면, 고객이 대응을 한다고 한다. 마일리지를 늘이기 위해 멀리 있는 공항에서 비행기 티켓을 예약하는 기이한 행태를 시작한다고 한다. 다른 말로 하면, 우리는 암시에 약하다는 뜻이다. 우리에게 척도를 보여 주면 우리는 그게 중요하다고 생각한다. 사람들이 원래 피상적인 특징을 중시하기는 했지만 앱은 그 특징의 치수나 무게를 재고, 보여 주고, 강조하기 때문에 우리로 하여금 그런 특징을 훨씬 더 중요하게 생각하도록 만든다.

시카고 대학의 크리스 시 교수는 이를 '평가성'이라는 개념으로 설명한다. 비교가 쉬운 특징일수록 그 특징이 더 중요해 보인다는 말이다.

다음의 시나리오를 상상해 보라. 길을 걷는데 내가 당신에게 다가가서 묻는다. "여기 이 싱글 남자 두 분 가운데 한 명과 데이트를 하세요. 한 남자는 175센티미터이고 다른 남자는 178센티미터인데 키 작은 남자가 돈은 더 잘 벌어요. 누구랑 데이트할래요?"

아마 십중팔구 당신은 왜 모르는 사람이 자기에게 이런 해괴한 질문을 던지는지 깜짝 놀라 한 발짝 물러날 것이다. 혹시 당신이 그 자리에 그냥 남아 보겠다고 작정했다면 나한테서 질문을 하나 더 받을 것이다. "키 작은 남자가 당신에게 키 큰 남자만큼 매력적으로 보이려면 돈을 얼마나 더 많이 벌어야 할까요?"

그 지점에서 당신은 웃으며 그런 숫자가 있을 리가 없다고 말할 것이다. 하지만 댄 애리얼리의 연구 덕에 우리는 그런 숫자가 있음을 알게 되었다. 키와 소득, 그리고 데이팅앱에서의 성공 사이에 수치로 파악할 수 있는 상관관계가 실제로 있었다. 작은 숫자가 아니었다. 유명 데이팅 웹사이트의 데이터를 이용해서 애리얼리가 알아본 바에 의하면 키 작은 남자가 2.5센티미터 더 큰 남자만큼 매력적이려면 일년에 4만 달러를 더 벌어야 했다. 그렇다. 4만 달러다.

평가성이 그 이유를 설명해 준다. 실생활에서는 175센티미터인 남자를 만나든 178센티미터인 남자를 만나든 차이를 거의 느끼지 못한다. (게다가 굳이 말해 주지 않는다면 그 사람들의 소득 역시 알 도리가 없다. 묻지도 않았는데 말한다면 망측한 일이다.) 우리가 방금 배웠듯이, 어떤 속성을 비교할수록 그 속성이 더 중요해진다. 앱에서는 키 비교가 쉽다. 여자들이 키 큰 남자를 좋아한 세월은 이미 오래지만, 디지털 세계가 그런 경향을 더 악화시켰다. 온라인 데이팅 프로필 때문

사랑은 과학이다

에 대놓고 비교가 가능하니, 키 작은 남자들은 실생활을 배경으로 했을 때보다 훨씬 불리한 자리에 서게 된다. 조녀선이 미래 남편감을 찾으며 키에 꽂히는 것도 당연하다!

아마 궁금할 것이다. '여성'의 소득은 그녀의 매력에 어떤 영향을 미칠까? 영향이 없다고 판명됐다. 고소득 여성은, 고소득 남성이 싱글 여성을 동요시키듯, 데이팅 웹사이트를 찾는 싱글 남성들을 동요시키지 않았다. 대신, 그런 남성들이 여성의 매력을 평가할 때 가장 신경 쓰는 지표는 체질량지수BMI였다. 그들이 좋아하는 여성의 체질량지수는 18.5로 살짝 저체중이었고 여성의 급여나 교육 정도는 신경 쓰지 않았다. 마찬가지로, 실제 남성들이 평생 반려자 후보의 다른 어떤 자질보다 마른 몸매를 더 가치 있게 여기지는 않는다. 비교할 속성이 단 몇 가지로 제한되어서 어쩔 수 없을 뿐이다. (역시나. ㅇㅇㅇㅇ.)

다시 내 이야기로 돌아와서 내가 왜 틴더에서 스콧을 보고 왼쪽으로 스와이프했는지 말하겠다. 나는 데이팅앱에 실린 피상적 속성을 토대로 파트너 후보들을 고르며 나 혼자 만든 이상적인 파트너 이미지를 갖고 있었다. 그런데 스콧은 그 이미지에 맞지 않았다. 내가 스와이프를 하고 있는데 어떤 사람을 찾고 있냐고 누가 물으면 "172센티미터/빨강 머리/비건/엔지니어"라고 말했을 것 같은가? 아니, 그럴 리가. 키는 최소 175센티미터로 맞췄을 테고 그래서 스콧은 절대 만나지 않았을 것이다. 그러나 차고 넘칠 만큼 많은 횟수의 데이트를 하고나서 판단해 보니, 스콧이 누구보다도 더 나를 행복하게 해 준 남자였다.

이 모든 이야기의 결론은 데이팅앱이 측정과 비교가 가능한 자질을 강조해서 우리를 엉뚱한 길로 헤매게 만든다는 것이다. 그들에게 속아서 이런 속성들을 중시하고, 반대로 연애학에서 정말 중요하다고 강조하는 자질은 무시하게 됐다.

이슈 #2: 우리가 원하는 걸 안다고 생각하지만 틀렸다. 어플 때문에 우리는 좋은 상대를 걸러 버린다.

파트너에게 바라는 온갖 조건들을 적은 긴 리스트를 들고 나를 찾는 고객들이 가끔 있다. 하지만 이상하게도, 우리 대부분이 '그렇게' 많은 사람들과 데이트한 적이 없다. 우리는 경험이 비교적 적다. 서로 오래 잘 지낼지 알아보는 경험은 특히 더 그렇다. 그런데도 어떤 것들이 우리를 행복하게 만들 수 있을지 스스로 아주 잘 안다고 생각한다.

다음이 주요 포인트이다! 밑줄 긋자, 꼭: **어떤 파트너가 오랫동안 우리에게 충만감을 줄지 우리 대다수가 전혀 모른다.**

그렇다. 우리는 원하는 게 뭔지 잘 안다고 '생각한다.' 그렇다. 체크리스트가 길다. 하지만 우리가 사랑에 빠질 사람들이 가진 특징은 그런 것들이 '아니다.' 당신의 파트너가 될 사람은 기대와 딴판일 것이다. 나만 해도 비건 엔지니어를 찾던 게 아니라고 했지 않나.

오래 우리를 행복하게 해 줄 사람을 못 알아보는 문제를 전적으로 새롭게 도입된 테크놀로지 탓으로 돌리지는 않겠다. 하지만 실생활에서는 크든 작든, 뚱뚱하든 마르든, 똑똑하든, 재미있든, 내

성적이든, 신심이 깊든, 무신론자든 등에 상관없이 온갖 종류의 후보에게 노출된다. 북 클럽, 도자기 수업, 친구 생일 파티 등 현실에서 파트너를 구하면, 소위 자기 타입이 아닌 사람도 만나게 된다. 그 가운데 한 사람에게 호감을 표하다가 연애를 하게 된다. 아마 신선한 충격일 것이다. 예를 들어 나보다 키가 큰 사람, 나보다 신심이 깊은 가정 출신이길 바라던 마음이 얼마나 그릇된 기대였는지를 깨달으면 말이다.

그러나 데이팅앱으로는 내 생각이 잘못되었는지 알 기회가 없다. 내 타입이 아닌 사람을 늘 걸어 내기 때문이다. 예전에 오프라인에서 만나 결혼하게 된 부부들을 직접 인터뷰한 적이 있었다. "현재 배우자를 온라인으로 만났다면 오른쪽 왼쪽, 어느 쪽으로 스와이프했을 것 같나요?"라고 내가 물었다. 절대로 지금 배우자를 못 만났을 거라고 대답한 사람이 많았다. 앱이 미래 배우자를 차단하게 설정되었기 때문이다. "나보다 한 살 더 많은 여자까지 만나겠다고 연령을 제한했는데 아내는 나보다 다섯 살 더 많거든요"라고 어느 남자가 말했다. "앱 설정을 유태인만으로 해 놨는데 남편은 자기가 불교 신자래요." 또 다른 증언이다.

가입할 때 등록 절차를 거치는 디지털 서비스들이 많다. 예를 들어 넷플릭스는 가입자에게 어떤 종류의 영화를 좋아하느냐고 묻는다. 데이팅앱의 경우 어떤 종류의 사람이냐고 묻는다. 데이트할 사람의 최소 연령은? 최고는? 데이트하고 싶은 사람의 최단, 혹은 최장 신장은? 흡연 여부가 마음에 걸리는지? 약물은? 술은?

앱이 등록절차를 이용해 가능한 매치의 수를 제한하는 방법은 실질적인 측면에서 보면 합리적이다. 데이팅앱이 무한정으로 많은 사람을 보여 줄 수 없으니 어떻게든 범위를 줄일 필요가 있기 때문이다. 그러나 대다수의 유저들이 이 과정을 너무 섣불리 넘긴다. 사람들은 등록하는 동안에도 매치가 될지도 모를 사람들을 어서 보고 싶은 마음에 가능한 빨리 서두른다. 즉석 샌드위치 가게에서 빵에 들어갈 재료를 고르는 정도의 고민만으로 답지를 채운다. 그러나 훈제 터키, 디종 머스타드, 엑스트라 샤프 체다와는 달리, 성급하게 내용을 채워 넣은 우리의 데이팅앱 프로필은 기분 좋은 결과를 줄 수도 있지만 못 줄 수도 있다.

이런 성급한 결정이 우리의 데이팅 경험에 커다란 영향을 미친다. 우리가 설정한 굴레가 훌륭한 매치가 될 수도 있는 사람들을 걸러 버린다. 이는 마치 점심 때 너무 배가 고파서 서둘러 샌드위치를 주문하느라 "터키만"이라고 주문표에 적어 넣는 것과 같은 행위이다. 다음번 샌드위치를 주문할 때도 매번 터키 샌드위치밖에 보이지 않게 될 터이니.

물론 가입한 뒤에도 설정을 바꾸는 게 '가능'하기는 하지만 그러는 사람이 드물다. 그 이유는 **현상 유지 편향**, 즉 타고 있는 배가 뒤집힐까 걱정되어 현재 상황을 그대로 유지하려는 성향 때문에 그렇다. 이는 구독 시스템 비즈니스가 수익이 큰 이유이기도 하다. 헬스클럽에 등록했는데 다달이 자동 갱신이 되는 경우, 일부러 전화해서 서비스를 연장하는 경우보다 취소할 확률이 훨씬 낮다.

데이팅앱을 이용할 때도 마찬가지이다. 유저들이 등록하는 동안 설정해 놓은 사항들을 나중에 다시 바꾸는 경우는 드물다. 앱은 우리가 애초에 설정한 기준에 맞는 사람들, 우리가 원한다고 '생각하는' 사람들만 보여 준다. 만일 당신보다 큰 여자와 데이트하는 건 딱 질색이라고 당신이 믿는다면 앱은 작은 여자들만 보여 줄 테고 그렇다면 당신 생각이 잘못됐음을 알게 될 기회조차 얻지 못한다.

이슈 #3: 앱은 "연애 쇼핑"을 조장한다. 잠재적인 파트너를 물건 고르듯 찾게 한다

물건을 구매하기 전에 폭넓게 조사해 보는 사람들이 많다. 카메라 하나를 사더라도 픽셀, 화질, 무게, 배터리, 가격 등 모든 각도에서 다양한 상품들을 비교해 본다. 데이팅앱은 미래의 파트너도 꼭 카메라처럼 비교 쇼핑할 수 있다고 사람들을 착각하게 만든다.

한때 학자들이 타인이나 친구가 연애 파트너로 변화해 가는 과정을 "연애화 과정relationshipping"이라고 부른 적이 있었는데, 요즘은 "연애 쇼핑relationshopping"이라는 새로운 현상, 마치 신발 한 켤레를 사듯 파트너를 검색하는 현상을 논의하고 있다. 하지만, 미래의 파트너를 물건 고르듯 찾다가는 곤란해질 수 있다.

마이클 노튼과 댄 애리얼리를 포함한 행동 경제학팀이 어느 연구서에서 설명하기를, 소비 상품에는 "검색 상품searchable goods"이 많다고 했다. 검색 상품은 카메라나 세제, 텔레비전 등 객관적인 성질을 측정할 수 있는 물건들을 말한다. 검색 상품은 "경험 상품experience goods"과는 다른데, 경험 상품이란 "수행하는 기능이 아니라 소비자에게 불러일으키는 정서로 평가되는 상품으로 영화, 향수, 레스토랑 식사 등을 그 예로 들 수 있다. 이들은 주관적, 미학적, 통합적, 정서적인 성질로 평가되고 사용자의 느낌 형성에 관련한다. 가장 중요한 점은 이런 상품을 평가하려면 소비자가 현장에 있어야 한다는 사실이다. 간접적인 품평은 불가능하다."

평이 나빠서 망설이다 본 영화인데 재미있었다거나 리뷰는 훌륭하지만 맛을 봤더니 별로였던 와인처럼, 어떤 상품들을 직접 경험했을 때 뜻밖에 흐뭇했거나 놀라울 정도로 실망했던 경험이 누구에게나 있을 것이다. 이처럼 평가라는 과정은 우리가 생각하는 것보다 훨씬 더 개인적이다.

앞의 연구에 따르면, 사람은 경험 상품이라고 한다. 우리는 카메라가 아니다. 단순히 광각 렌즈가 필요하다는 사실을 아는 것과는 다르다. 와인에 훨씬 더 흡사하다. 일부 특성들만 부품 대조하듯 비교해서는 우리를 이해할 수 없다. 그러나 데이팅앱은 살아 숨쉬는 3차원의 사람들을 검색 가능한 2차원 상품으로 전락시킨다. 사람을 부품 분해하듯 해체해서 제일 좋은 것만 골라 가질 수 있다는 잘못된 믿음을 심는다.

데이팅앱은 이력서 리스트에 올리는 항목 정보를 줄 뿐 그 이상은 주지 못한다. 상대와 함께 시간을 보내야만 비로소 그 사람을 "경험 상품"으로 평가할 수 있다.

이슈 #4: 앱은 누구와 데이트할지 망설이게 만든다

나는 처음 틴더를 다운로드한 날 밤에 스와이프하는 데 여섯 시간이나 소모했다. 맞다, 영국 드라마 한 시즌을 연달아 보더라도 이 보다 많은 시간이 걸리지는 않을 것이다. 나는 수백, 아니 수천

사랑은 과학이다

명쯤 프로필을 뒤졌다. 앱은 뭐가 중요한지 헷갈리게 만드는 것만으로 부족하다는 듯 누구와 데이트할지 고르기도 힘들게 한다. 우리 뇌는 그렇게 많은 옵션에서 단 한 명의 파트너를 고를 수 있도록 설계되지 않았다.

심리학자 베리 슈워츠가 말한 선택의 패러독스(옵션이 많을수록 행복할 거라고 짐작하지만 사실은 그렇지 않은 경우가 많다)가 작용한다. 사실, 옵션이 너무 많을 때 우리는 '덜' 행복하다. 그 이유의 일부는 과도한 선택 부담 때문이다. 옵션을 비교하는 것이 너무 부담스러워서 아예 포기한 채 결정을 전혀 내리지 않을 수도 있다.

컬럼비아 대학 교수 쉬나 아이엔가와 스탠포드 대학 교수 마크 레퍼가 지금은 유명해진 연구에서 이를 밝혔다. 두 사람은 구르메 식료품점에 들어가서 테이블을 펴고 무료 구르메 잼 샘플을 펼쳐 놨다. 24종의 잼을 내놓자 6종의 잼을 내놓을 때보다 사람들이 더 많이 다가왔다. 그러나 24종의 샘플을 접한 사람들 중에서 실제로 잼을 사간 숫자가 6종의 샘플을 접한 사람들의 경우보다 훨씬 적었다. 연구자들의 가설은 6개의 옵션이 있을 경우 사람들이 어떤 잼이 제일 맛있는지 더 자신 있게 결정할 수 있다는 것이었다. 반면에 24개의 옵션은 너무 부담스러워서 결정을 내리지 못한다고 했다.

식료품점에서라면, 그 말은 잼을 안 사고 가게를 나간다는 뜻이다. 데이팅앱의 세계에서 그 말은 인연을 못 만난다는 뜻이다. 괜찮은 파트너를 고르는 일은 잼 고르는 일보다 훨씬 힘들다. 스물넷이 아니라 수천 중에서 하나를 골라야 하고, 게다가 평생이 걸린 일이기 때문이다. 앱에서 데이트 후보 옵션이 너무 많아 압도된 나머지 아무도 안 만나겠다고 결심할 수도 있다. 설령 만나겠다고 결심한들 누구와 진지하게 만나야 할지 알 수가 없다.

지나치게 옵션이 많은 경우, 결정만 어려운 것이 아니다. 슈워츠에 따르면, 우리가 부담감을 극복하고 한 가지를 택한다고 해도 옵션이 많다는 것 자체가 우리의 선택을 덜 행복하게 만든다고 한다. (이 효과는 극대형 인간에게서 증폭된다. 챕터 4에서 논의했다.)

우리는 고민한다. '다른 걸 선택했다면? 그게 더 나았을까? 기분이 더 좋을까?' 꼬리에 꼬리를 문 생각들이 후회를 향한 어두운 길로 접어든다. 그 현상이 증폭된다. 옵션이 많을수록 자신의 선택에 후회할 확률이 늘어난다. 급기야는 우울증에 빠질 수도 있다.

나는 온갖 종류의 사람들과 데이트 작업을 했다. 모두가 선택의 패러독스를 겪지는 않았다. 인종, 나이, 젠더, 지향, 지역 등의 요소가 데이팅 풀에 영향을 많이 주기 때문이다. (고르기 힘들 정도로 다양한 옵션을 '바라는' 고객들은 아주 많다.) 그러나 매치를 많이 받는 사람들, 그리고 얼마나 많이 스와이프 할 수 있나 놀이에 빠진 사람들은 선택의 패러독스를 이해할 것이다. 명심하자, 데이팅앱의 목적은 실제로 사람을 만나는 것이지 매일 스와이프하느라 저녁 시간을 허비하는 것이 아니다.

이슈 #5: 어떤 사람을 대강 윤곽으로만 알 경우 우리는 나머지 디테일을 실제보다 좋은 쪽으로 메운다. 그렇게 그 사람에 대한 비현실적인 판타지를 만들고, 결국 실망하게 된다.

내가 좋아하는 영화 〈클루리스〉에서 새로 전학 온 소녀 타이가 학교에서 제일 인기 있는 소녀 셰어에게 같은 반 앰버를 어떻게 생각하냐고 묻는다. 셰어가 답하기를 "걔는 완전 모네야. 그림 말이야. 멀리서 보면 괜찮아, 그런데 가까이서 보면 아주 엉망이라니까."

이런 판단 오류를 나는 **모네 효과**라고 부르겠다. 누군가를 대충만 볼 때, 좋은 결과에 대한 기대감으로 우리 뇌는 그 빈틈을 낙관적으로 메운다. 그래서 상대가 실제보다 훨씬 더 좋아 보인다. 나중에 그 사람의 현실 속 모습을 접하고 나서야 비로소 흠이 보인다.

기업 세계에서도 이런 일이 벌어진다. 회사에서 새로 CEO를 찾을 때 내부 승진 또는 외부 영입 중에 선택을 한다. 이런 결정을 다룬 연구에 의하면, 외부 영입을 택한 회사들은 매우 높은 기대를 외부 후보에게 갖는다고 한다. 외부 후보를 평가할 때 그에 관해 아는 것은 대략의 디테일뿐이다. 그 후보는 자기 장점만 말한다. 내부 승진은 후보를 우리가 좀 더 가까이 알기 때문에 그의 성공은 '물론이고' 실패도 안다. 내부 승진과 비교할 때 외부 영입 CEO들이 돈은 더 받으면서 업무 능력이 떨어지는 이유를 모네 효과로 설명할 수 있다.

데이팅에서도 같은 일이 벌어진다. 데이팅앱 프로필은 아주 멀리서 사람을 보는 것에 해당한다. 상대에 대해 내가 얻을 수 있는 정보는 기껏해야 공들여 고른 사진 몇 장과 약간의 기본 정보뿐이다. 막상 만났더니 목소리가 싫을 수도 있고 식탁 매너가 나쁠 수도 있고 아재 유머가 안 맞을 수도 있다. 상대의 흠이, 사람이라면 누구나 가지고 있는 작은 수준이더라도 몹시 실망스럽다. 머릿속에 내가 그린 완벽한 사람은 사라지고 없다. 그러니 화장실로 가서 변기 위에 앉아 다시 틴더를 열 수밖에 없다. 다시 스와이프하고 또 스와이프할 시간이다. 만나러 나간 사람은 포기하고 화면에 나온 사람에게 다시 환상을 품기 시작한다. 이번에도 모네 효과 덕에 그 사람이 완벽해 보인다. 그러나 '그' 매치를 직접 만나는 순간, 그 사람에게도 흠이 있다는 걸 알게 되고 다시 똑같은 과정이 되풀이된다. 이렇게 '남의 떡이 더 커 보인다' 반응이 계속된다. 지금 만난 사람보다 다음 만날 사람이 나을 거라는 생각을 늘 하게 된다. 이런 식으로 이루어질 수 없는 인연을 찾아 끝 모를 저주의 사이클로 우리 스스로 뛰어든다.

스마트하게 데이트하자

이 모든 이슈들이 우리에게 불리하게 작용하여 누구와 데이트를 할지 의미 있는 선택이 어려워진다. 우리는 생각보다 중요하지 않은 요소들에 치중하고 상대방의 진정한 가능성을 반영하지 못하는 방식으로 후보들을 비교하고 있다. 그러나 보다 스마트하게 앱을 사용할 수 있는 방법이 몇 가지 있다.

필터를 바꾼다

앱 화면에 보이는 사람들은 우리가 처음 가입할 때 설정한 기준으로 추천한 인물들이다. 그 당시로 시간을 돌이켜서 생각해 보자. 당신은 막 앱을 다운로드 받았고 희망에 가득 차 있다. 키, 선호하는 나이 등 설정을 입력하는 과저을 너무 서둘러 진행한 것 같다.

수백 명이나 되는 애인 후보가 저편에서 기다리고 있다고 생각하니 마음이 급해졌다.

그래서 저 위에 열거된 각종 이유 때문에 당신이 실수를 저지른 것 같다. 어떤 파트너를 원하는지 안다고 '생각'했지만 아닌 것 같다. 그러니 마음을 너그러이 먹고 앱이 당신에게 더 많은 후보를 보여 주도록 허락하겠다. 이제 휴대폰을 꺼내 설정을 바꾸자. 그렇다. 사용하는 앱 모두. 지금 당장.

한때 당신이 거른 사람들, 너무 어리거나 늙었다고 생각했던 사람들을 좀 더 유연하게 대할 수 있을까? 당신이 정한 키 범위 바깥에 있지만 정말 멋진 사람이라면 만나고 싶지 않을까? 이왕 바꾸는 김에 "대학원 졸업 필수" 혹은 "반드시 카톨릭 신도여야 함" 등 수치가 아닌 조건들도 생각해 보자. 이러한 네/아니오 조건들은 보다 깊은 가치(지적 호기심이나 전통과의 결속 등)에 관련한 당신의 선택을 반영한 것일 텐데, 앱은 이런 가치를 포착하기 힘들다.

이제 수정하자. 진심이다. 지금 당장 하자.

나는 조녀선에게도 같은 숙제를 시켰다. 그가 키 범위를 넓혔더니 훨씬 더 많은 남자들이 당장에 나타났다. 지능과 유머 감각은 여전히 필수였다. 그러나 그런 자질은 사람들 프로필을 읽고, 메시지를 주고받고, 또 밖에 나가서 직접 만나 보고 판단해야 함을 조녀선도 깨달았다. 앱이 그런 사람을 걸러 주지는 못한다.

스와이프 방법을 바꾼다

방금 선별 '설정'을 바꿨다. 이제 선별 '과정'을 바꿀 차례다.

막연한 추측을 의심해 보자. 한 번은 내 고객이 앱을 이용하는 모습을 옆에서 지켜본 적이 있었다. 잘생긴 데다 약력이 재미있는 남자가 나왔다. 그런데 내 고객이 스와이프를 왼쪽으로 했다. 왜 그랬냐고 그녀에게 물으니 "직업이 컨설턴트라서요. 컨설턴트들은 따분하잖아요"라고 대답했다. 응? 컨설턴트 전부가? 한 사람 한 사람 다? 그녀는 단 한 가지 사실을 토대로 특정 부류의 인생을 전부 다 안다고 생각하고 있었다. 직업이 그 사람은 아니다. 게다가 같은 직업을 가진 사람들도 개개인이 완전히 다를 수 있다.

또 다른 예를 들겠다. 여행을 몹시 좋아하는 고객과 일한 적이 있었다. 그녀는 상대 역시 여러 곳을 많이 다녀본 사람이기를 원했다. 나는 그녀가 중시하는 속성이 여행의 근저에 자리한 모험심과 호기심이지 얼마나 많은 나라에 다녀왔냐는 사실이 아니라는 점을 이해시켰다.

몇 달 뒤로 건너뛰겠다. 그녀가 꽤 괜찮은 남자를 만났는데 해외를 나간 적이 없는 사람이었다. 그 이유는 그가 여행을 다닐 만큼 재정 형편이 좋지 못해서였다. 그렇지만 우리가 언급했던 그런 자질이 그에게 있었다. 그의 경우 막 사업을 시작했다는 점에서 그런 특징이 드러났다. 그녀는 그가 처음으로 여권 만드는 일을 도와주었다. 이제 두 사람은 항상 같이 여행을 다니는 사이가 됐다. 애초 그녀가 생각했던 대로 여권에 입국 도장이 가득 찍힌 남자만 골랐다면 이 남자에게는 절대로 기회가 오지 않았을 것이다. 누군가가 어디를 다녀왔고 지금 어디에 있는지 안다고 해서 앞으로 그 사람이 어디로 갈지도 알 수 있는 건 아니다.

사랑은 과학이다

"예스"라고 수락할 이유들을 찾아보자. 사람들에게 무엇이 잘못 됐나 확인하고 "노"라고 거절할 수단으로 데이팅앱을 열고 싶을 수도 있다. 하지만 성급한 판단은 조금만 미루자. 많은 사람들이 스와이프로 거절하는 모습을 옆에서 지켜봤다. 그들은 "교사"라는 말이나("아, 이 사람은 돈을 많이 못 버네"), "요가 강사"("수정볼을 숭배하면 서 내 차크라를 깨우겠다는 사람은 만나기 싫어")라는 말에 그런 반응을 했 다. 그러나 우리는 이 사람들을 모른다. 그 사람들의 아주 작은 단 편을, 그저 사진 몇 장과 몇 가지 기초 정보만 봤을 뿐이다. 만일 혹시나 싶은 사람이 있으면 일단 오른쪽으로 스와이프를 하고 무 슨 일이 일어나는지 보자. 잠재 후보를 평가하면서 마음을 닫을 이 유가 아니라 마음을 잡아끄는 부분을 찾아보자.

앱을 보고 사람의 특성을 읽는 작업은 과학이라기보다는 예술이 다. 사람들이 써 놓은 답을 보고 그들의 진의를 안다고 함부로 생 각하지 말자. "가끔 약물을 섭취한다"란에 표시한 체크가 "캠핑 갈 때 에더블(대마 쿠키) 가져가요"라는 뜻일까 아니면 "나는 가끔 블 랙타르 헤로인을 해요"라는 뜻일까? "카톨릭"에 체크 표시는 "카 톨릭으로 컸지만 냉담해요"일까 아니면 "주일마다 신도석 제일 앞 에 앉아요"라는 뜻일까? 사람들의 답을 읽고 그들 마음을 정확히 잘 안다고 지레 짐작하지 말자. 똑같은 애매한 질문 때문에 우리도 고심하지 않았던가. 왜 직접 만나서 그 주제에 대해 알아보지 않는 가?

딱 맞지 않는다고 생각되는 사람도 만나 보는 게 좋다. 내가 실 제로 무얼 좋아하는지 '알아 낼' 유일한 방법이니 이미 알고 있다고 지레 짐작하지 말고 나가서 확인하자.

내가 아는 어떤 여성이 요즘 온라인으로 데이트하는 "길을 잃어 슬픈" 사람들에 관한 장탄식을 페이스북에 올렸다. 그 증거로 자기가 최근에 본 어떤 남자의 프로필 사진을 올렸다. "이유 없이 내가 제일 두려운 것은"이라고 뗀 운에 맞춰 그 남자가 "웨딩 해시태그 달기 힘든 이름을 가진 사람과 결혼하기"라고 썼다. 그 대답이 경박하다고 생각한 그녀는 (여기 그녀의 페이스북 포스팅을 옮기겠다) "밀레니얼 데이팅의 몰락"을 그 말이 보여 줬다고 썼다. (웨딩 해시태그를 모르는 사람들에게: 사람들이 결혼 사진을 포스팅하면서 커플 이름을 합쳐서 말장난 문구를 함께 올리는 것이다. 예를 들어 내 친구 데니가 남편 에릭 헬리처와 결혼했을 때 그녀의 해시태크는 AC/DC의 노래 〈지옥으로 가는 고속도로 Highway to Hell〉를 인용한 #highwaytohelitzer "헬리처로 가는 고속도로"였다.)

나를 포함, 그 포스팅에 댓글을 단 많은 사람들이 그 의견에 동의하지 않았다. 처음에는 논의에 끼어들지 않으려 했지만 결국 아무 말도 '안' 하고 지나갈 수가 없어서 나도 댓글을 달았다. "내 생각인데, 데이팅앱 질문에 답 하나 단 걸로 한 사람을 그토록 가혹하게 판단하다니 실수한 것 같아. 프로필 만들 때 가능한 빨리 절차를 마치고 당장이라도 매치를 만나고 싶어하는 사람들을 많이 봤어. 너한테는 그 답이 다소 경박해 보이겠지만 난 재미있는 농담이라고 생각해. 그 사람 응답을 보고 나는 이런 생각을 했어. 웨딩 해시태그에 눈길을 보낼 만큼 결혼식에 많이 가 본 사람이구나. 그렇다면 친구가 꽤 많은 의리남이겠구나. 친구들이 결혼을 많이 했다면 그도 이제 그만 정착할 마음의 준비가 됐겠구나. 그리고 그 사람 대답을 보니까 말장난을 좋아해서 장난스러운 해시태그 만들기 좋은 이름을 가진 사람과 결혼하기를 바라는구나 같은 생각들 말이야."

그녀가 댓글로 자기도 말장난을 '좋아하고' 그 남자에 대한 원래 자기 견해를 기꺼이 재고해 보겠다고 썼다. 그리고 다시 그때로 돌아가 그에게 예스라고 말할 수 있다면 좋겠다고 말했다.

잠깐. 대충 아무에게나 수락의 스와이프를 하라고 내가 말하는 게 아니다. 그게 아니라, 사람을 직접 만나면 프로필로 아는 것보다 훨씬 흥미로울 수도 있다는 사실에 마음을 열어 달라는 뜻이다.

동시에 너무 많은 사람을 만나지 않는다

이런 의문이 들 것이다. '잠깐, 지금 충고는 방금 전에 한 말이랑 반대 아니야?' 아니다. 내가 했던 말은 필터를 넓혀서 다양한 사람들을 보고 일부는 직접 나가서 만나라는 뜻이었다. 그러나(아주 단호한 '그러나'이다) 동시에 수없이 많은 사람과 데이트하라는 뜻이 아니다. 그러면 모네 효과를 더욱 심하게 만들 뿐이다.

스와이핑, 스와이핑, 또 스와이핑하다가 만나자고 약속 잡기란 정말 쉬운 일이다. 앱에 중독되는 느낌이 드는데, 그건 우리 잘못이 아니다. 정말이다. 틴더가 의도적으로 그렇게 디자인했다고 믿는 사람이 많다. 〈스와이프: 디지털 시대의 혹업〉이라는 다큐멘터리를 제작하며 저널리스트 낸시 조 세일즈가 취재 중 알아낸 사실에 의하면, 틴더는 부분적으로 심리학 실험에서 착상을 얻었다. 꼭 집어서 말하면 행동주의 과학자 B. F. 스키너가 한 유명한 실험, 즉

비둘기가 어디든 부리로 쪼면 먹이가 나온다고 믿게끔 조건을 건 실험을 응용했다. "스와이핑 메커니즘은 그게 전부예요." 세일즈가 카라 스위셔의 리코드 디코드 팟캐스트에서 말했다. "스와이프하면, 매치가 되는 거예요. 안 되기도 하고요. 그러면 이제, 막 흥분해서 게임을 하게 되는 거지요." 첫날밤 내가 여섯 시간을 쓰게 된 것도 놀랄 일이 아니었다. (한때는 일주일에 8.5회나 첫 데이트에 나가기도 했다. 지금도 그때 했던 0.5짜리 데이트는 대체 뭐였는지 모르겠다.)

앱을 게임하듯 하지 않는 게 좋다. 자신만의 원칙과 속도를 유지하면 보다 나은 판단을 할 수 있다. 한 번에 일정 숫자가 넘지 않는 사람들과 데이트를 하면서 그 사람들을 제대로 알려고 노력하자.

내 고객 중 한 사람은 한 번에 세 명 이상 만나지 않는다고 했다. 그녀는 그게 딱 맞는 숫자라고 생각했다. 각자의 상대에게 연애가 싹틀 수 있는 시간도 주고 또 동시에 각자에게서 받는 느낌을 비교할 수 있기 때문이라고 했다. 한꺼번에 너무 많은 사람들과 채팅을 하거나 늘 달력 가득 스케줄을 첫 만남으로 채워 놓을수록, 당신은 오히려 결정에 어려움을 겪을 것이다.

인기 있는 프로필을 만든다

지금까지는 다른 사람의 프로필을 평가하는 법에 관해 논의했다. 한편으로, 그들도 내 프로필을 평가한다. 이제껏 원하는 결과를 얻지 못해서 애가 쓰인다면 이제 매치가 더 많이 성사되고 더 많이 나가서 사람을 만날 수 있도록 학문적 연구를 토대로 한 조언을 읽어보자.

———

잘 나온 사진을 고른다

사진이 중요하다. 대개의 앱에서 제일 중요한 자산이 사진이다. 사람들은 종종 사진만 보고 스와이프 하고 첫 사진이 마음에 '들어야' 아래로 스크롤 해서 좀 더 정보를 읽어 본다. 힌지의 연구자들이 2017년 회사 블로그 유저들의 사진을 분석해서 어떤 종류의 사진이 가장 긍정적인 반응을 얻었는지 알아봤다. 무작위로 1,000명의 프로필 사진을 골라서 그 특성에 따라 꼬리표(포즈 대 무포즈. 웃을 때 이 보임 대 안 보임 등)을 붙인 다음 유저들의 성과를 평가했다. 그 결과에 따르면 아래처럼 하는 게 유리하다.

- 내가 어떻게 생겼는지 혹은 싱글인지 아닌지 수수께끼 게임을 만들면 안된다. 내 얼굴을 가리는 게 있거나 중요한 다른 사람(OSO)처럼 보이는 이와 함께한 사진이 좋아요를 받을 확률은 그렇지 않은 사진보다 90퍼센트가 적었다. 그 말은 선글라스를 끼면 안되고, 언뜻 보기에 데이트 상대 같은 인물과 함께 찍은 사진은 안된다는 뜻이다. 더 나쁜 경우는? 내가 누군지 명확히 알 수 없는 단체 사진이다. 이런 사진을 나는 '월리를 찾아라!' 샷이라고 부른다. 단체 사진은 최대 한 장, 그나마 어느 얼굴이 나인지 명확하게 표시해야 한다.

- 여성들이 좋아요를 받을 확률이 70퍼센트나 치솟은 경우는, 멀리 쳐다보거나 이를 드러내고 웃으며 서 있는 단독 사진이었다.

- 남자 역시 단독 사진이 좋아요를 받을 확률이 높은데, 다만 이를 '드러내지 않고' 카메라를 정면으로 바라보며 웃는 사진이 그랬다.

- 포즈를 취하지 않은 솔직한 사진이 포즈를 취한 사진보다 압도적으로 평가가 좋았다. 포스팅한 사진의 대략 80퍼센트가 포즈를 취한 사진이지만, 포즈없이 솔직한 사진이 좋아요를 15퍼센트 더 받았다.

- 셀카, 특히 화장실 셀카가 나쁜 결과를 얻었다. 좋아요를 받을 확률이 90퍼센트 줄었다. (전문가가 주는 팁: 향후 연인이 될 사람을 만날 때면 변기를 연상시키지 말아야 한다.) 사진 찍어 줄 친구 정도는 있음을 증명해 주기 바란다.

- 흑백 사진이 정말 반응이 좋다. 포스팅 사진의 3퍼센트밖에 안되지만 좋아요를 106퍼센트 더 받았다. 다음 사진은 단색으로 가보자.

내 고객들의 사진 고르기를 도와주면서, 자기가 매력적으로 나온 사진을 잘 못 고르는 사람들이 의외로 많다는 사실을 알게 되었다. 그래서 사진 고르기를 도와 줄 시스템을 고안해 보았다. 고객들에게 열 장에서 스무 장 정도 후보 사진을 보내 달라고 했다. 허락을 받은 뒤 나는 그 사진들을 온라인 앨범에 넣어서 전국에 퍼져 있는, 내 고객들을 대면할 가능성이 없는 지인들에게 보냈다. 그 사람들이 사진의 순위를 매기며 어느 사진이 좋은지, 어느 사진을 지울지, 어느 사진을 제일 중요한 첫 번째 사진으로 쓸지를 표시했다. 어느 사진이 제일 좋은지가 만장일치로 결정되는 경우가 종종 있었다. 그런데 그 사진이 고객 당사자가 고른 사진과는 거의 '절대로' 일치하지 않았다. 패턴을 확인한 뒤 나는 피드백을 반영해 고객들의 사진을 다시 정리했다.

+ 좋은 사진 고르기 +

열 장에서 스무 장 정도 자기 사진을 추려서 (얼굴 사진, 전신 사진, 요리나 하이킹 등 본인이 좋아하는 활동을 하는 사진의 조합이 이상적이다) 친구 몇 명에게 보낸다. 어떤 사진을 포함시키고 어떤 사진은 뺄지, 첫 번째 사진으로 무얼 고를지 물어본다. 아니면 여러 앱으로 직접 실험을 해 본다. 여러 사진을 교체해서 매치가 제일 많이 성사되는 사진이 어느 것인지 알아본다.

프로필 작성할 때 주의할 점

- **자신을 정확하게 드러낸다:** 애비라는 여성을 코치한 적이 있는데 그녀는 야외 활동을 즐기는 남자를 찾고 있다고 말했다. 자기는 "럼버섹슈얼"(턱수염에 플레이드 셔츠를 입은 멋쟁이)에게 끌린다고 했다. 그녀가 골라 온 자기 사진에는 하이킹을 하는 모습이 담겨 있

었고 프로필에는 자연에 대해 흥미가 있다고 써 놨다. 그런데 실은, 그녀는 자연에서 보내는 시간을 싫어했다. 내가 말했다. "애비, 당신은 '난 캠핑 안 좋아해"라고 쓴 이름표를 달고 다니는 사람이나 다름없어요. 이건 당신이 아니에요. 이건 당신이 '되고 싶은' 사람, 당신이 함께 하고 싶다고 생각하는 남자한테 어울리는 여자이지요."

그래서 우리는 함께 그녀라는 사람에 대해 좀 더 진실된 프로필을 작성했다. 최근에 다녀온 베를린에서 찍은 예술적인 사진을 포함시켰다. 라이브 재즈와 값비싼 위스키에 대한 그녀의 열정에 대해서도 적었다. 뻔한 말이겠지만, 좋은 프로필이란 '본인'을 드러내는 것이지 희망 버전의 본인을 드러내는 것이 아니다. 본인이 어떤 사람인지 솔직히 밝혀야 도중에 겪을 숱한 가슴앓이를 미연에 방지할 수 있다. 애비를 예로 들자면, 그녀가 가상의 럼버섹슈얼 남자친구에게 사실 자기는 5일짜리 눈사태 대비 훈련 강습은 따라가고 싶지 않다고 힘들여 고백할 일이 없어진다는 뜻이다.

- **대화를 유도하려면 구체적이어야 한다:** 프로필의 목적은 대화를 유도하는 것이지 지나치게 영리해 보이는 것은 아니다. 다른 사람들이 들여다보고 접촉할 기회를 갖도록 프로필을 작성해야 한다. 데이팅앱 힌지에서 주는 프롬프트 "내 결혼식에 대동할 사람의 조건은"을 사용해 보자. 이 말에 "미혼인 사람"이라고 대답하면 재미는 있지만 대화의 문을 열 수는 없다. 대신 "스파이스 걸즈의 〈워너비〉 가사를 다 아는 사람"이라고 쓰면, 90년대 음악을 주제로 대화를 유도할 수가 있다. "춤추기 배틀로 내게 도전할 사람"이라고 쓰

면 각자 본인 특유의 기본 동작에 대해 말문을 터뜨릴 근사한 주제가 될 것이다. 대화 유도에 가장 좋은 방법은 구체적인 이야기를 하는 것이다. 나를 두드러지게 하는 독특한 말을 집어넣자. 당신이 "음악을 좋아해요"라고 쓰면 그 말로 내가 당신에 대해 알 수 있는 건 아무것도 없다. 좋다만, 누가 음악을 싫어하겠는가? 여행, 음식, 웃기 좋아한다고 쓰는 것도 마찬가지다. 그건 톰 행크스가 좋다는 말과 똑같다. 요리를 좋아한다는 말도 듣고 싶지 않다. 당신만의 요리를 설명하고 어떻게 하면 그렇게 맛깔나는 월남국수를 만들 수 있는지 말해 보자. 잠재적인 매치 후보들이 그 말에 댓글을 달며 당신에게 접촉할 것이다. 구체적으로 쓰면 쓸수록 그만큼 더 많은 기회를 그들에게 주는 것이다.

- **좋아하는 것에 집중한다:** 안 그래도 부족한 프로필 공간을 원하지 '않는' 것으로 채우는 수많은 사람들을 보면 놀랍다. 그 마음이야 이해하지만, 그런 프로필은 부정적인 메시지를 보내게 된다. 내가 활기차야 사람들이 몰려든다. 프로필을 잘 활용해서 나와 같은 취미를 가진 사람들을 불러들여야 한다. 불평이 취미인 사람끼리 모이지는 말자. 나에게 기쁨을 주는 것에 집중해야지 싫어하는 것, 피하고 싶은 것에 집중하면 안 된다.

인사말을 공들여 만든다

"안녕하세요?" "어떻게 지내세요?"는 이제 지겹다. 주말은 어떻게 보내셨냐고도 묻지 말자. 따분하다! 인사말도 (마찬가지로) 구체적이어야 한다.

인사말의 목적은 대화를 시도해서 상대와 직접 만나는 데에 있다. 상대방 프로필을 보고 뭔가 미묘한 것, 다른 사람은 알아차리지 못할 것에 대해 언급하라. 유머를 살짝 이용하면 좋다. 예를 들어, 상대남이 사진마다 늘 카메라에서 시선을 돌리고 있다면, "먼 곳을 바라보는 사진을 좋아하시나 봐요. 저는 사진 바깥으로 무얼 그리 보고 있는지 너무 궁금하네요!" 또는, 프로필에 드라마 〈오피스〉를 좋아한다고 적은 사람을 보면, 주인공 마이클 스콧의 대사 중에서 제일 좋아하는 대사를 담은 메시지를 보내라. (내가 제일 좋아하는 대사를 가져가도 좋다. "첫 번째로 친구를 만들어. 두 번째는 세일즈를 해. 세 번째는 사랑을 하고. 순서는 네 맘이야.") 인사말에 노력을 기울인 티를 내라.

그리고 제발이지, 매치가 성사되면 메시지를 보내라! 계속 진행하지 않으려면 스와이프는 뭐하러 했나?

접속을 유지한다

당신도 생활인이다. 밤낮으로 휴대폰 화면만 들여다보며 살 수는 없다. 그렇지만 초절정으로 바쁜 날이어도 따로 15분만이라도 할애해서 메시지에 답하는 게 좋다. 출퇴근 시간이나 하는 일이 진척이 잘 안 될 때가 좋겠다. 동력을 지속시켜야 한다.

본론으로 진입한다

가능한 빨리 실제 만나는 데이트로 돌입하자. 앱의 목적은 직접 만나는 것이지 펜팔 수집이 아니다. 만나기 전에 지나치게 많은 메시지를 주고받을 경우 부정적인 결과가 일어나는 상황을 너무 많이 봤다. 실제로 보기 전에 끊임없이 메시지를 주고받다 보면 쌍방이 서로에 대한 환상을 갖게 마련이다. 만나서 보면 상대가 마음속 상상과 다를 수밖에 없기 때문에 실망을 하고 만다. 달리 만났더라면 서로 잘 맞았을 경우에도 그렇다. 문자 케미가 환상이었다고 직접 만나서도 죽이 맞으리라는 보장은 없다. 차라리 좀 더 빨리 만나서 확인하는 게 어떻겠는가?

문자에서 데이트로 부드럽게 넘어가는 과정으로 이렇게 말하면 어떻겠는가? "정말 즐거운 대화였어요. 나머지 이야기는 일요일 오후에 산책이라도 하면서 나누면 어떨까요?"

만나기 쉽게 분위기를 만들어야 한다. 그러기 위해서는 상대에게 구체적인 날짜와 시간을 제안하는 것이 좋다. "문자만큼 매력적인 분이라면, 뭔가 같이 하고 싶어지네요. 한 잔 어때요, 목요일 저녁? 일곱 시쯤?" 두 사람 모두에게 좋은 시간을 고르려면 몇 번 문자가 오가기는 하겠지만 이렇게 시작하면 옵션을 줄일 수 있게 된다. 스케줄 잡느라 너무 시간을 오래 끌면 흥미와 동력이 사라질 위험이 있다. 그런 일이 실제 종종 일어난다. 꼭 흥미가 없어서는 아니지만, 누구나 그냥 바쁜 시기가 있기 때문이다.

데이트로 가는 더 좋은 방법

이러는 거, 나도 힘든 거 안다. 세상이 내게 등을 돌리고 마치 작정이라도 한 듯 나를 헷갈리게 만들어서 진짜 사랑을 훼방하는 느낌일 것이다. 그러나 아직 희망이 있다. 만약 당신이 앱에서 벗어나고 싶다면, 다음 챕터에서는 실생활에서 사람 만나는 법을 다루겠다. 그렇다, 실생활이다. 그런 일이 있을 리가 없다고 이미 포기했을지도 모르지만 아직 가능하다. 그리고 그 다음 챕터에서는 데이팅을 다시 재미있게 만드는 법을 알려 주겠다. 기대되지 않는가!

Chapter · 9

데이팅앱 바깥의 자연스러운 만남

〰〰〰

"이제 끝이에요!" 얼리셔가 내 사무실 문이 채 닫히기도 전에 신발을 벗어 던지고 배낭을 팽개치며 말했다. "이제 앱은 안 해요."

내 고객 얼리셔는 스물여덟 살의 간호대생이다. 몇 년이나 스와이핑을 했지만 파트너 찾기가 힘들었다. 스와이프를 수천 번 했어도 실제로 만난 데이트는 몇 번 되지 않았고 두 번째 데이트로 이어진 경우도 거의 없었다.

얼리셔는 흑인이다. 지금까지 내가 다른 고객의 인종을 언급한 적이 없지만 이번에는 말할 필요를 느낀다. 온라인 데이팅에도 인종차별이 퍼져 있어서이다. 흑인 여성들은 가뜩이나 힘든 데이팅을 더욱 아프게 경험하고 있다. 데이팅 사이트 OK큐피드의 공동 설립자 크리스천 러더가 OK큐피드 유저들의 행동을 분석해서 회사 블로그와 저서 《빅데이터 인간을 해석하다》에 올렸다. 흑인 여성은 다른 인종 여성보다 첫 메시지를 받는 숫자가 25퍼센트 적었다. 흑인 여성이 먼저 남성에게 접촉했을 때 응답 받는 횟수도 다른 인종 여성보다 25퍼센트 적었다. 아시아 남성들도 같은 곤경을 겪는다. 러더의 조사에 의하면 백인, 흑인, 라틴계 여성들은 아시아 남성의 매력도를 다른 인종 남성들보다 30퍼센트 적게 느꼈다.

얼리셔가 내 소파 깊숙이 앉았다. "앱은 나한테 안 맞아요. 내가 직접 사람을 만나야겠어요. 그런데 요즘은 그렇게는 만남이 잘 안 되는 것 같은데, 저만 이렇게 생각하나요?" 그녀가 물었다.

고객, 동료, 친구들에게서 많이 듣던 말이다. 내 부모님 연령의 사람들은 교회 댄스파티에서, 영화관에서 줄 서있다가, 점심 시간에 공원에서 서로 만났다는 이야기를 한다. 하지만 요즘은 그런 이야기가 희한하게 들린다.

"아뇨, 그렇지 않아요. 내 남자 고객에게 물어봤어요. 사람들이 뻔히 보는 앞에서 모르는 사람에게 접근해 보겠냐고요. 그랬더니 '그랬다가 징그럽다는 말 들으면서 퇴짜나 맞게요? 천만에요'랬어요. 그러더니 자기 휴대폰을 가리키면서 '여기가 요즘 내가 사람 만나는 곳이에요'라더라고요."

"적어도 나만 그런 건 아니군요."

"아니고말고요. 앱이 쉽지 않아요. 얼리셔가 직접 좋은 사람 만날 수 있는 방법을 같이 찾아봅시다."

데이팅앱으로 성과가 없거나 아니면 애인 찾는 방법을 확장해서 또 다른 연못에서 낚시를 하고 싶다면, 내가 좋아하는 실생활에서 사람 만나기 전략 네 가지를 알려 주겠다.

사랑은 과학이다

1) 이벤트에 간다

얼리셔는 온라인 광고나 친구들을 통해서 이벤트가 있다는 건 알지만 어느 것을 택해야 할지 모르겠다고 말했다 (오! 선택의 패러독스.) 업무 때문에 그녀는 여가 시간이 거의 없었다. 그래서 옷을 차려 입고, 실패하기 십상인 이벤트에 가는 게 피곤하다고 (그리고 무모하다고) 느꼈다. 이럴 때는 주로 분석 마비Analysis paralysis가 이긴다. "아마도 지루할 이벤트는 왜 가야하지요? 다섯 시 반이면 브라도 벗고 요가 팬츠 차림으로 편안히 지낼 수 있는데요?" 그녀가 말했다.

이벤트에 가면 얼리셔가 누군가 만날 가능성이 있다고 나는 생각했다. 그녀가 제대로 된 이벤트를 고르도록 도와주는 게 내 일이었다. 노트를 꺼내서 내가 고안해서 **이벤트 결정 매트릭스**라고 이름 붙인 차트를 그녀에게 보여 줬다. 바쁜 사람들이 적당한 이벤트를 고를 때 전략적인 도움을 주는 차트였다. 새 이벤트 소식이 들릴 때마다 다음 두 가지 질문에 따라 매트릭스에 표시를 하면 된다.

1. 이벤트에서 다른 사람들과 교류가 있을까?
2. 이벤트에서 내가 즐거울까?

이벤트 결정 매트릭스

세로축은 이벤트에서 사람 대 사람 교류가 얼마나 많을지 표시한다. 이벤트에 참가하는 사람들이 서로 대화를 나눌 만한 분위기일까? 가령 연극 관람처럼 교류 없이 조용한 이벤트라면 세로축 바닥 쪽에 표시하면 된다. 참가한 대다수의 사람들과 대화를 많이 할

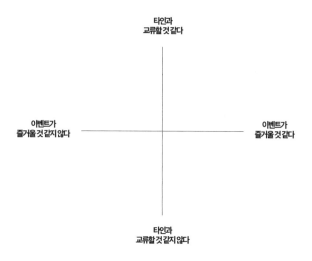

수 있는, 심지어 따로 만나 더 많은 대화를 나눌 수 있는 이벤트라면 위쪽에 표시하면 된다.

가로축은 이벤트에 참여해서 본인이 얼마나 즐거울지 그 정도를 반영한다. 너무 좋을 게 틀림없다고 생각하는 이벤트라면 오른쪽 끝에 표시한다. 싫어할 게 분명한 이벤트라면 왼쪽 끝으로 간다. 이 점이 중요하다. 즐거울 것 같은 이벤트는 내게 활력을 불어넣어서 내 최고의 모습을 꺼내 준다. 더 행복하고 더 느긋해서 더 나답게 된다. 그때가 누군가를 만나기에 완벽한 타이밍이다. 게다가 좋아하는 이벤트라면 설사 호감 가는 사람을 못 만난다고 해도 그 시간이 낭비라는 생각은 덜할 것이다. 그래도 내가 좋아하는 건 해야 하지 않겠는가, 안 그런가?

얼리셔와 나란히 앉아 인기 이벤트 웹사이트를 열었다(우리가 이

사랑은 과학이다

용한 싸이트는 SF.Funcheap.com이었지만 그냥 구글에서 "내 주변 이벤트"를 찾으면 된다). 우리는 스크롤을 해서 앞으로 다가올 이벤트들을 찾은 뒤 하나 하나 이벤트 결정 매트릭스에 기입했다.

웨이트 리프팅 클래스? 얼리셔는 러닝 타입이라 이런 건 즐거울 것 같지 않다고 했다. 게다가 나란히 옆에서 끙끙대는 게 대화를 시작하기에 좋은 방법은 아니다. 그 이벤트는 매트릭스의 왼쪽 아래 사분면에 놓였다. 즐거울 확률 낮고, 교류 확률도 낮았다.

무료 자전거 수리 클리닉? 꽤나 사교적인 활동이겠지만 얼리셔는 자전거가 없으니 이 행사는 왼쪽 위 구석으로 갔다. 즐길 확률 낮고 교류 확률은 높다.

〈비포 미드나잇〉 영화 감상회? 리처드 링클레이터야 물론 고전이지만 그룹을 지어 영화 보는 일이 누군가와 연결되는 일은 아닌 것 같다. 대화를 하는 사람들은 스크린 위 배우들뿐이니까. 이 이벤트는 오른쪽 아래로 간다. 즐거울 확률은 높지만 교류 확률은 낮다.

결국에는 타네히시 코츠에 대해 토론하는 북클럽을 찾아냈다. 유수의 상을 탄 이 저널리스트는 문화, 정치, 사회 이슈에 대한 글을 썼다. 딩동댕. 얼리셔는 그 작가 작품의 광팬이었다. 게다가 북클럽은 교류 일색인 곳이다. 좋아하는 사람을 만나면 그룹 대화를 쉽게 일대일 개인 대화로 만들 수도 있다. 이 이벤트를 오른쪽 위 사분면에 넣었다. 마침내! 잠재력 가득한 이벤트였다.

하지만 이벤트 결정 매트릭스를 그리는 것만으로는 충분하지 않다. 얼리샤가 오른쪽 위 사분면에 놓은 그 이벤트에 실제로 참석해야 했다. 이 대목에서 내가 행동 과학을 이용해서 만든 도구를 아주 잘 써먹었다.

　심리학 교수 게일 매슈스는 **공개적으로 목표를 정하면** 하고자 하는 일을 달성할 확률이 더 커진다고 했다. 그래서 내가 얼리셔에게 "매달 두 번씩 오른쪽 위에 자리할 이벤트에 참가할 수 있겠어요?"라고 물었다. 그녀는 근무 스케줄이 빡빡하지만 해 보겠다고 약속했다.

　나는 얼리셔에게 **데드라인**을 정해줬다. 데드라인이 있어야 사람들이 미루는 버릇을 이기고 실행에 나서기 때문이다. "이번 주말까지 이벤트 두 개를 골라서 내게 문자 줄래요?"

　얼리셔는 당장에 매트릭스를 이용하기 시작했다. 한 달도 안 되

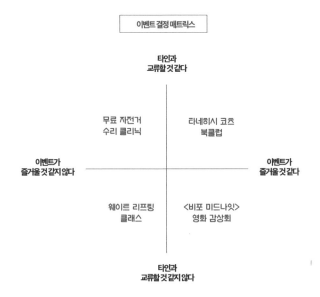

이벤트 결정 매트릭스

타인과
교류할 것 같다

무료 자전거
수리 클리닉

타네히시 코츠
북클럽

이벤트가
즐거울 것 같지 않다

이벤트가
즐거울 것 같다

웨이트 리프팅
클래스

〈비포 미드나잇〉
영화 감상회

타인과
교류할 것 같지 않다

사랑은 과학이다

어 일년에 몇 번 나가던 첫 만남에서 하루에 파트너 후보를 여섯 명이나 만나는 상황으로 변했다. 어디서 그 많은 사람들을 만났냐고? 타네히시 코츠 북클럽이다.

나만의 매트릭스를 만들자: 실생활에서 사람을 만나고 싶은데 일이 바빠서 어떤 이벤트에 참여해야 할지 잘 모르겠다면 이벤트 결정 매트릭스에 이벤트 표시를 시작하는 게 좋겠다. (아래에 직접 표시해 본다.) 오른쪽 위 사분면에 떨어지는 행사가 있다면, 가자! 이런 이벤트에 점점 더 많이 참여하다 보면 적중률이 높은 이벤트를 빨리 알아차리게 될 것이다. 본인에게도 즐겁고 '게다가' 양질의 교류를 얻을 수 있는 행사여야 한다.

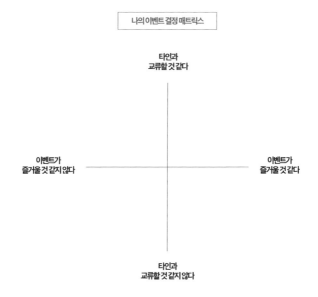

나의 이벤트 결정 매트릭스

타인과
교류할 것 같다

이벤트가
즐거울 것 같지 않다

이벤트가
즐거울 것 같다

타인과
교류할 것 같지 않다

재미있는 이벤트를 찾는 법

근처에서 벌어지는 페이스북 이벤트를 눈여겨보자. 평소 관심 있던 기구의 페이스북을 팔로우하거나 그 메일링 리스트에 등록하자. Meetup.com을 뒤져서 평소 관심에 일치하는 모임을 찾아보자. 이런 것 가운데 무료 서비스도 많다. 늘 멋진 이벤트에 참여하는 것 같은 친구들이 주변에 있는가? 그들에게 다음에는 나도 같이 데려가 달라고 부탁해 보거나 아니면 어디서 그런 활동을 찾는지 물어보자. 근처 대학에서 열리는 토크쇼를 찾아보자. 구글에서 사는 도시 이름과 함께 "전시회 오픈" 혹은 "필름 페스티벌"이라는 문구를 찾아보자. 교회와 예배당도 웹사이트가 있다! 찾아낸 이벤트를 매트릭스에 더한 뒤 스케줄이 바쁘다면 특히 오른쪽 상단 사분면에 치중하는 게 좋다.

내 고객 중 한 사람은 인권 운동 시위장에서 여자 친구를 만났다. 다른 한 고객은 서로 모르는 사람들로 구성한 배구팀에 "자유 계약 선수"로 한 시즌 등록한 사람이었다. 그 여자는 나중에 미들 블로커와 데이트를 하게 됐고 지금은 일주일에 두 번씩 같이 배구를 하는 사이가 됐다. 내 친구 한 명은 남편을 두 사람 모두 좋아하던 팟캐스트 청취자 모임에서 만났다.

내 친구 제인과 조이는 공 넣기 게임인 스키볼을 하다가 만났다. 조이는 전국 스키볼 챔피언 삼관왕이었고 제인은 동네 바에서 여는 스키볼 나이트에 참석했다. 지금 두 사람은 결혼해서 예쁜 아기와 함께 살고 있고 제인은 자기 집안 리그의 구단주이다.

자원 봉사하다가 만나게 된 사람들 이야기는 정말 듣기 좋다. 자

사랑은 과학이다

원 봉사는 친절한 사람을 만나기에 굉장히 좋은 방법이다. 비록 저평가 받고 있지만 친절이야말로 파트너에게서 찾아낼 중요한 자질 중의 하나이다.

이벤트를 최대한 이용하는 법

이벤트에 참가하는 것만으로는 충분하지 않다. 사람을 만나려면 실제로 "만나야" 한다.

혼자 가야 이상적이다. 접근하기가 쉬워진다. 여러 명이 그룹 지어 이야기하고 있는데 끼어드는 것보다 혼자 있는 사람에게 말 붙이기가 더 쉽다. 아마도 당신은 늘 그러듯 휴대폰이 보고 싶어 손이 근질대겠지만 진지하게 말하는데 휴대폰은 주머니 속에 그냥 넣어 두는 게 좋겠다.

혼자서는 정말로 못 가겠다면 들러리 역할을 해 줄 사람과 같이 가라. 독립적이고, 살뜰하고, 긍정적이고 내가 잘되게 애써 줄 사람이 좋다. 내가 누군가를 만나고 싶어하는 걸 아는 편안한 지인을 초대하라. 내가 다른 사람과 한참 이야기한다고 언짢아 할 사람은 데려가면 안된다.

엄마가 하던 말이 딱이다. "첫인상을 줄 기회는 딱 한 번뿐이야." 자신 있는 옷을 입어라. 본인의 매력을 드러내자. 주위 사람과 눈이 마주치면 미소를 보내라. 그런 다음 다른 곳으로 시선을 돌리자.

작게 시작하고 이벤트마다 적어도 한 사람은 새로 만나겠다고 작심해라. 먼저 자기 소개를 하라. 주위에 있는 사람들에게 현장 상황에 대해 무슨 말이든 언급하라. 그림이나 밴드, 상대가 착용하고 있는 귀걸이나 신발, 뭐든지 코멘트할 수 있다! 중요한 것은 사람을 새로 만나는 연습을 한다는 점이다. 설령 그들에게 매력을 못 느낀다 해도 계속 하다 보면 나중에 마음에 드는 사람을 만났을 때 자신 있게 대할 수 있다 (데이팅 랩을 하라고요!). 그러는 한편, 새로 친구를 사귀다 보면 사교 범위가 넓어져서 애인을 만날 기회가 늘어나게 된다.

가볍게 이런 말 정도 해 보는 것도 좋다 "저, 〔 논의하던 주제를 넣어라 〕에 대해서 계속 이야기 좀 나눴으면 좋겠네요. 어떤 연락 방법이 좋으세요?" 그러면 그 사람은 자기가 편안하게 느끼는 연락 방법을, 그게 전화번호이든, 인스타그램 유저명이든, 이메일 주소든 알려줄 것이다. 왜 당신이 연락을 계속하고 싶어하는지 사람들은 대개 그 이유를 짐작한다. 혹시 그 사람들에게 이미 중요한 누군가가 있다면 아마 그 사실을 알리려 할 것이다(내게 관심이 없다면 자기 연락처를 아예 주지 않을 것이다).

먼저 대시하는 걸 두려워 말자. 대부분은 먼저 접근하는 상대에게 호의적이다. 여러분이 보인 대담함, 확신에 기세가 죽는 상대라면 어쨌든 여러분에게 어울리지 않는 사람이다. 만약 먼저 나서는 게 당신이 펄쩍 뛸 일이라면 언제나 통하는 방법이 하나 있다. 목이 마르든, 화장실을 가야 하든 이유는 중요하지 않다. 그냥 줄을 서라. 아무 줄이나 좋다. 줄 선 사람은 본래 지루한 법. 잠깐 한눈을 팔 수 있는 일이라면 (당신과의 대화 포함) 뭐든 대환영이다.

2) 친구와 가족들에게 소개를 받는다

스탠포드의 연구에 의하면 온라인과 바, 식당에 이어 사람들이 만나는 가장 흔한 방식 3위가 친구 소개이다.

내 고객 가운데 소개받기를 몹시 원하는데 정작 소개해 주는 사람은 별로 없다는 경우가 많다. 왜 그런지 알아보기 위해 나는 싱글과 짝 있는 사람들이 섞인 한 그룹의 사람들에게 '왜 친구들에게 사람을 더 많이 소개해 주지 않는지' 물어봤다. 다양한 대답을 들었다. 어떤 사람들은 그저 그럴 생각을 못 했다고 했다. 어떤 사람들은 친구가 소개를 원했다면 자기에게 부탁을 했을 거라고 말했다. 또 어떤 사람들은 친구 기대에 못 미치는 사람을 소개했다가 혹시 친구가 모욕을 느낄까 봐 걱정스러웠다고 했다.

그러나 희망이 있다! 여태 망설이기는 했지만 나와 이야기를 나눈 사람들은 다들 친구를 돕고 싶어 했다. 이런 본능을 활용하는 게 좋겠다. 친구는 당신도 잘 알고 소개해 줄 사람도 잘 아는 정말 좋은 데이트 자원이다.

사람들에게 소개를 더 많이 받을 수 있는 방법

- **사람을 소개해 달라고 지인들에게 부탁한다**: 단순해 보이는 이 부탁을 못하는 사람들도 많다. 친구에게 말하자. "난 이제 누군가를 만날 준비가 됐어. 아는 사람 중에 싱글이 있으면 소개 좀 해 줄래?"

- **친구들에게 당신의 좋아하는 유형과, 프롬 데이트가 아닌 반려자를**

찾는다고 말하자: 예를 들어 "지적이고, 예술적이고, 사회 정의에 신경 쓰는 사람을 좋아해" 혹은 "친절하고 생각이 깊고 음식을 좋아하는 사람을 찾고 있어. 몸매가 좋지만 운동에 집착하는 사람은 별로고." 혹시 친구들 머리에 당장 떠오를 사람이 있을지도 모르지만 아니라면 새로 만나는 사람을 잘 살펴보게 될 것이다.

- **친구들에게 사진을 몇 장 보낸다:** 잘 나온 (그러나 사실적인!) 사진을 친구들에게 보내서 향후 매치가 될 수도 있는 사람들에게 보여 주게 하자.

- **소개팅이 들어오면 수락한다:** 진심이다. 소개팅을 주선하려고 친구가 애를 썼으니 수락하자! 당신 친구이지 당신 시간을 낭비하려 드는 사람이 아니다. 밑질 게 무엇인가? 하루 저녁? 비용? 그냥 수락하라. 내 친구 스테퍼니는 친구들에게 말했다. "너희들 생각에 내가 좋아할 사람 같으면, 난 적어도 한 번은 꼭 볼 게." 그런 약속을 하면 소개해 주기가 더 쉬워진다. 이런 저런 사람이 있다고 말해 주었는데도 반응을 보이지 않는 친구들과는 전혀 다르다. 소개 좀 해달라고 내게 통사정한 친구가 있었다. 그녀에게 어떤 남자의 사진을 보내 줬고 그 남자에게도 그녀의 사진을 보내 줬다. 두 사람 다 만나겠다고 해서 남자가 그녀에게 문자를 보냈는데 그녀가 묵묵부답으로 응했다. 그 남자는 안 맞아도 될 퇴짜를 맞은 셈이었다. 나는 다시는 누구도 그녀에게 소개해 주지 않겠다고 다짐했다.

사랑은 과학이다

- **친구에게 피드백을 준다**: 소개팅이 잘되면 고맙다고 문자를 한다. 더 좋은 건, 꽃이다! 별로 잘 안 맞는 상대였어도 소개해 주어 고맙다고 말하고 어떤 점이 좋았고 어떤 점이 안 좋았는지 말해 준다. (만난 사람이 친한 친구일 수도 있으니 말을 신중하게 골라서 해야 한다.) 이렇게 피드백을 주면, 내가 무얼 원하는지 그들이 더 잘 이해하게 된다. 그리고 피드백 자체가 분위기를 조장해서 다음 소개팅도 부추기게 된다. '게다가' 내가 너무 까다롭게 굴었던 건 아닌지 친구들이 내게 귀띔해 줄 기회가 되기도 한다. 내 쪽의 이유를 친구가 듣고, 만났던 상대에게 기회를 다시 한 번 줘 보라고 부추길 수도 있다.

- **인센티브를 주자!**: 우습게 들리겠지만 효과가 좋다. 예전 직장 동료가 자기와 결혼할 남자를 소개해 주는 사람에게 크게 한몫을 주겠다고 말했다. 그녀가 수천 달러는 낼 용의가 있다고 한 말이 마음에 무척 깊이 남았다. 첫째로, 그녀는 자기 반려를 맞이하는 일의 가치를 알고 있었다. 두 번째로, 내가 그 직장 동료를 좋아하긴 했지만 (재미 있고, 일 열심히 하고, 따뜻하고, 살뜰하게 보살피는 스타일이었다), 그 인센티브가 아니었다면 일부러 시간내서 사람 소개해 줄 궁리를 하지는 않았을 것이다. 그런데 갑자기, 괜찮은 남자를 보기만 하면 그 여자와 불이 붙을지 당장 궁금해지기 시작했다. 또 다른 친구가 있는데 그녀의 아버지가 누구든 자기 딸에게 다섯 번 데이트를 하게 해주면 (다섯 남자와 한 번씩도 괜찮고 한 남자와 다섯 번도 괜찮다고 했다) 너츠닷컴 상품을 넉넉하게 사서 보내 주겠다고

했다. 작년에 나는 세 봉지를 받았다. 몇 달 전에 스콧이 자기 친구를 그녀에게 소개했는데 아마도 두 사람이 결혼하게 될 것 같다. 우리 두 사람은 평생 먹을 프리미엄급 견과류를 기대하고 있다!

3) 이미 알던 사람을 만나 보자

당신 짝이 바로 뻔히 눈앞에 보이는 곳에 숨어 있을 때가 있다. 그 사람이 친구일 수도, 친구의 친구일 수도, 같은 교회나 같은 러닝 클럽의 멤버일 수도 있다. 이런 경우에는 그 사람을 다른 각도로 보기만 하면 된다. 내 경우가 바로 그렇다! 우리가 사귀기 시작했을 때가 페이스북 친구 8년, 실제 오프라인 친구인지 1년 되던 때였다. 데이팅 코치 덕에 새로이 얻게 된 시각으로 내가 그를 다시 볼 수 있게 되었다. (그렇다. 이런 일이 효과가 있다는 산 증인이 바로 나다.)

내가 늘 듣는 이야기가 몇 달 동안 알고 지내던 직장 동료, 혹은 몇 년 동안 함께 어울리던 친구에게 문득 마음을 뺏기게 된 사람들 이야기이다. 내 고객 가운데 한 명이 나와 함께 작업한지 수 개월 뒤, 몇 년 동안 알고 지내던 여성에게 마침내 정착하게 됐다. 어느 날 구직 면접을 도와 달라고 그가 그녀에게 손을 내밀었는데, 20분 만남이 4시간 대화로 길어졌다. 화제는 두 사람이 공동으로 좋아하는 스포츠 팀에서 시작하여 최근 돌아가신 그의 아버지에게까지 이르렀다. 그러면서, 오랫동안 친구로만 여겼던 이 여성이 그에게 훨씬 더 큰 존재일 수 있음을 깨닫게 되었다고 했다.

친구 그룹을 둘러보고 싱글인데 '친켐'(친구+케미스트리를 합쳐서 방금 내가 만든 말이다)을 나눌 만한 사람이 있나 살펴보자. 함께 시간

보내기 좋고, 믿을 수 있고, 조금이라도 매력을 느끼는 사람이 주위에 있는가? 자자, 고백해라. 방금 머릿속에 떠오른 사람이 누구인가?

그 사람 전화통에 불을 내기 전에 알아 둬야 한다. 리스크가 높다. 누군가의 마음을 불편하게 하거나 친구 그룹의 분위기를 어색하게 만들고 싶지는 않을 것이다. 친구에게 접근한다는 생각에 당신은 불안할 것이다. 조심해서 진도를 밟으라는 신호이다.

그 진도를 나가보겠다면, 상대의 영역을 존중하는 게 좋다. 친구와 술에 취한 상태에서 이야기를 꺼내는 것은 좋지 않다. 하지만 맥주 한 잔 하면서 수줍은 듯 이런 말을 해 보면 어떨까. "혹시 우리를 친구 이상으로 생각해 본 적 있어?" 아니면 "미쳤지. 우리가 결혼한 부부라면 어떨까 잠깐 생각해 봤어." 친구도 관심이 있다면 대화를 계속하면서 당신이 궁금한 점을 말해 줄 것이다. 혹은 당신을 그런 눈으로 보지 않을 수도 있다. 어쨌든 한 번은 꺼내 볼만한 말이다. 만약 그 친구는 관심이 없을 경우 최악이 어떤 일일까? 유머 한 번 날리고 제 갈 길을 가면 된다.

4) 주변 사람들에게 먼저 다가가자

혼자 통근을 한다고 상상해 보자. 전철을 탔는데 두 가지 옵션이 있다. 조용한 차량 혹은 주변 사람들끼리 이야기를 주고받으라고 '부추기는' 차량 둘 가운데 하나를 고를 수 있다. 목적지까지 줄곧 조용한 차량이겠지, 안 그런가? 대체 꼼짝 못하고 앉은 채 생판 모르는 남에게서 입양한 길냥이 열한 마리 이야기를 듣고 싶은 사람이 누가 있겠는가?

그 같은 선택을 행동 과학자 니컬러스 에플리와 줄리애나 슈로더가 〈고독 추구는 실수〉라는 제목의 논문에서 다루었다. 연구자들은 통근하는 사람들에게 전철에서 모르는 사람들과 이야기를 주고받고 싶은지 아니면 아무와도 대화하지 않고 혼자 앉아서 가고 싶은지 물어봤다. 대다수 통근자들이 조용히 가는 옵션을 택했다.

연구자들은 그런 다음 통근자들이 어떤 경험을 실제로 가장 좋아했는지 알아보는 실험을 했다. 사람들을 시카고 전철에 무작위로 할당한 다음 한 그룹 사람들에게는 옆에 앉은 사람과 이야기를 나누라고 시키고 다른 한 그룹은 "비접촉 상태를 유지하라고, 즉 평소대로 통근하라고" 시켰다. 결과를 보니 전철에서 옆사람들과 대화에 임했던 사람들이 가장 긍정적인 경험을, 자기 생각에 골몰한 채 혼자 앉아서 갔다는 사람이 가장 덜 긍정적 경험을 했음을 알게 되었다. 연구자들이 시카고 버스를 무대로 반복 실행한 실험에서도 같은 결과가 나왔다.

낯선 사람과 대화를 피하려는 우리 본능은 잘못됐다. 고독을 원한다는 건 '생각'뿐이다. 사회적인 유대가 얼마나 큰 기쁨을 주는지 사람들은 과소평가하고 있다.

눈을 뜨고 주변을 돌아보라. 모르는 사람에게 먼저 인사해 보자! 그렇다고 내 조언을 모르는 사람에게 집적대도 좋다는 구실로 삼지 마라. 상대의 반응부터 살펴야 한다. 주변 사물을 언급하거나 질문을 던져서 상대가 당신과 대화를 나눌 마음이 있는지부터 확인한 다음 가까이 다가가라. 당신이 까는 밑밥을 그 사람이 줍지

사랑은 과학이다

않으면 그냥 지나가야 한다. (부디 한 대 맞지 않기를! 내 평판이 떨어진다.) 하지만, 당신은 아마 깜짝 놀랄 것이다(좋은 쪽으로). 동료 통근자에게 미소를 건네면 어떤 일이 생기는지, 혹은 콘서트 앞자리를 노리고 사람들 틈을 헤치며 들어가 나란히 옆에 앉게 된 사람과 대화를 나눴을 때 무슨 일이 벌어지는지 알면 말이다. 세상에는 멋진 매치 후보로, 혹은 멋진 매치 후보를 '아는' 사람들로 가득하다.

스콧의 부모님은 뉴욕 지하철에서 만났다. 스콧의 미래 어머니는 심리학 박사 과정에 필요한 책을 들고 있었다. 미래 아버지가 그 제목을 알아보고 말을 걸었다. "발달심리학 책을 읽으시는군요?" 그 말을 시작으로 35년 하고도 앞으로 더 많은 세월을 같이할 충만한 결혼 생활이 이어져왔다.

"어떻게 우리가 만났냐면" 이야기를 들을 때 처음 드는 생각은, '요즘은 있을 수 없는 일이야. 다들 이어폰을 끼고 있으니까'이다. 그러니 내 말 명심하고, 걸어다닐 때는 전자제품일랑 주머니 속에 넣어 두길 바란다. 두 귀를 덮은 이어폰보다 더 요란하게 "말 붙이지 마세요!"라고 외치는 건 없으니까.

내 고객 가운데 한 사람은 여자친구를 공항 라운지에서 만났다. 두 사람 모두 직업 때문에 몹시 돌아다녀야 했다. 그가 그녀에게 두 사람 모두 드물게 튼튼한 기내 가방을 가졌다는 말을 건넸다. 곧 두 사람은 미국 전역의 공항을 돌아다니며 만나기 시작했다.

'많은' 사람을 만난다는 점에서 데이팅앱은 여전히 좋은 수단이다. 몇몇 사람은 정말로 좋아하게 될 수도 있다! 하지만 실생활에서 사람을 만나는 재미도 간과하지 않으면 좋겠다.

얼리셔는 타네히시 코츠 북클럽에서 만난 남자와 몇 달 동안 데이트를 했다. 이별 후유증에서 회복한 다음 여전히 이벤트 결정 매트릭스를 이용해서 잠재 매치 후보들을 만나고 있다. 요즘 데이트하는 사람은 대학 졸업 10주년 기념회 (오른쪽 위 사분면에 오르는 걸 보지 않았다면 안 가려고 한 이벤트였다고 그녀가 말했다)에서 만났다.

Chapter 10

성공적인 데이트를 위한 10가지 제안

~~~~~

함께 작업한지 두 달 만에 조너선은 크게 발전을 보였다. 여러 종류의 사람들, 예전 같으면 거절했을 사람들과의 데이트도 수락하기 시작했다.

어느 날 오후 그가 전화해서 최근에 만난 사람 이야기를 했다. "아주 대단한 사람이에요. 열정적이고 굉장히 똑똑해요. 나랑 가치관이 같더라고요. 그리고 독서 취향이 아주 고상해요. 자기 일도 좋아하고요." 조너선이 잠시 멈췄다가 말을 이었다. "그렇지만 나랑 맞는 사람은 아니에요."

"네?" 혼란스러워서 내가 물었다.

"스파크가 없어서요."

"아, 그거 참 아쉽네요." "스파크"가 얼마나 위험한 미신인가라는 질타를 그때는 하지 않기로 마음먹고 내가 물었다. (그 설교는 다음 챕터에 한다). "같이 뭘 했어요?"

"출장이랑 백만 건도 넘는 회의 때문에 정말 바빴거든요. 그래서 근무 시작하기 전에 내 사무실 아래 커피숍에서 만났어요."

"시간은요?"

"아침 일곱 시"

"얼마나 오래?"

"20분 정도?"

"알았어요. 그때 어떤 기분이 들었어요?"

"솔직히, 그때 스트레스가 심했어요. 여덟 시에 큰 투자자를 만나기로 했기 때문에 그 걱정을 꽤나 하고 있었거든요."

"주로 아침에 기분 좋아요?"

"아뇨, 아침 싫어해요. 밤올빼미 스타일이거든요. 근무 시작 전에 커피 한 잔 마실 때까지는 시체나 다름없어요."

"흠." 내가 깊은 숨을 들이 쉬었다. 조녀선이 내 관점에서 사태를 보기를 바랐다. "그러니까, 아침 타입도 아니고 카페인 섭취 전에는 잠도 못 깨고 중요한 사업 미팅에 신경이 온통 쏠려 있는 사람이, 20분 동안 커피 데이트하자고 아침 일곱 시에 사람을 만날 마음을 먹었다는 말이지요?"

"넵, 스파크는 없고요."

조녀선은 노력하고 있었다. 정말 그랬다! 바빴지만, 그래도 언제 어디서든 사람을 만나보려고 했다. 하지만 데이팅은 시간 내는 것만 가지고는 안 되는 일이다.

사랑은 과학이다

환경이 중요하다

엠앤엠즈 섭취를 줄인 구글 직원들 이야기를 기억하는가? 초콜 릿을 유리 단지에서 불투명한 통으로 옮기자 섭취량이 줄었다. 행 동 과학의 가장 중요한 교훈 한 가지, 사람들의 선택에 환경이 미 치는 영향이 잘 드러난 사례였다.

조녀선은 아침 일곱 시 데이트를 끝내고 일어서며 두 사람 사 이에 스파크가 일지 않았다고 생각했다. 로맨스 가능성이 없다고. '꼭 맞는' 상대가 아니라고. 하지만 두 사람이 혹시 '잘못된' 맥락에 서 만난 거라면?

데이트에 영향을 주는 요소에 물리적 장소만 포함되지는 않는 다. 데이트의 '환경'에는 언제 만나는지, 무엇을 하는지, 그리고 어 떤 마음가짐으로 데이트에 임하는지 등등이 모두 포함된다. 처음 같이 작업하던 당시 조녀선은 데이팅을 마치 할일 목록에 적어 둔 일정처럼 취급했다. 그에게는 데이팅이 헬스와 세탁물 찾기 틈에 힘겹게 짬을 낸 활동이었다. 그렇게 급하고 건조한 마음으로 데이 팅을 하면서 상대에게 매력을 못 느낀다고 했다. 조녀선만 그런 게 아니다. 내 고객 가운데 많은 사람들이, 애인을 절실하게 원하지만 또 한편 다른 업무로 너무 바쁜 나머지 조녀선 같은 행태를 보인 다. 그런 사람들의 데이팅 경험에는 썸 타는 재미가 모두 삭제되고 없다. 대신에 내가 **평가적 데이팅**(혹은 "평가팅"이라고 불러도 좋겠다)이 라고 부르는 작업에 임한다.

평가팅은 즐겁지 못하다. 뿐만 아니라, 오랜 반려를 구하는 방 식으로는 참혹할 정도로 비효율적이다. 이번 챕터에서는 데이팅에 임하는 마음가짐을 평가적 마인드셋에서 경험적 마인드셋으로 전환하는 방법을 알려 주겠다. 이력서용 자질 심사나 '이 사람이 나한테 충분히 좋을까?' '우리 사이에 공통점이 충분한가?'라고 자문하는 태도에서 벗어나자. 대신 지향할 태도는 그 순간에 몰입하는 태도, '이 사람과 함께하면 내가 어떤 기분이지?'라고 자문하는 태도, 상대와 함께할 때 어떤 일이 벌어지는지에 주의를 기울이는 태도, 호기심을 가지고 데이트에 임하는 태도, 경이로움을 느낄 준비가 된 태도이다.

그리고, 물리적으로나 심리적으로 적절한 데이팅 환경을 마련할 방법도 설명할 테니 애인을 구하는 데 전력을 다하기 바란다.

지금 데이트야, 면접이야?

자신이 다음 상황에 처해 있다고 상상해 보자. 불안한 마음으로 방으로 들어간다. 평가자가 나를 어떻게 생각할지 걱정스럽다. 옷은 잘 차려 입었지만 살짝 불편하다. 땀이 나지 않길 바란다. (젠장. '영락없이' 땀이 흐른다. 무릎 뒤와 겨드랑 아래에서.) 책상 쪽으로 가서 바닥에 가방을 내려놓고 악수를 한 다음 평가자들 맞은편 의자에 앉는다.

'뭐 좀 마실래요?'

우물쭈물 "아이스티, 설탕 없이요"라고 대충 말한다. (이거 일종의 테스트인가? 아이스티라고 말하면 나에 관한 뭔가가 드러나는 걸까?)

아이스티가 도착한다.

인터뷰가 시작된다.

"학교는 어디서 다녔어요?"

"전공은 뭐죠?" "왜죠?"

"살면서 제일 큰 모험이 뭐였어요?"

"향후 5년 계획이 뭐죠?"

평가자가 내게도 질문할 게 있으면 해 보라고 한다.

45분 안에 평가가 끝난다.

일어선다. 악수를 한다. 우호적인 미소를 짓는다. '곧 다시 이야기 나눌 수 있기를 바라요!' 떠난다.

이제 말해 보자. 이게 데이트인가 회사 면접인가? 회의실이 아니라 와인 바라고 생각해 보면? 세팅이 달라진다 해도 느낌은 기본적으로 같다. 당신도 분명 이렇게 무미건조한 데이트를 경험한 적 있을 것이다. 내 친구들과 고객들이 늘 하는 말이다. "데이트가 더는 재미있지 않아요. 일처럼 느껴져요." 그래, 안다. 그리고 어떤 면에서 데이트는 일이 '맞다.' 데이트를 잘하려면 시간과 노력이 필요하다. 그리고 늘 즐거운 것도 아니다. 거절당하고 또 다시 실망을 맛보는 게 기분 참 나쁘다. 데이트가 오랜 인연을 만날 수 있는 유일한 방법이 아니라면 애저녁에 포기했을 사람이 얼마나 많을까? 그러나 데이트에 노동이 필요하다고 해서 데이트가 반드시 직장에서 하는 '일'과 같아야 할 이유는 없다. 데이트는 인맥을 넓히는 네트워킹 회의나 취업 면접과는 다르다. 직장에서 하는 행동을 해서는 안 된다.

그런 유형의 데이트는 상황에 필요한 이성으로서의 느낌을 없앤다. 설상가상으로 취업 면접처럼 설계된 데이트는 우리를 "버튼 재생press play"모드로 전환시켜 버린다. 행동 과학자 크리스틴 버먼의 설명에 따르면, 마치 로봇처럼 입력된 반응을 되풀이하는 모드를 말한다. 우리는 이미 열두 번도 더 써먹은 이야기(다른 데이트에서)에 돌입한 다음 이력서 내용을 줄줄 읊는다. 그런 순간에 우리는 그저 정보를 토해 낼 뿐 상대와 결속은 맺지 못한다.

에스더 퍼렐은 오늘날 데이팅의 창백한 빈혈 상태를 이렇게 정리했다. "사람들이 자리에 앉아 각자의 맥박을 재면서 혹시나 생리적인 반응(일종의 스파크 같은 것)이 나타날까 주의를 기울인다. 얼음처럼 냉랭한 상황 속에서 서로를 인터뷰하면서 삐빅 신호음이 울릴 순간을 고대한다. 이게 대체 제정신일까?" 우리가 자리에 앉아 있는 내내 상대를, '그리고' 자신의 반응을 평가만 하고 있다면, 우리는 그 자리에 참여한 것이 아니다. 상대는 우리에 대해 파악할 수 없고, 우리는 그 순간을 진정으로 경험할 수 없다. 즐기지 못하는 건 말할 필요도 없다.

첫 데이트의 핵심은 상대방과 결혼하느냐 마느냐를 결정하는 것이 아니다. 그 사람에 대해서 궁금해지는지, 함께 시간을 보내면 즐거울 거라는 느낌이 오는지를 봐야 한다.

더 나은 데이트를 위한 10단계 디자인

더 나은 데이트, 회사 면접 느낌이 안 드는 데이트를 디자인할 방법이 있다. 마인드셋을 바꾼 뒤 좀 더 의도적인 활동을 고르면 된다. 데이트를 다시 재미있게 만드는 방법은 아래와 같다.

—

　　　　　　　　　　　사랑은 과학이다

1) 데이트 사전 리추얼로 마인드셋을 바꾸자

마음가짐이 데이트 분위기만 정하는 게 아니다. 결과도 결정할 수 있다. 하트퍼드셔 대학의 연구자 리처드 와이즈먼은 사람들의 마음가짐이 경험에 미치는 영향이 얼마나 강한지 알아보고 싶었다. 그래서 스스로를 특히 운이 좋다고 혹은 나쁘다고 생각하는 사람들을 모집했다. 와이즈먼은 이 사람들을 모아서 실험에 참여시켰다. 사람들에게 신문을 나눠주고 그 안에 들어 있는 사진의 개수를 세어보라고 시켰다.

자신을 "행운아"라고 밝힌 사람들은 사진 개수를 정확하게 세는 데 단 몇 초밖에 걸리지 않았다. "불운아" 그룹 사람들은 2분 정도가 소요됐다. 행운아들은 어떻게 그렇게 빠르게 했을까? 신문의 두 번째 페이지에 그 페이지의 절반을 차지할 만큼 커다란 활자로 "비밀" 메시지가 써 있었다. "그만 셀 것. 신문에 실린 사진 수는 총 43장임." 행운아들은 이 힌트를 보고 정답을 적어서 임무를 완수했다. 불운한 사람들은 꼼꼼하게 사진 숫자를 세느라 같은 힌트를 못 보고 지나쳤다.

와이즈먼의 실험은 거기서 끝나지 않았다. 신문 중간쯤에 또 다른 메시지를 포함시켜 놓았다. "그만 셀 것. 이 메시지를 봤다고 실험자에게 말해서 250파운드를 타시오." 슬프게도 이 메시지 역시 불운아 대다수가 놓쳤다.

그렇다면 어떻게 행운아들은 첫 메시지를 발견할 수 있었을까? 그 이유는 전적으로 두 그룹이 세상과 교류하는 방식에 달려 있다. 행운아들은 좋은 일이 발생하기를 기대한다. 다가올 기회에 마음을 열고 있다가 기회가 나타나면 알아차린다. 신문을 보는 동안 맹목적으로 사진만 보지 않았다. 두 번째 페이지에 실린 힌트를 봤다.

자신을 불운하다고 여기는 사람들은 긴장했다. 최악을 예견했기 때문이다. 마음이 불안하니 뜻밖의 기회를 보지 못했다. 행운이 눈앞에 크고 굵은 활자로 놓여 있어도 보지 못했다. 비관적인 전망 때문이었다. 그 사람들의 마음가짐이 저절로 실현되는 예언이 되었다.

내가 살펴보니 "불운한 데이터"들도 비슷하게 행동했다. 그들은 몇 년이나 데이팅을 한 뒤라 번아웃이 되어서 데이트에 임할 때마다 부정적인 에너지를 쏟아낸다. 그 바람에 좋은 기회를 날리게 된다. 헨리 포드가 한 옛말 가운데 "할 수 있다고 생각하든 할 수 없다고 생각하든 당신 생각이 옳다"라는 말이 있다. 내 버전으로 바꿔 보겠다. 데이트가 잘될거라고 생각하든 안 될 거라고 생각하든 당신 생각이 옳다.

다행스럽게도, 마음가짐은 바꿀 수 있다. 와이즈먼이 "행운 학교"라는 프로그램을 만들어서 행운아, 불운아 자원자들에게 행운아처럼 생각하는 방법을 가르쳐줬다. 그가 강조한 네 가지는 본능에 귀기울이기, 운이 좋아지리라 기대하기, 우연한 기회 포착하기, 나쁜 일이 벌어지면 빨리 회복하기였다. 실천 과제는 "운 좋은 일을 기록하기"부터 "행운을 마음으로 그려보기" "나는 내 운을 바꾸는 데 시간과 노력을 기울일 테다"라고 말로 선언하기에 이르기까지 다양했다. 한 달 뒤, 행운 학교 "졸업생" 80퍼센트가 기분이 더 좋아지고, 자기 삶에 만족도가 높아지고, (또 가장 관건인) 운이 좋아졌다고 느꼈다.

당신도 본인 버전의 행운 학교를 거쳐서 멋진 데이트를 기대하는 쪽으로 마음가짐을 바꾸길 바란다. 그러기 위해 **데이트 사전 리추얼**, 즉 데이트 나가기 전에 각오를 다지기 위해 매번 해야 할 행위를 만드는 것이 좋겠다.

+ 내 고객들이 하는 여러 가지 데이트 사전 리추얼 +

- "늘 미리 계획을 세운다. 업무 알림은 꺼 놓는다. 데이트 시작 적어도 30분 전에 차단한다. 날 사랑해 주고 자신감을 주는 친한 친구 가운데 한 명에게 전화를 건다."

- "데이트 전에 코미디를 듣는다. 제일 좋아하는 팟캐스트는 〈굿원〉이다. 에피소드마다 코미디언들이 나와서 자기가 제일 좋아하는 고전적인 유머를 들려주고 호스트와 함께 그 유머를 분석한다. 들으면 웃음이 나고 기분이 좋아진다."

- "심장에 피를 돌게 하려고 팔 벌려 뛰기를 한다. 엔도르핀이 분출되어서 기분이 좋아진다."

- "퇴근할 무렵 나는 섹시한 느낌이 전혀 없다. 그런데 데이트 전 목욕이 기적을 부른다. 향이 끝내 주는 거품 목욕을 한다. 향은 강력한 최음제라고 생각한다. 그 다음으로 바디 로션을 바른다. 그렇게 하면 내 업무 두뇌는 '꺼지고' '나 자신이 작동하기 시작한다!'"

2) 데이트 장소와 시간을 신중하게 고른다

시간과 장소는 중요하다. 언제 제일 느긋하고 본인다운가? 그런 시간대에 데이트를 계획하라. 아침 일곱 시 데이트는 제발이지 안 된다.

조명이 밝은 커피 바는 이제 가면 안 된다. '데이트가 구려도 적어도 카페인 섭취는 하겠지'라고 생각한다면, 그런 생각도 삼가야 한다. 데이트 상대가 네트워킹 미팅에 나온 기분이 들게 하면 안 된다. 좀 더 분위기 있는, 촛불을 밝힌 와인 바 같은 곳을 골라라.

데이트 상대 맞은편 말고, 옆쪽에 앉아 보라. 장거리 드라이브를 하면서 마음을 열었던 경험이 있는가? 혹은 친구와 나란히 걸으며 눈을 마주치지 않고 이야기할 때 더 편안하게 느낀 기억이 있는가? 상대방 눈을 똑바로 보지 않고 말하는 게 편하기 때문이다. 교토 대학 심리학자 쇼고 카지무라와 미치오 노무라가 2016년 이 현상을 실험했다.

실험 참여자가 본인을 똑바로 바라보는 (옆을 쳐다보는 대신에) 화면 속 얼굴의 눈을 응시할 때는 간단한 낱말 맞추기 게임도 어려워했다. 카지무라와 노무라는 그 어려움의 이유를 생물학에서 찾았는데, 눈 맞추기와 언어 처리가 동일한 신경 회로를 사용한다는 점을 지적했다. 이 지식을 데이트에 이용해 보는 것도 좋겠다. 산책을 제안해 보는 게 어떨까? 그러면 데이트에서 회사 면접 같은 느낌이 줄어들고 두뇌의 과부하도 덜어질 테니 두 사람 사이의 유대감을 증진시킬 수 있을 것이다.

3) 독창적인 활동을 택한다

데이트 상대와 재미있는 활동거리를 찾아보라. 댄 애리얼리와 하버드 비즈니스 스쿨 연구자들이 커플들을 아트 갤러리처럼 보이게 디자인한 온라인 세팅으로 가상 데이트 보내는 실험을 했다. 이 세팅이 대화에 불꽃을 일으키길 기대했는데 기대대로 되었다. 참여자들은 작품에 대한 대화를 나누다가 공동 관심사를 찾아냈다. 미술이 두 사람 모두가 코멘트할 수 있는 "제3의 사물" 기능을 한 덕이었다. 제3의 사물은 긴장을 덜어 준다. 어색한 침묵을 덜 어색하게 만들어 준다는 뜻이다.

르네상스 시대 성모 마리아나 현대의 거미 조형물에 관심이 없다고 걱정할 필요는 없다. 미술이 중요한 게 아니다. 제3의 사물은 책, 게임, 심지어 다른 사람도 가능하다. 내가 추천하는 데이트 장소는 상대가 다른 사람과 교류하는 모습을 지켜볼 수 있는 곳이다. 너무도 중요하지만 측정하기 힘든 자질(가령 친절도 같은)을 살펴볼 수 있는 아주 좋은 방법이라고 생각한다.

아마 소그룹 칵테일 만들기 강좌 같은 곳이 좋을 듯하다. 데이트 상대가 강사에게 무례한가? 재료를 준비하는 동안 인내심을 보이는가? 늦게 온 사람에게 도움을 주던가? 아니면 두 사람이 협력해야만 하는 데이트, 가령 퍼즐 풀기나 자기 고기를 직접 구워야 하는 코리안 바비큐 집을 상대에게 제안하는 건 어떨까? 두 사람이 한 팀으로 협동을 얼마나 잘 하는가? 소스에 찍어 먹는 만두처럼 지저분하게 먹게 되는 음식도 고려해볼 만하다. 턱으로 간장이 뚝뚝 흐르는 상황에서 누가 허세를 부릴 수 있을까? 이 가운데 어떤 시나리오를 택하든 아침 일곱 시 일대일로 마주 보는 커피숍 데이트보다는 상대에 대해 훨씬 많은 정보를 얻을 수 있다.

아래는 내 고객들과 함께 생각한 재미있는 데이트 활동들이다. 내 홈페이지 loganury.com에 가면 독창적인 데이트 아이디어 리스트 전체를 볼 수 있다.

- 산지 직거래 장터에서 장을 보고 브런치를 만든다.
- 롤러스케이팅하러 간다.
- 핫소스 맛보기 2인 대회를 연다
- 어렸을 때 즐겨보던 뮤직비디오에 나오는 춤을 배운다.
- 가라오케를 한다.
- 옛날 영화를 보고 걸으며 감상을 말한다.
- 요리 강습을 듣는다.
- 자전거 타러 가며 간식 거리를 가져간다.
- 스윙 댄스를 춘다.

사랑은 과학이다

- 가까운 천체 관측소에 가서 별을 본다.
- 스쿠터를 빌려서 시내를 탐사한다(헬멧 필수!).
- 동네 아케이드에서 게임을 즐긴다(동전 필수!).
- 수채화 물감을 가지고 공원으로 나가서 같은 나무를 그려 본다. (아니면 서로를 그려 준다!)

내 친구가 했던 "네라고 말하는 날" 아이디어를 써도 좋겠다. 내 친구 말을 옮기겠다. "우리가 데이트를 가서 다음에 뭘 할지 서로 번갈아 말하면 상대방이 '네'라고 대답을 하는 거야. 불법이거나 서로의 가치관에 위배되지만 않으면 말이지. 우리는 브루클린 하이츠 페리 정류장에서 만났어. 페리를 타자고 하기에 네라고 대답했고 다음 사람이 어디선가 내리자고 했을 때 또 네라고 대답했어. 계속해서 번갈아 다음 아이디어를 냈고 그러다 보니 아주 멋진 데이트가 됐어. 나중에 보니까 둘이서 어느 낯선 동네를 돌아다니고 있었고, 거기서 폴란드 식당 여러 군데를 돌아다니면서 요리 한 개씩 시켜서 나눠 먹었어. 그러면서 꽤나 깊은 대화를 나눴지."

좋다, 솔직히 말해 봐라. 리스트를 보고 혼잣말을 했겠지. "아, 그래, 아이디어는 좋네, 그런데 나한테는 너무 지나쳐. 이럴 시간이 어디 있어?" 술이나 커피 한 잔 하는 보통 데이트보다 강도가 세다고 느끼는 건 나도 이해한다. 그러나 여기에서 우리 목표는 가능한한 편하자는 게 아니다. 인연을 쌓아갈 멋진 상대를 찾는 것이다. 이렇게 데이트를 하면 그 목표에 다가가는 데 도움이 된다. 운에 맡기고 이 가운데 한 가지를 하자고 제안해 보자. 숨바꼭질하느라 하루 종일 보낼 필요는 없다. 단지 뭔가 다른 걸 선택해 봐라! 최악의 경우라고 해도 상대가 제안을 거절하고 좀 더 관습적인 활동을 주장할 뿐이다. 그것도 괜찮다. 하지만 우리의 상대 역시 "회사 면접" 같은 데이트에 싫증이 났을 확률이 매우 커서 뭔가 다른 시도를 환영할 것이다.

4) 수고를 드러낸다

하버드 비즈니스 스쿨 교수 라이언 부엘과 마이클 노턴의 연구에 따르면, 사람들은 어떤 것에 수고가 들어 있는 걸 '보면' 그 물건의 가치를 더 높이 산다고 한다.

비행기표를 온라인으로 검색한다고 상상해 보자. 결과 산출이 빠르면 빠를수록 좋겠다, 안 그런가? 그런데, 그렇지 않은 것 같다. 노턴은 사람들에게 가짜 여행 검색 엔진을 만들어주고 거기서 비행편을 찾게 하는 실험을 했다. 참여자들은 각각 다른 그룹에 배정됐다. 어떤 사람들은 프로그램이 당장 결과를 줬다. 다른 사람들에게는 소프트웨어가 결과를 주는 데 시간을 끌었다. 다만, 아래쪽 작업 진행 막대가 시간이 흐름에 따라 늘어나면서 추가 메시지로 검색 엔진이 비행편을 이 항공사, 저 항공사, 그리고 또 다른 항공사에서 찾고 있음을 알렸다. 놀랍게도, 두 번째 상황에 참여한 사람들이 그 시스템 가치를 더 높게 평가했다. 결과 산출은 더 늦었지만 프로그램이 본인들을 위해 더 힘들여 작동했다고 믿어서였다. 참여자들은 프로그램의 '수고'를 '속도'보다 우위에 두었다.

이런 이유로 도미노 피자가 고객에게 피자가 '구워지는 중'이고

'오븐 속'에 있고 "완벽을 기하기 위해 더블 체크중"이라고 과정을 알려 주는 것이다. 우리 모두 피자 배달이 어떤 과정으로 진행되는지 잘 안다. 하지만 사람들은 수고를 볼 때 그 가치를 높이 산다.

데이트 계획에 같은 교훈을 적용할 수 있다. 데이트 경험을 특별하게 만들려고 우리가 어떻게 노력했는지를 두 번째 여행 검색 엔진처럼 상대에게 알려 주면 된다. 으스대거나 과장하자는 것이 아니다. 다만 우리 수고를 눈에 보이게 드러내서 데이트 상대가 그 데이트를 더 높이 사게 하자는 것이다.

수고를 '보여 줄' 좋은 방법 가운데 하나가 상대의 집이나 직장 근처에 장소를 정하거나 데이트를 계획하는 것이다. 내가 보니까 뉴욕이나 로스앤젤레스 같은 대도시에 사는 내 고객들 가운데 누구 동네에서 만날까 설왕설래하다가 꼼짝 못하게 된 경우들이 종종 있었다. 그럴 때는 상대방에게 편한 데이트를 만들어서 나의 수고를 보여 주면 좋다. 상대에게 이런 문자는 어떤가. "안녕, 어느 지역에 사세요? 그 근처로 계획을 세울게요."

당신이 각별히 생각을 하고 결정했음을 데이트하다가 알려라. 이런 식으로. "프로필을 봤는데 마추픽추에 가는 게 꿈이라고 써 있더라고요. 그래서 이 페루 식당을 고른 거예요." 사람들은 그런 수고를 높이 사고, 그 배려심 때문에 당신이 돋보이게 된다.

5) 논다

기억을 되돌려 제일 좋았던 데이트를 떠올려 보라. 아마도 데킬라 바에서 만나 완벽하게 구운 카르니타스 타코를 먹고 달콤새콤

마가리타를 마시고 또 마시다가 서로의 귓속에 점점 더 유혹적인 말을 속삭였을 것이다. 세상에 단 둘뿐인 느낌이 들 때까지…… 그러다가…… 이윽고 단 둘이 되었던가? 그게 아니라면 늦은 밤 산책을 하며 사이가 틀어진 오빠 걱정을 털어놓다가 왈칵 쏟아진 눈물을 그의 키스가 거두던 때를. 그러다가 집 문에 등을 댄 채 그가 하는 애무의 집대성을 맛보지 않았던가?

어쩌다 그 데이트가 그토록 황홀해졌던가? 아마도, 상대가 당신의 톱 텐 기준 가운데 여덟 개를 만족시켜서는 아닐 것이다. 아마 홍이 나서였겠지! 그런데, 그 홍이라는 것을 우리는 데이트에 좀처럼 포함시키지 않는다.

"재생 버튼"을 누른 로봇 같은 데이트는 이제 그만 충분하다. 이제 데이트를 '놀이'로 만들자. '놀이'라는 단어를 들으면 무엇이 떠오르는가? 놀이터를 뛰어다니는 어린아이?

놀이는 쉬는 시간 어린아이만 하는 게 아니다. 그리고 놀이는 게임과는 다르다. 사실은 반대다. 게임은 이기기 위해 상대방을 속이고 방해하는 행위이다. 연애 상대는 언젠가는 우리 정체를 알아버릴 테니 시간 낭비에 불과할 뿐인데, 그 다음 어쩌려고 그러는가? 반면에 놀이는 상대 앞에서 지금 '솔직한' 모습을, 다만 좀 가벼운 모습을 보여 주는 것이다.

뉴욕 타임스 기사 〈놀이 시간을 진지하게 생각하자〉에서 뉴욕 대학 심리학 교수 캐더린 타미스-르몬다는 이렇게 설명했다. "놀이는 특정한 활동이 아니다. 배움으로 가는 과정이고 세상을 알아가는 신기하고도 재미있는 방법에 참여하는 것이다." 놀이는 저절

사랑은 과학이다

로 하게 된다. 목표를 달성하기 위해서가 아니라 놀기 위해서 놀게 된다는 뜻이다.

당신이 공원에서 데이트를 하고 있다고 치자. 주위를 둘러보고 주변 사람들의 백그라운드 스토리를 지어내는 놀이를 할 수도 있다. 즉흥으로 떠올린 이 이야기로 어느 커플은 오래 가고 어느 커플은 헤어질지, 왜 그렇게 분석하는지 이야기해 볼 수도 있다.

이런 접근 방식이 처음에는 다소 억지스럽게 느껴지리라는 걸 잘 안다. 늘 이렇게 행동하는 척은 하지 말고 서슴대며 말해 보자. "저어, 좀 이상하게 들리겠지만, 이렇게 해 보면 어떨까요……" 상대가 그 놀이는 거부해도 당신을 독창적인 사람으로 인정은 할 것이다.

즐겨라. 싱겁게 굴고. 농담도 하고. 유머는 논다는 느낌을 주는 아주 좋은 도구이다. 웃을 때 뇌에서 행복 호르몬 칵테일이 분출되어 심리 상태를 바꿔 준다. 웃으면 아기 젖 먹일 때 분비되는, 유대감을 일으키는 호르몬인 옥시토신이 분비되어 타인을 좀 더 신뢰하게 된다. 웃음은 스트레스 호르몬인 코르티솔 수위를 낮춰서 우리를 느긋하게 만들어 준다. 또 도파민을 분비하게 해서 우리 두뇌의 쾌락 중추를 활성화한다. 그게 우리 행동을 강화시켜 더 많은 도파민을 위해 같은 행동을 다시 하고 싶게 만든다. 첫 데이트 한 번에 좋은 점 투성이다. 유대는 깊어지고 스트레스는 약화되며, 두 번째 데이트 확률이 높아진다.

———

6) 스몰 토크(날씨 등 예의상 건네는 이야기)는 건너뛴다

우리는 서로 질문을 할 때 유대가 강해진다. 질문을 하면서 소소한 성격적 특징을 더 많이 드러내는데 결속이 강해지려면 꼭 필요한 과정이기 때문이다. 그 밖에도, 심리학자 캐런 황에 따르면 호기심 많은 성격이 다른 사람의 호감을 더 많이 사는 경향이 있다고 한다.

중요한 것은 질문의 종류이다. 이 사람이 대학에서 뭘 전공했는지가 무슨 상관이란 말인가? 기억해 둘 것은 지금 면접이 아니라 데이트를 한다는 것이다. 깊이 들어가야 할 수많은 이유들이 있는데, 우리 가운데 많은 사람들이 데이트 기회를 그저 얕은 물에서 소진하고 만다.

요즘 초인기인 뉴욕 타임스의 모던 러브 칼럼에 "아무나와 사랑에 빠지려면, 이렇게 하라"를 쓴 맨디 렌 캐트론은 생각을 불러일으키는 질문의 힘을 강조한다. 캐트론과 동반자는 데이트를 하면서 36개의 질문에 답했다. 내용의 강도와 친밀성이 점차 고조되는 일련의 질문들은 "세상 누구든 부를 수 있다면, 저녁 초대 손님으로 누굴 부르고 싶은가?"에서 시작하여 "내가 오늘 저녁 누구와도 소통할 기회 없이 죽는다면 그간 아무에게도 털어놓지 않아서 후회되는 일이 무엇인가?"에 이른다.

이 질문들은 캐트론이 데이트하러 가는 길에 인덱스 카드에 마구잡이로 적은 것들이 아니다(주의: 절대로 데이트 장소에 인덱스 카드를 가져 가면 안된다). 심리학자 아서 에론과 그의 동료들이 실험용으로 디자인한 질문들로, 그들은 무작위로 짝을 정한 사람들에게 이 36개의 질문을 서로 주고받게 했다. 연구자들은 "계속해서 고조되는 상호간의 자기 노출"의 힘을 테스트하고자 했다. 에런 팀과 나중에 캐트론(그녀는 운명적인 데이트를 한 그 남자와 아직도 사귀고 있다)이 내린 결론은 이 특정 질문들이 서로의 약한 구석을 드러내고 결속감을 다지게 해서 파트너를 맺어지게 한다고 봤다.

이런 질문을 하는 게 내키지 않는다면, 시시한 스몰 토크를 피하기 위해 내가 쓰는 방법을 시도해 보자. 데이트에 임하는 방식을 인 메디아스 레스(라틴어로 "한가운데"라는 뜻이다)로 잡는 것이다. 이는 문학 용어인데 한창 액션이 고조된 상태에서 서사를 시작하는 것을 말한다("화끈하게 시작한다"고 생각하면 된다). 데이트 장소로 들어가면서 어색하게 "오늘 하루는 어떠셨어요?"라거나 "어느 동네 사세요?"라고 묻는 대신 바로 화제의 중심부로 들어가라. "제가 여기 오는 중에 무슨 일이 있었는지 상상도 못하실 거예요!"라거나 "금방 누나랑 통화하다 끊었는데 재활용 쓰레기통을 두고 누나가 집 주인과 전쟁을 벌이고 있다네요"라고 말해 보라. 소소한, 천천히-알아-갑시다 질문을 건너 뛰고 곧장 친구끼리(혹은 애인끼리!) 하는 대화로 돌입하면 친밀감으로 가는 직행 코스를 타게 된다. 물론 그 대화가 다시 거꾸로 오늘 내 하루가 어땠는지, 나는 어디 사는지 등등으로 돌아갈 수 있지만 어쨌든 적어도 "진짜" 대화에 발은 한 번 담가 보는 셈이 된다.

조언을 구하는 것도 또 다른 훌륭한 방법이다. 일상에서 실제로 겪고 있는 일에 대해 물어볼 수 있다. "몇 주 뒤에 여동생이 결혼을 하는데 어떻게 건배사를 해야 할지 잘 모르겠어요. 결혼식에서 하객에게 인사말 해 본 적 있어요?"라거나 "내 상사가 주말 내내 이메일을 보내는데 어떻게 거리를 두어야 할지 모르겠어요. 내 경우라면 어쩌시겠어요?" 등등.

명심하자. '질문'은 절반에 불과하다. 대답을 제대로 '듣기'도 해야 한다. 그래야 상대가 생각하는 방식을 알게 된다. 상대의 조언에 공감하는가? 그 의견이 듣기 편안한가? 내가 응답할 때 상대가 들어 주는 것 같은가?

7) 재미를 주는 사람이 아니라 재미를 느끼는 사람이 된다

한때 안드레아라는 이름의 고객과 일한 적이 있다. 붉은 머리에 웃을 때 커다란 이가 드러나는, 카리스마 넘치는 여성이었다. 주말마다 즉흥 연기 공연을 하는 사람인데, 첫 데이트가 꼬인 이야기로 자주 나를 배꼽을 쥐고 웃게 만들었다.

"로건, 아무리 노력을 해도 난 이 사람들이랑 결속감이 안 들어요." 그녀가 팔짱을 끼며 말했다.

"데이트 사전 리추얼은 하고 있어요?"

"네." 그녀가 눈을 굴리며 말했다.

"독창적인 데이트 계획은요?"

"지난 번 그 남자와 미술 강좌 간 거 아시잖아요."

"스몰 토크를 건너뛰고 있나요?"

"스몰 토크는 내가 싫어해요."

뭐가 잘못된 건지 알 수가 없어서 고민이 되었다. 그래서 정보를 얻고자 내 남자 사람 친구와 데이트해 보겠냐고 안드레아에게 물었다. 데이트를 한 후에 그가 바로 전화를 했다.

"어땠어?" 내가 물었다. "글쎄, 내내 나를 젖히고 자기 말만 하더라. 직장에서 벌어지는 알력을 줄곧 혼자서 생중계를 하더라니까. 아, 게다가 내 주문도 자기가 해주겠다고 우겼어."

며칠 뒤에 안드레아가 다시 왔다. 내가 들은 이야기를 그녀에게 전했다.

"정말 부끄럽네요." 그녀는 말하고 나서 잠시 조용해졌다. 그러더니 놀랍게도 씩 웃음을 지었다. 마치 부정적인 그 피드백 때문에 행복해졌다는 듯이.

알고 보니 정말 그랬다. "그러니까, 내가 문제였네요! 이 도시에 사는 남자들은 전혀 문제가 없었네요. 나는 바뀔 수 있잖아요."

안드레아처럼, 첫 데이트 때 공연을 해야 한다고 생각하는 사람이 많다. 좋은 인상을 주고 재미있는 사람으로 기억되길 바라기 때문이다. 그러나 성공적인 데이트는 다른 사람과 결속을 맺는 것이지 자랑을 하는 것이 아니다. 마야 안젤루가 한 말과 같다. "사람들은 내가 한 말, 내가 한 행동은 잊어버리지만 내가 그들에게 어떤 느낌을 주었는지는 결코 잊어버리지 않는다." 재미있는 사람이 '되려고' 노력하는 대신에 재미있는 사람이라고 '느끼게' 해야 한다.

그 말은 좋은 경청자가 되는 법을 배워야 한다는 뜻이다. 경청에는 다른 사람이 말하는 것을 듣는 것 외에 많은 것들이 내포되어 있다. 우리 가운데 대부분의 사람들은 자기 반응을 정하기 위해서 남의 말을 듣기 때문에 초점을 다시 우리에게로 잡는다. 목표는 '이해하기'이지 내가 말할 차례를 기다리는 게 아니다.

대화를 더 잘 나누는 사람이 되기 위해서는 **변경 반응** 대신 **지지**

반응을 하는 법을 배우면 된다. 사회학자 찰스 더버는 변경 반응을 '대화의 초점을 다시 내게로 변경'하는 것이라고 말한다. 반대로 지지 반응은 말하는 사람이 이야기를 계속하도록 부추긴다. 예를 들어 데이트 상대가 "몇 주 뒤에 식구들과 레이크 미시건에 갈 거예요"라고 말했을 때 변경 반응은 "아, 몇 년 전 여름에 나도 거기가 본 적 있어요"라고 말하는 것이다. 비록 표면상으로는 데이트 상대의 말에 '참여'하고 있지만 관심은 나에게로 돌아와 있다. 지지 반응은 "전에도 가 본 적 있으세요?"라거나 "식구들이 어쩐 일로 그 장소를 택하셨나요?" 등이다. 지지 반응은 그 사람 이야기에 관심이 있고 더 듣고 싶다는 신호이다. 상대는 그런 반응에 자기가 존중 받는 느낌이 들어서 두 사람 사이의 결속감이 증폭된다.

+ 지지 반응 연습하기 +

데이트 상대가 아래처럼 말을 했다. 각각 변경 반응과 지지 반응을 적고 그 차이를 구분해 본다.

상대: "직장 동료가 말티즈 강아지 한 마리를 얻었어요."

변경 반응: _____

지지 반응: _____

---

8) 휴대폰 사용은 자제한다

부디, 제발 휴대폰은 눈에 보이지 않게 치우자. MIT 교수 셰리 터클의 연구에 따르면 대화 중에 테이블 위에 올려 둔 전화기가 두 가지 나쁜 영향을 준다고 했다. 하나는 대화의 질을 하향시킨다는 점이다. 사람들은 언제라도 전화가 대화를 중단시킬 수 있기 때문에 자연스레 얕은 주제를 논의하게 된다. 두 번째는 두 사람 사이에 형성되는 공감대가 허약해진다는 점이다.

휴대폰이 결속에 장애가 된다는 온갖 증거에도 불구하고 89퍼센트나 되는 사람들이 지난 번 마지막으로 누군가와 교류하던 때에 폰을 꺼내봤다고 인정했다. 그러지 말자!

이렇게 접근해 보자. 데이트를 시작할 때 상대방에게 두 사람 다 전화를 안 보이게 치우면 어떻겠냐고 물어보라. 상대에게 당신이 신경 쓴다는 걸 보여 줄 수도 있고 '그래서' 데이트를 잘 이어갈 확률도 높일 수 있다.

9) 좋은 분위기에서 끝낸다

내가 아는 어떤 화가는 언제나 데이트를 행복하게 끝마친다고 자랑한다. (아니. 그런 얘기가 아니다! 이상한 상상하지 말고 집중하자!) 예를 들면, 밤이 저물 무렵에 그가 수수께끼 같은 질문을 던진다. "샌프란시스코 비밀 미끄럼틀에 가 본 적 있어요?" 그리고 상대가 호기심을 보이면 남의 눈에 잘 안 띄는 이 로맨틱한 장소로 데려간다. 경험의 끝이 중요하다는 사실을 그는 잘 알고 있는 것이다.

대니얼 카너먼을 포함한 행동 경제학자들이 지금은 유명해진 실험에서 대장내시경을 받는 환자들의 경험을 비교했다 (걱정 마시라. 이 사람들은 이 검사가 필요했던 사람들이지 정신과 실험하자고 대장 검사에 자원한 게 아니다) 어떤 환자들은 30분이나 되는 불쾌감을 견뎠고, 다른 환자들은 30분이나 되는 불쾌감 마지막에 추가로 살짝 경미해진 불편함을 겪었다. 직관과는 반대로, 사람들은 두 번째 경험을 전체 시간이 길어졌는데도 선호했다. 그 이유는 **정점과 마지막 법칙**이라는 현상 때문이었다. 사람들이 어떤 경험을 평가할 때 그 근거를, 느낌이 가장 강렬한 정점의 순간과 마지막 순간의 느낌에 둔다고 한다. 기억은 모든 순간의 경험을 합쳐서 평균 내는 것이 아니다.

그러니 식사가 끝나면 디저트를 주문하자. 각자의 길로 돌아서기 전에 상대에게 뜻 깊은 칭찬을 해 주자. 정점과 마지막 법칙을 유용하게 써먹어라.

10) 데이트가 끝난 뒤에는 8가지 질문을 이용해 경험적 마인드셋으로 전환한다

조너선에게는 장래 파트너의 조건을 길게 적은 체크리스트가 있었다. 데이트가 끝난 뒤에 보이는 건 상상 속 완벽한 파트너에 비해 오늘 만난 사람은 어디가 부족한가밖에 없었다. 평가적 데이트의 또 다른 예이다. 체크리스트 자체는 나쁜 게 아니지만 대다수 사람들이 엉뚱한 데 치중하고 있다. 이력서에 적을 항목만 신경 쓴다는 말이다. 조너선에게 종류가 다른 체크리스트를 만들어 줬다. 평가적 마인드셋에서 경험적 마인드셋으로 전환할 수 있는 체크리스트였다. 매치 후보가 특정 요건을 채웠는지 판단하는 대신에 그는 이 리스트를 가지고 자기가 데이트 상대에게 어떤 느낌을 받는지에 집중했다. 그래서 데이트에 참여하고 정말 중요한 것에 집중할 수 있었다.

나는 조너선에게 데이트를 끝내고 집으로 돌아갈 때마다 다음 질문에 답하라고 시켰다.

+ 데이트 후 질문 8가지 +

1. 상대가 나의 어떤 면을 꺼냈는가?
2. 데이트하는 동안 내 몸의 느낌이 어땠는가? 긴장했나, 느긋했나 아니면 그 중간 어디쯤인가?
3. 데이트 전보다 힘이 솟는가 아니면 빠지는가?
4. 상대에게 내 호기심을 끌 만한 어떤 것이 있던가?
5. 상대 덕분에 웃을 수 있었는가?
6. 내 말을 들어 주던가?

데이트가 끝난 다음에 이 같은 질문에 대답해야 하기에 조너선
은 데이트 중 자기 느낌에 더 주의를 기울이게 됐다. 그러더니, 조
건은 그다지 인상적이지 않았지만 자신을 긍정적이고 매력적으로
그리고 느긋하게 느끼게 만들어 주는 남자들과 두 번째 데이트에
순순히 응하기 시작했다. 대신 배경은 굉장하지만 자기 마음을 냉
랭하게 만드는 남자들은 더 빨리 거절할 수 있게 되었다. 상대가
남편감인지 '면접' 보는 대신 그와의 데이트를 경험하는 쪽으로 태
도를 바꾼 것이다.

Chapter · 11

첫눈에 반하지 말자

∿∿∿

데이트하러 가면서 당장에 결속감이 느껴지기를 기대할지도 모르겠다. 돌연 섹시한 느낌에 도취되기를, 오장육부를 관통하는 통증 같은 흥분을, 상대와 눈이 마주치자 눈을 뗄 수 없기를…. 몸이 스치면 전기가 오른다. 방 안의 다른 사람들은 전부 배경으로 사라진다. 주파수가 맞자 몸에 불이 들어온다. 살아 있음을 느낀다.

내가 무슨 말을 하는지 알 것이다. "망할 스파크spark"

나도 안다, 스파크는 근사하다. 그래도 말이지? 스파크 따위 꺼지라고 하자. 내게는 원수 같은 개념이다. 다른 말로 하자면, 스파크에 대한 사람들의 집착이 데이팅에 가장 광범하게 퍼져 있는 대단히 위험한 개념이라고 본다. 사람들이 멀쩡한 파트너를 놓치는 이유가 스파크를 쫓느라 상대의 진짜 모습을 보지 못하기 때문이다. 이 챕터에서는 스파크에 관한 잡다한 미신을 타파해 보겠다. 끝에 가면 독자 여러분도 "스파크 따위 꺼져!"라고 같이 구호를 외처 주기 바란다.

미신 #1: 진짜 짝을 만나면 바로 그 순간 불꽃이 튈 것이다

진실: 연애 시작 때 불꽃이나 순간적인 케미스트리가 없는 경우도 흔하다. 좋은 섹스와 케미는 시간을 두고 만드는 것이다. 첫눈에 반하는 것은 꽤 드문 일이다. 심리학자 아얄라 말라크 파인즈가 400명이 넘는 사람들을 조사하며 로맨틱 파트너와 어떻게 사랑에 빠졌는지 물었는데 단 11퍼센트의 참여자들만 "첫눈에 사랑"을 느꼈다고 보고했다.

주로 같은 동네 사람끼리 데이트하는 경향을 혹시 알고 있는가? 대학 기숙사 맞은편 복도에 사는 신입생끼리, 혹은 같은 수업을 받는 학생들끼리 커플이 되는 모습을 본 적이 있지 않은가? 그 이유는 뭔가를 많이 볼수록 그게 더 좋아지기 때문이다. 심리학자들은 이를 일컬어 **단순 노출 효과**라고 부른다. 노출이 친근함을 불러일으킨다. 그리고 친근한 사물과 사람에게 편안함과 매력을 느낀다.

이태리 식당에서 홀 매니저로 일했던 내 친구가 있다. 그녀가 처음 근무를 시작했을 때 요리사 가운데 한 명이 데이트를 신청했다. 그녀는 그에게서 별 매력을 못 느껴서 거절했다. 그는 그녀의 의사를 존중했고 두 사람은 직장 친구로 지냈다. 그녀가 근무를 끝내면 그가 집으로 바래다 주기도 했고, 어떤 때는 가게 문을 닫은 뒤 밤늦도록 동료들과 함께 술을 마시는 날도 있었다. 데이트를 신청한지 6개월 뒤, 그녀가 헤어지는 길에 차에서 그에게 키스를 했다. 그는 깜짝 놀랐지만 전율을 느꼈다. 그 주에 두 사람은 데이트를 했

사랑은 과학이다

다. 그리고 지금은 결혼해서 아이 둘을 키운다.

"처음에는 별 느낌이 없었어. 그런데 점점 그 사람이 크게 다가오는 거야. 그런 감정이 생기기까지 시간이 걸리나 봐. 지금은 그이가 없는 삶은 생각할 수도 없어." 그녀가 내게 말했다.

나는 이런 이야기를 늘 듣는다. 기혼 커플들이 엉망이었던 자기네 첫 데이트 (심지어 두 번째도!) 이야기를 신이 나서 해 준다. 메시지는 명료하다. 스파크는 키울 수 있다. 몇 년 전 심리학자 폴 이스트윅과 루시 헌트가 이 현상을 조사했다. 두 연구자는 학기 초에 이성애 남학생들에게 가장 매력적인 이성애 여학생의 순위를 매기라고 하고 반대로 이성애 여학생들에게도 같은 요청을 했다. 학생들은 급우들의 매력도에 대해 대체로 일치하는 의견을 냈다. 초기 순위는 첫인상에 근거를 두었고 연구자들은 이를 **짝짓기 가치**라고 불렀다.

3개월이 흐른 뒤 학기말 무렵에 연구자들은 학생들에게 동기들을 다시 평가하라고 했다. 지금은 학생들이 서로를 알게 된 뒤라서 평가 점수가 훨씬 더 다양했다. 새로 매긴 점수는 소위 **고유 가치**라고, 누군가와 함께 지내고 난 뒤에 그 사람에게 내리는 평가가 반영된 것이다.

이스트윅과 헌트는 평가가 달라진 이유를 다음과 같이 설명했다. 처음 누구를 만나면 그 사람을 짝짓기 가치, 즉 그 사람의 전반적인 매력도와 행동거지로 평가한다. 그러다가 그 사람을 겪어 보면 그 사람의 고유한 가치, 즉 그 사람 내면의 됨됨이를 알게 된다. 위의 연구에서 학생들이 처음 서로를 평가했을 때 그 점수에는 짝짓기 가치(주로 급우가 얼마나 핫하다고 생각하는지)가 반영되었고 대다수 학생들이 동일한 사람을 핫하다고 생각했다. 그러나 학기말 평가에는 고유 가치가 반영되었는데, 이는 누가 누구를 알게 되었는지에 따라 결과가 달라지는 가치이다. 많은 경우, 아마도 단순 노출 효과의 영향인 듯, 학생들이 수업 첫날보다 학기말에 동기들을 더 좋아했다. 짝짓기 가치의 중요성은 시간이 흐르면서 사라진다. 중요한 것은 당신이 누군가를 알아가면서 그 사람에 대해 느끼는 감정이다.

이런 현상은 교실 밖에서도 일어난다. 누군가 처음 만났을 때 그 사람에 대한 첫인상은 주로 외모를 근거로 형성된다. 그러나 그 사람을 알아갈수록 그의 존재가 커질 때가 있고 그러면 그 사람이 달리 보이기 시작한다. 같은 교훈이 섹스에도 해당된다. 황홀한 섹스는 마술처럼 그날 당장에 일어나지 않는다. 형편없는 원나잇 스탠드를 경험해 본 사람은 누구나 알 듯이, 시간을 들여 리듬을 만들어야 하고 또 상대의 (그리고 나 자신의!) 몸과 기호를 익혀야 한다.

미신 #2: 스파크는 언제나 좋은 거다

진실: 그렇지 않다. 많은 사람들에게 스파크를 느끼게 해 주는 뛰어난 재능의 사람들이 있다. 대단히 매력적이고 아마도 끼가 동급 최강인 사람일 것이다. 스파크란 상대가 얼마나 매력적인지(혹은 얼마나 나르시시스트인지)를 나타낼 뿐 공동으로 느끼는 결속감의 신호는 아니기 쉽다. 이는 내가 버닝맨 브라이언에게 호된 값을 치르고 배운 교훈이다. 그는 내게 (그리고 다른 많은 사람들에게) 스파크를 느끼게

해 줬다. 나는 혼자서 필사적인 노력을 기울여 처음 만났을 때의 흥분을 인연으로 만들려고 애썼다.

데이트 상대가 밀당 게임을 벌이거나 뒤죽박죽 헷갈리는 신호를 보낼 때 스파크가 느껴진다고 생각할 수도 있다. 불안감과 케미스트리가 종종 헷갈리기 때문이다(거기, 불안 애착형 동지들에게 하는 말이다!). 이제는 내 운동 친구 비비언이 그랬던 것처럼 그 감정을 제대로 인지해야 한다. 그런 다음 다른 종류의 파트너를 찾기 시작해야 한다. 내게 보내는 감정을 의심할 필요가 없는 안정적인 상대를 말이다. 신뢰할 수 있는 사람이지만 단지 설레지 않는다는 이유로 사랑일 리가 없다고 믿는 건 이제 그만하자. 사랑 맞다, 불안한 종류가 아닐 뿐이다.

미신 #3: 스파크가 있다면 그 관계는 성장 발전한다

진실: 스파크로 시작해서 오랜 인연이 되었다 해도, 스파크 자체가 관계를 지속시킬 힘으로는 충분치 못하다. 내가 상담한 여러 커플이 필요 이상으로 수년간 서로에게 매여 있었는데, 그게 모두 스파크 때문이었다. 수많은 이혼 커플들도 한때는 스파크가 있었다.

대학을 졸업하고 한국으로 영어를 가르치러 갔던 친구가 있다. 3주가 지나자 그는 집이 그리웠다. 가족이 보고 싶었다. 거기서는 친구도 없었다. 자기 수업에 등록한 학생도 별로 없었다. 그러던 어느 날, 문 닫을 채비를 하던 근처 바에 들어갔다. 구석에 앉은 키 큰 금발 여성이 눈에 띄었다. 혼자였다. 그녀가 남아 있던 레드 와인 몇 모금을 넘기더니 책을 덮고 일어섰다. 어렴풋이, 자기가 그토록 보고 싶던 대학 동기의 모습이 그녀에게서 보였다.

평소에는 수줍던 그가 친구와 닮은 얼굴을 보자 갑자기 용감해졌다. 그녀에게 가서 말을 걸었다. "안녕하세요! 네이선이라고 해요. 여기 사시나요?"

영어가 뜻밖이었던지 그녀가 한 발짝 뒷걸음질쳤다. 잠시 후 그녀가 대답했다. "네, 맞아요. 여기 살아요." 그녀가 손을 내밀며 자기 소개를 했다. "저는 에이바예요."

네이선이 미소지었다. 그녀는 아름다웠고 '게다가' 영어를 했다. 당장에 스파크가 일었다. "다른 바에 가서 지금 읽고 있던 책 이야기 좀 해 줄래요?" 그가 물었다.

두 사람은 서울에서 일 년 동안 사귀다가 함께 세인트 루이스로 이주했다. 그리고 그 다음 해에 결혼했다.

하지만 두 사람의 관계는 삐걱거렸다. "되돌아보니 온갖 경고가 다 있었더라. 우리는 서로 너무 달랐어. 처음 데이트했던 그날조차도 그 사람은 책을 읽고 싶어하는데 나는 술을 마시고 싶었거든." 그가 말했다.

두 사람은 특정 주제가 떠오르면 화제를 바꿔야 했다. 가령 그는 아이를 갖고 싶어했지만 그녀는 아니었다. 또, 그녀는 한국으로 돌아가고 싶어했지만 그는 세인트 루이스에 정착하고 싶어했다. "서로가 다르다는 사실을 무시했던 것 같아. 처음에 느꼈던 그 스파크 때문에 말이지."

결혼하고 채 일 년도 안 되어 두 사람은 서로의 불화를 더는 무시할 수가 없었다.

―

사랑은 과학이다

"우리 사이는 우리가-어떻게-만났나 스토리로 끌려온 것 같아. 이국 땅에서 첫눈에 서로 반했다라는 그림 같은 사연이 없었다면 과연 결혼을 했을까 싶더라. 우리가 살아온 삶이 전부 그 환상적인 만남에 맞춰 온 거였어."

"맞는" 방식으로 만났다는 이유로 잘못된 관계를 계속 이어가서는 안 된다.

슬로우 번을 위해 스파크는 버리자

스파크 자체는 나쁘지 않다. 우리가 누구에겐가 빠졌음을 알 수 있는 아주 유용한 신호이다. 스파크로 시작된 좋은 관계도 제법 많다. 다만 나쁜 관계 역시 스파크로 시작할 때가 제법 많다. 명심할 것은 스파크가 없다고 해서 실패를 예견할 수도 없고, 있다고 해서 성공이 보장되지도 않는다는 점이다. 수학을 전공한 고객은 내게 이런 말을 했다. "스파크는 오랫동안 행복한 관계를 유지하는 데 필요조건도 충분조건도 아니다."

스파크를 첫 데이트의 지표로 삼지 말자. 그런 흥분감에 맞추지 말고 대신 정말로 중요한 것들에 치중하자. 가령 의리, 친절, 그리고 상대가 나에게 어떤 느낌이 들게 하는지 등에 말이다(기억을 되돌리고 싶다면 챕터 7로 돌아가자). 스파크는 버리고 **슬로우 번**slow burn, 처음 보는 순간 각별한 매력은 못 느껴도 오래 사귀기에 훌륭한 파트너를 지향해 보자. 천천히 더워지려면 시간이 필요하지만 그래도 기다릴 가치가 있다.

다음 챕터에서는, 장래가 유망한 슬로우 번을 어떻게 알아내는

지, 왜 그런 사람에게 기회를 줘야 하는지, 언제 만남을 그만둬야
할지 알려 주겠다.

Chapter · 12
괜찮은 상대를 골라내는 데이팅 기본값 설정

⌇⌇⌇

시간이 흐르자 회사 면접 보듯 데이트하던 내 고객 조너선이 접근법을 바꿨다. 커피숍은 버리고 집 근처 티키바*로 갔다. 그곳은 바텐더도 훌륭했고 조명도 근사했다. 적당히 시끄러워서 데이트 상대의 귀에 대고 속삭여도 될 핑계도 주었다. 그리고 이제 스파크에 대한 걱정 따위는 접었다.

금방 우리는 아침 7시 데이트 이야기를 하며 깔깔댈 수 있었다. 조너선은 이제 첫 데이트를 썩 잘하게 되었다. 다만 누구를 다시 볼지 결정하는 게 어려웠다.

"솔직히 만나는 사람 중에 좋은 사람들이 많아요. 다만 데이트가 끝난 뒤에 내가 그 사람들의 단점을 곱씹고 있더라고요. 직업이 지루하네, 유머 감각이 떨어지네, 조끼를 입고 있네 등등 말이죠."

조너선이 부정적인 면에 집중하는 경향이 그의 탓만은 아니다.

───────────

* 열대풍으로 꾸민 바

우리 두뇌가 그렇게 진화했다. 다행히도, 우리가 적극적인 행동으로 그런 충동을 극복하면 훌륭한 매치를 시답잖은 이유로 놓치지 않을 수 있다. 긍정적인 면을 찾도록 우리 생각을 훈련하고 연애 버전 황금률 **남에게서 판단 받기를 원치 않듯 남도 판단하지 마라**를 따르면 된다.

부정 편향

생물 인류학자이자 연애 관련 인기 저서를 여러 권 쓴 헬렌 피셔와 인터뷰할 때였다. 그녀가 말하기를, 우리 두뇌는 **부정 편향**적으로 발달되어서 잘못된 일을 곱씹는 본능이 있다고 했다.

상사나 동료에게서 업무 피드백을 받으면 어떤 것이 더 명료하게 기억나는가, 칭찬인가 아니면 비평인가? 이게 바로 부정 편향이 작용한 예이다. 피셔의 말에 따르면 우리는 부정적인 경험을 생생하게 기억하도록, 그래서 앞으로 다시는 그런 경험을 하지 않도록 진화해 왔다고 한다. 이런 장치 덕에 위험을 인지하고 모면할 수 있게 된다. 검치호랑이에게 잡아먹힐 뻔했다면 그 야수가 어떻게 생겼고 어디에 나타나는지 기억해 두는 게 도움이 되었을 것이다. 요즘은 인간을 잡아먹는 포식자가 없지만 그래도 우리 뇌는 그 포식자에 해당하는 것에 예의 주시하고 있다. 피셔의 말을 빌려 보겠다. "헤어진 여친이 다섯 명인데 그 가운데 한 명이 나를 증오한다면, 누가 그 한 명인지 기억해 두는 게 좋겠지요."

그러나 우리 조상들에게 유효 적절했던 이런 마음가짐이 (아직도 어느 정도의 가치를 유지하고는 있지만) 요즘은 데이팅을 할 때 몇 가지

사랑은 과학이다

난관을 제기한다. 데이트가 끝난 다음 가장 확연하게 기억나는 것이 상대방의 단점이기 때문이다. (마지막으로 데이트했던 상대에 대한 기억이 당신 옷이 멋지다고 폭풍 칭찬하던 모습이 아니라 파전 같았던 입냄새인 이유가 바로 이 때문이다.)

근본 귀인 오류

부정 편향 말고도 우리가 무의식적으로 빠져들어 상대에 대한 판단을 그르치게 만드는 또 다른 인지 편향이 있다. **근본 귀인 오류**이다. 흔한 예로, 타인의 행동을 상황보다는 그 사람의 근본 됨됨이로 탓하는 경향을 들 수 있다. 우리는 누군가가 실수를 했을 때 실수가 그 사람의 뭔가 근본적인, 그러니까 근본적으로 '나쁜' 성격을 드러낸다고 해석한다. 그 행동을 설명해 줄 외부적인 상황은 들여다보지 않는다는 뜻이다.

예를 들면 누군가가 시간보다 늦게 데이트에 도착하면 우리는 그 이유를 교통이 막혀서라고 생각하는 대신 그 사람이 이기적이어서 늦었다고 생각한다. 또는 문자로 답장을 약속했는데 하지 않으면 배려가 없는 사람이라고 단정하지 그 사람이 그 주에 직장 일로 바빴을 거라고는 생각하지 않는다. 이런 일반화가 옳지 않다는 걸 우리 모두 잘 안다. 하지만 우리 뇌는 그렇게 논리의 비약을 한다.

긍정적인 면을 찾아본다

부정 편향과 근본 귀인 오류를 생각해 보면, 조너선이 두 번째 데이트를 본능적으로 마다하려는 태도가 놀랍지도 않다. 하지만 오랜 인연을 원한다면 이런 타고난 충동을 이기고 상대의 장점을 찾아야 한다. 그러지 않으면 훌륭한 파트너 후보들을 놓치고 만다. 두 번째 데이트도 못한다면 결혼식장으로는 어떻게 들어간단 말인가?

삶에서 긍정적인 면을 보는 태도는 근육과 같다. 가꿀 수 있는 기술이란 뜻이다. 그리고 훈련이 필요하다. 심리학자 션 어쿼는 감사 일기 연구를 통해 단순히 매일 새로 감사한 일 세 가지를 3주 동안 적는 것만으로도 우리 뇌가 세상을 보는 방식을 바꿀 수 있다는 사실을 알아냈다. 그 연습이 아니라면 우리가 놓치고 못 볼 수도 있는 것들을, 가령 출발 직전의 버스를 잡아타거나 직장 동료와 큰 소리로 웃는 것이 얼마나 멋진지를 '알아차리게' 된다는 뜻이다.

같은 연습을 데이트에 적용할 수 있다. 긍정적인 면을 보도록 자신을 훈련하자. 동일한 상대와 대화를 하더라도 남들은 놓칠 수도 있는 장점을 찾자. 철학자이자 저자인 알랭 드 보통이 내게 말했다. 타인의 부정적인 면에 집중하지 말고 "상상력"을 발휘해서 "바람직하고 좋은 걸 찾아요."

한때 그랜트라는 이름의 남자를 코치한 적이 있었다. 믿기 힘들 정도로 부정적인 남자였다. 거의 모든 문장이 "네, 그렇지만……"으로 시작했다. 그는 평생을 팔짱을 낀 채 살았고 아무리 좋은 희소식도 반박할 태세였다. 당연히, 그가 데이트를 하고 난 후에 내게 보내는 문자는 거의 영화 〈퀸카로 살아남는 법〉에 나오는 험담북 미니 버전 같았다. "너무 작다, 웃지도 않고, 지루한 직업, 캐나다로 돌아갈지도 모른다, 쉬운 발음도 틀리고."

사랑은 과학이다

다음 미팅 때 그를 앉혀놓고 말했다. "그랜트, 당신의 나쁜 성질과 습관을 모아 놓으면 당신이 되는 게 아니죠, 그렇죠? 당신은 당신의 결점이 아니고요. 당신의 좋은 점 나쁜 점 전부 모여서 당신이라는 한 인간이 된다고요. 그렇게 전체 꾸러미로 평가받기를 원하겠죠. 개선의 여지가 있는 어떤 부분만이 아니라요. 남에게서 판단 받기를 원치 않듯이 남도 판단하지 마세요."

그에게 데이트가 끝나면 상대의 단점을 말하지 말라고 시켰다. 매번 자신을 포함한 그 누구에게든. 대신 상대 여성에게서 발견한 장점 다섯 가지를 내게 보내기로 했다. 알랭 드 보통이 말했던 그대로 '그는 그의 상상력을 발휘해야 했고' 겉으로 보이는 모습 너머를 봐야 했다.

처음에 그는 이 과제를 힘들어했다. 이 시기에 그가 쓴 말은 "늦지 않았다"와 "단어를 잘못 쓴 게 없었다" 따위였다. 그러나 시간이 흐르자 차차 나아졌다. 다음은 그가 내게 보낸 장점 리스트 가운데 일부이다.

- 친절하다. 레스토랑 직원들을 대하는 그녀의 태도가 정말로 마음에 든다.
- 생각이 깊다. 내 회사에서 열리는 큰 회의에 대해 질문했다.
- 가정적이다. 내가 할머니 이야기를 하자 실제로 흥미를 보였다.
- 굉장히 영리하다.
- 키스를 잘한다!!!

그랜트는 아직 짝을 못 만났지만 요즘은 두 번째 데이트에 나갈 때가 훨씬 많아졌다. 그는 자기 상상력을 쓰는 법을 배웠다. 그 연장선에서, 시간을 두고 파트너 후보를 살펴보고 이해하고 존중하게 되었다.

+ 긍정적인 면을 찾는다 +

사람들에게서 긍정적인 면을 찾아본다. 데이팅앱에 올라있는 사람이든 레스토랑 맞은 편에 앉은 사람이든 아무래도 좋다. 타인의 결점을 보기란 쉬운 일이다. 우리 뇌가 그런 일은 확실하게 처리하도록 진화했기 때문이다. 하지만 억지로라도 장점을 찾아라. 다음번 데이트를 마친 다음, 상대방의 좋은 점 다섯 가지를 친구에게 문자로 보내라. 혹시 그게 도움이 됐다면 내게도 이메일로 보내 주기 바란다(5goodthings@loganury.com).

상대의 긍정적인 점을 찾는 데 이 과제가 도움이 될 것이다. 하지만 데이트 상대가 실수를 하고 나의 근본 귀인 오류가 촉발되면 어떻게 할까? 그런 충동을 이길 수 있는 방법은 상대가 왜 그런 행동을 했을까 좀 더 인정 어린 시선으로 다른 이유를 찾아내려고 하면 된다.

사랑은 과학이다

상황 첫 데이트에 그가 늦었다.

근본 귀인 모드 이기적인 사람이네.

공감 모드 데이트 한 시간 전에 집에서 나왔다니까, 전철이 연착했나 보다.

상황 데이팅 초기인데 그의 문자 대응이 늦다.

근본 귀인 모드 무례한 사람이네.

공감 모드 이번 주에 직장 일이 많은데도 데이트 시간을 내려고 애쓰는구나.

상황 저녁을 먹는데 그녀가 고약한 농담을 했다.

근본 귀인 오류 유머 감각이 천박하니 나랑은 안 어울리네.

공감 모드 긴장했는데도 날 웃겨 보려고 했구나.

다음에 비슷한 상황에 처하거든 공감 모드로 대하기를 바란다. 괜찮은 파트너 후보를 거절하는 실수를 피할 수 있을 것이다.

기본값의 힘을 이용한다

내가 말한 마인드셋 전환은 모두 힘든 일이다. 누군가의 부정적인 면에 치중하고 다시는 그 사람과 데이트하지 않겠다는 결정이 외려 자연스럽다. 그러나 이 모든 것을 훨씬 쉽게 만들 방법이 있다. 기본값의 힘을 이용하면 된다.

수많은 행동 과학 실험이 **기본값**, 즉 우리가 아무 행동을 할 필요가 없도록 기본으로 미리 정해 놓은 설정이 우리 행동에 어떤 영향을 미치는지 보여 주었다. 당신이 버거 가게를 차려서 메뉴를 짜는 상황을 상상해 보자. 손님이 버거를 사면 자동으로 주는 곁들이 메뉴를 정해야 한다. 감자 프라이로 정하고 샐러드로 바꿔 먹을 수 있게 할까? 아니면 샐러드를 주되 대신 감자 프라이로 바꿀 수 있게 할까? 어떤 쪽으로 정하든 그게 기본 설정이고 대다수의 사람들은 그에 따른다. 기본값의 위력은 아래 그래프로 알 수 있다.

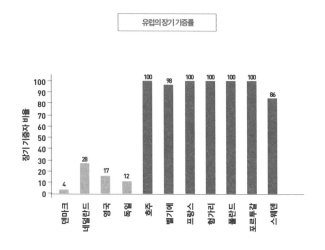

유럽의 장기 기증률

그래프에서 알 수 있듯이, 유럽 일부 국가에서는 거의 전 국민이 장기 기증을 신청했다. 한편 장기 기증자로 등록한 사람이 거의 없는 나라도 있다. 종교적인 견해나 공동체주의적인 접근이 달라서 야기된 차이라고 생각할 수도 있지만 사실은 그렇지 않다. 비슷한 문화를 가진 나라(덴마크와 스웨덴) 사이에도 장기 기증율 차이가 크다.

사랑은 과학이다

왜 이런 일이 발생했을까? 종교나 문화가 아니라 기본 설정 때문이다. 사람들은 기본 설정에 머무는 경향이 있다. 정서적으로 힘든 결정, 특히 죽은 다음 시신을 어떻게 처리할까 같은 문제는 특히 더하다. 그래프 왼쪽 흐린 색으로 칠한 4개국에서는 운전 면허 서류 형식에 "참여를 원하면 체크 박스에 표시를 하시오"라고 되어 있다. 체크 박스 표시를 한 사람이 거의 없으니 그에 따라 신청자도 없다. 한편 "참여하고 싶지 않다면 체크 박스에 표시를 하시오"라고 서류 형식에 쓰여 있는 나라 역시 체크 표시를 한 사람이 드물어서 결과적으로 대다수 사람들이 자동적으로 등록이 됐다. 참여율이 높은 국가들의 이유였다. 두 경우 모두 대다수의 사람들이 기본값을 선호해서 체크 박스에 표시를 하지 않았다. 서식 디자인에서 비롯된 작은 차이가 장기 기증처럼 생명과 관련된 중대한 일에 커다란 영향을 미치는 것이다.

우리도 온갖 방식으로 기본값을 유용하게 써먹을 수 있다. 예를 들어, 체중을 줄이고 싶어하던 친구가 있었다. 그는 스스로에게 "빵 금지"라는 기본값을 정했다. 그러고는 누가 빵을 권하면 거절했다. 먹을까 말까 결정하느라 쓸데없이 에너지를 쓸 필요가 없었다. 그저 정해진 기본 설정을 따랐다.

이제 기본값을 실제 데이팅에서 어떻게 활용할 것인지 생각해보자. 보다 현명한 결정을 내릴 수 있도록 기본값을 정하면 된다. 기본값을 '두 번째 데이트에 나간다'로 정하면 어떨까. 그러면 부정적인 면에 치중하도록 타고난 우리 뇌의 성향을 피할 수 있을 것이다. 뿐만 아니라 스파크 대신 슬로우 번 타입을 찾는 데에도 도움이 될 것이다.

우리가 처음 만났을 때 내 고객 에마는 데이트를 거의 못하는 상태였다. 우리는 그녀의 프로필, 자기 소개 문구를 함께 만들었고 경청 스킬 개선 등등 기타 작업도 함께 했다. 그리고 적어도 일주일에 한 번 데이트를 목표로 세웠다. 에마는 의욕이 넘쳤고, 어느새 데이트를 거의 못하던 단계에서 일주일에 몇 번씩 데이트하는 단계로 넘어갔다.

그런데 한 달이 지난 뒤 문득 생각해 보니 그녀에게서 같은 이름을 두 번 들은 적이 없는 것 같았다. "에마, 두 번 데이트한 적이 있어요?" 내가 다음 세션 때 물었다.

그녀가 잠시 생각을 하더니 말했다. "아뇨, 안 했네요. 첫 데이트만 했어요. 그런데 보세요. 얼마나 많이 했는지 몰라요!"

"잘했네요. 그래도 우리의 전체 목표를 간과하지 마세요. 오랜 인연을 찾아야죠. 에마는 이제 두 번째, 세 번째 데이트를 나가기 시작할 때가 됐어요."

에마가 내 말에 동의하고 두 번째 데이트를 예외적인 일이 아니라 기본값으로 삼겠다고 했다. 일주일 뒤에 그녀가 문자를 보냈다. "지난 번 데이트한 남자 두 사람 다 두 번째 데이트 약속을 어제 잡았어요!"

당연하게 보이겠지만, 이토록 작은 변화(첫 번째가 아니라 두 번째 데이트를 기본값으로 잡는 행위)가 의미 있는 차이를 만들었다. 한 달 안에 에마는 두 번째, 세 번째 데이트로 발전하다가 마침내 열 번째 데이트까지 하게 되었다. 애인과 헤어지고 힘든 시간을 겪던 아주 좋

사랑은 과학이다

은 남자였다. "그 사람은 상처받을까 두려워했지만, 그래도 우리 데이트는 계속 됐어요. 서로 마음이 점점 깊어지다가 나중에는 정말 강한 유대가 생겼어요." 두 사람은 여전히 사귀고 있으며 곧 함께 오스틴으로 이사할 예정이다.

결국 조너선이 현재 파트너를 만나게 된 원동력은 두 번째 데이트 기본값 법칙이었다. 우리가 함께 작업하기 전이라면 그 사람을 만나지 않았을 거라고 조너선이 말했다. 그의 키가 조너선의 최소 기준에 못 미쳤기 때문이다. 설사 만났더라도 두 번째 데이트를 거절했을 거라고 했다. 첫 번째 데이트가 "그저 그랬기" 때문이다. 다행스럽게도, 그에게 다시 기회를 주었다.

"내 남자친구는 에너지가 넘치고 의지가 강한 사람이에요. 내가 원래 기대했던 방식은 아니지만요. 같이 있으면 너무 즐거워요. 경청의 대가이고 소통의 달인이에요. 서로 케미가 너무 잘 통해요. 게다가 내 필요에 얼마나 세심한지 몰라요. 예전에는 내가 큰 기업 CEO 타입을 원하는 줄 알았어요. 그런데 그런 사람이 나를 채워주지 못하더라고요. 예전의 그 엉터리 같은 조건 리스트를 버린 게 획기적인 게임 체인저였어요. 그 덕에 우리가 함께하는 경험에 집중할 수 있었으니까요."

잃을 것이 별로 없다. 첫 번째 데이트를 나가서 인생 반려자 자리를 채우려 들지 말고 다시 한 번 더 만날까 말까만 결정하라. 그러면 된다. 두 번째 세 번째 데이트에 일단 나가서 상대가 적당한 사람인지 판단하는 것이 좋다. 온갖 종류의 인지적 편향으로 왜곡되기 쉬운 첫인상을 기준으로 좋은 파트너 후보를 배제하는 것보다는 훨씬 나은 선택이다.

참을 만한 질색거리

두 번째 데이트를 기본값으로 정해서 더 많은 사람들에게 기회를 줄 수 있게 됐다. 내가 주는 팁, "질색거리와 결렬거리를 헷갈리지 마라"도 같은 결과를 줄 것이다. 진짜 결렬거리는 두 사람 사이에 암운을 드리우는 근본적인 차이를 말한다. 나와 상대가 각자 종교가 다른데 두 사람 모두 자녀를 자기 신앙으로 양육하고 싶은 경우가 그런 차이라고 할 수 있다. 이보다 덜 중요한 이슈들은 그저 있으면 좋은 것일 뿐 필수 사항은 아니다.

몇 년 전에 내가 해피 아워 이벤트에 갔을 때였다. 30대 중반쯤 되어 보이는 여성이 다가오더니 자기 연애 생활을 상담하고 싶다고 했다. 머라이어라는 여성이었다.

"난 정말 아무나 환영해요. 입냄새만 안 나면 돼요." 그녀가 말했다.

이야기를 나누면서 그녀가 왜 그토록 오랫동안 싱글이었는지 한 가지 이유를 알아냈다. 남자를 전부 두 가지 카테고리, 즉 입냄새 나는 사람과 안 나는 사람으로 구분하기 때문이었다.

아, 물론 입냄새는 거슬린다. 입에 음식을 한가득 물고 말하는 것도, 사람 말을 가로막는 것도, 집에 바닥이 안 보일 정도로 여기저기 옷을 벗어 두는 것도 마찬가지다. (다 내가 하는 짓이다.) 그러나 입 냄새와 장기 연애의 상관관계를 밝힌 논문은 한 편도 없다.

오래도록 중요한 것을 우선 순위로 두어야 한다. 사소한 일로 본

사랑은 과학이다

궤도에서 벗어나지 말자. 어쩌면 당신은 이런 사소한 일들을 방어 기제로 사용하고 있는지도 모른다. 다시 말해, 겉으로는 데이트하는 모습을 보이지만 실은 싱글로 머물면서 깊은 인연을 맺는 걸 회피하고 있는지도 모른다는 뜻이다.

머라이어의 경우가 그랬다. 참을 만한 질색거리를 결렬거리로 여겼다. 잠시 용어를 정리해 보자.

질색거리 유난히 신경에 거슬리는 소소한 것들. 어떤 사람은 다른 사람보다 좀 더 심하게 싫어할 수도 있다.
참을 만한 질색거리 결렬거리로 보이지만 사실은 질색거리
결렬거리 정말로 사귀면 안 되는 이유

당신의 중대한 결렬거리를 생각해 보자. 그런 특징을 가진 사람과 오래 사귈 수 있다고 생각하는가? 대답이 네라면, 그건 결렬거리가 아니다. 예를 들어, 당신이 이성애 여성인데 결렬거리 가운데 하나로 파트너의 키가 "175센티 미터보다 작으면 안 돼"라는 조건이 있다고 가정해 보자. 그런데 아주 잘생기고 매력적이고 친절하고 당신 말도 정말 잘 들어주고 유쾌하게 해 주는, 친구도 많은 남자를 만났다. 그런데 그가 자리에서 일어날 때 보니까 키가 170센티미터에 불과했다. 그래도 당신은 그와 데이트를 하고 싶을까? 아마 물론 그럴 것이다. 키는 결렬거리가 못 된다.

하지만 아이를 원하지 않는 마음이 확고한 사람을 생각해 보자. 첫 데이트에 너무 훌륭한 상대가 나왔다. 그런데 데이트가 끝날 무

렵 그녀가 자기 조카들 이야기를 쏟아내며 어서 빨리 엄마가 되고 싶다는 말을 했다. 그녀가 아무리 아름답고 두 사람이 아무리 좋은 시간을 함께 했어도 소용없다. 두 사람은 미래에 대한 계획이 근본적으로 다르다. 이게 결렬거리이다.

또 다른 예를 생각해 보자. 두 사람 가운데 한 사람은 일부일처제를 원하는데 다른 사람은 그럴 가치가 있다고 생각하지 않는 경우, 한 사람은 젠더 역할에 구식 견해를 갖는데 반해 상대는 새로운 균형을 원하는 경우, 한 사람은 담배를 피우고 끊을 생각도 없는데 상대는 심각한 천식 환자인 경우도 이에 해당한다.

서로 다른 리스트 두 개를 작성해 보자. 나에게 '결정적인 결렬거리'는 무엇일까? 그리고 어떤 게 단순 선호하는 것, 혹은 그저 있으면 좋은 것일까? 이 과제로 조너선은 큰 도움을 받았다. 키는 자기 생각보다 그다지 중요하지 않음을 깨달았다. 회사 임원이라는 조건도 마찬가지였다. 그러나 유머 감각이 없는 사람과는 절대로 데이트를 할 수 없다는 사실을 알게 되었다.

+ 진짜 결렬거리를 찾는다 +

위의 정의에 따라 자신에게 정말 중요한 것들을 적어 본다.

실제 결렬거리:

1. _____

사랑은 과학이다

2. _____

3. _____

참을 만한 질색거리(결렬거리와 혼동하지 말 것)

1. _____

2. _____

3. _____

있으면 좋은 것(결렬거리와 혼동하지 말 것)

1. _____

2. _____

3. _____

몇 번이나 만나야 충분한 걸까?

두 번째 데이트 기본값 설정에 동의한다면 다음 질문이 떠오르겠다. 이 사람을 얼마나 오랫동안 만나야 할까? 세 번째 데이트도 기본값으로 삼아야 할까?

몇 차례 데이트를 해야 상대가 오랜 반려로 적당할지 판단할 수 있다고 장담할 수는 없다. 그런 횟수를 말해 주는 데이터도 없다. 두 사람이 같이 지내는 동안 무슨 일이 펼쳐지는지 살펴보라. 그 사람과 함께 하는 시간이 즐거운가? 그 사람 때문에 행복한가? 그 사람과 함께할 때 내 모습이 스스로 마음에 드는가? 그 사람에게 키스하고 싶은가? 그 사람에 대한 관심이 자라는가, 스러지는가, 아니면 그저 그렇게 지나갈 뿐인가? 상대가 내게, 혹은 다른 누구에게든 무례하거나 거칠게 굴면 그 사람은 만나면 안 된다. 내 마음을 불편하거나 초조하게, 혹은 슬프게 만드는 사람도 마찬가지다.

솔직한 눈으로 자신을 보자. 몇 살인가? 처음 사람을 만나고 와서 스파크가 없다고 투덜댄 세월이 얼마나 오랜가? 상황을 달리 받아들이고 누군가와 새로운 시도를 해봐야 한다. 챕터 4에 언급된 비서 문제를 다시 읽어 보자. 오랜 반려로 삼기에 아주 걸맞은 상대를 이미 만났을 확률도 크다는 사실을 제대로 인식하자.

그렇다고, 지금 당장 나가서 반지를 사라는 말이 아니다. 두 번째 데이트를 한 다음 그 큰 발걸음을 뗄 때까지 심사숙고할 시간은 충분하다. 기본값 때문에 결혼하라는 말이 아니다! 다만, 당면한 질문 '이 사람을 다시 만나고 싶은가?'에 집중은 해야 한다. 만약 만나고 싶다면, 상대에게 그 사실을 알려라!

고스트버스터 서약: 절대로 고스팅은 안된다!

상대와 더 이상 함께 할 수 없겠다는 판단이 들 때가 어쩔 수 없이 오기 마련이다. 그러면 어떻게 하겠는가? 유령처럼 사라져버리는 고스팅? 안 된다! 절대 안 된다. 이 책의 전반적인 내용이 연애할 때 의도적인 결정을 내리라는 것이다. 끝맺는 방법 역시 이에 포함된다.

고스팅이란 무엇일까. 어떤 사람이 상대방의 연락을 기다리지만 받지 못하는 상태를 말한다. 예를 들어, 두 사람이 데이트를 했는데 그 후 쌍방 모두 문자를 하지 않았다면 그건 상호 퇴장이지 고스팅은 아니다. 그러나 두 사람이 데이트 나갔다가 한 사람이 돌아와서 "안녕, 오늘 즐거웠어요. 우리가 다시 만날 수 있을까요?"라고 했는데 상대가 묵묵부답이면? 그게 고스팅이다.

고스팅을 하는 이유는 뭘까? 고스팅 버릇을 가진 사람 수십 명을 인터뷰했다. 몇 가지 대답은 다음과 같다.

"상대를 다시 안 만나고 싶은 이유를 설명할 수가 없어서 고스팅해요."

"상대에게 거절의 말을 하기가 불편해서 고스팅해요."

"대놓고 누구를 거절하는 것보다 그저 슬쩍 사라지는 게 상처를 덜 주는 것 같아서 고스팅해요."

어색한 상황을 피하고 상대의 감정을 보호한다고 고스팅을 택하는 사람들이 종종 있다.

그러나 사실은 그렇지 않다. 고스팅이야말로 어색해지는 지름길이다. 게다가 상대를 이도 저도 아닌 상태로 몰아넣고 상처를 주게 된다. 이런 당연한 말 외에도 고스팅하면 안 되는 이유가 또 있다. 고스팅은 "하는 사람"도 기분 나쁘게 만든다. 자기 감정을 솔직하게 드러냈을 때보다 더 나빠진다는 뜻이다.

어째서 그런지는 두 가지 인지 편향이 설명해 준다. 먼저 우리가 **감정 예측**에 서툴러서이다. 다시 말하면, 미래에 어떤 상황이면 어떤 느낌을 받을지 우리가 잘 모르는데 가령 고스팅한 다음 어떤 느낌일지를 모른다는 뜻이다. 두 번째로, 우리는 시간이 흐름에 따라 스스로에 대한 견해를 달리하는데 그 판단 근거를 우리가 어떻게 행동했는지에 둔다. 심리학자 대릴 뱀의 **자기 인식 이론**에 따르면, 이는 우리가 내면의 생각과 느낌에 접근할 수 없기 때문이라고 한다. 우리는 자기가 누구인지 알기 위해 스스로의 행동을 돌아본다. 자원 봉사가 우리 행복을 증진시키는 확실한 방법이라고 많은 연구에서 발표하는 이유가 바로 이런 까닭이다. 자원봉사자들은 비자원봉사자들보다 더 높은 수준의 행복과 자부심을 느낀다. 자신의 행동을 돌아보고 '나는 사람들을 돕는 일에 내 시간을 할애했어. 알고 보면 나도 꽤 관대한 사람인 거야'라고 생각하기 때문이다.

사람들은 어색한 감정을 회피하려고 고스팅을 한다. 그러나 자기 인식 이론에 따르면, 우리는 고스팅을 한 뒤에 스스로의 행동을 돌아보고 '좀 비열한 짓을 저질렀군. 나쁜 놈 같으니'라고 생각하게 된다. 그러면 기분이 더 언짢아진다.

나는 고스팅으로 기분이 좋아지지 않고 나빠진다는 걸 증명하려고 작은 실험을 벌였다. 페이스북과 레딧을 통해서 자칭 적어도 한 달에 한 번 고스팅을 한다는 사람을 참여자로 모집했다. 그들에게 설문으로 A) 고스팅을 한 뒤 혹은 B) 상대에게 관심을 못 느낀다는 단도직입적인 문자를 보낸 뒤 어느 정도로 좋다고 느끼리라 '예측'했는지 그 정도를 1에서 5까지(전혀 좋지 않다에서 아주 좋다까지) 등급으로 밝혀달라고 요청했다.

기대대로, 고스팅을 한 응답자들 대부분이 고스팅하고 난 뒤의 느낌을 '중립'에서 '좋다'로 기대했고, 거절 문자를 보낸 후에는

"다소 좋지 않다"에서 "전혀 좋지 않다"로 느낄 거라고 예견했다고 말했다.

참여자를 두 그룹으로 나누어 한 그룹에게 다음번에 고스팅을 한 다음 기분이 어떤지 같은 방식으로 순위를 매겨보라고 요청했다. 다른 한 그룹에게는 고스팅을 하지 말라고 요청하면서 상대를 다시 만나고 싶지 않다면 데이트가 끝난 후 다음의 메시지를 문자로 보내라고 했다. "안녕 〔 이름 〕. 〔 대화 주제 〕 이야기가 정말 즐거웠어요. 내 생각에 우리가 좋은 연애 상대가 될 것 같지가 않네요. 그래도 만나서 즐거웠어요." 나는 이 메시지를 보내고 받은 답장을 (혹시 받는다면) 스크린샷으로 찍어서 달라고 요구했다.

무슨 일이 벌어졌을 거라고 생각하는가? 문자를 보내지 '않고' 고스팅했던 사람들이 자기 행동에 대해 기분이 중립에서 별로 좋지 않다고 느꼈다고 보고했다. 후속 인터뷰를 하니 그들은 죄책감이 든다고 했고 상대가 첫 데이트를 마치고 다음에 또 만나냐고 몇 번이나 체크할 때는 아예 전화를 피하고 싶어졌다고 말했다.

관심 없다고 솔직한 문자를 보냈던 사람들의 3분의 2정도가 상대로부터 긍정적인 반응을 받았다. 나머지는 상대가 답을 하지 않았다. 단 한 건, 상대가 다시 문자를 보내서 뭐가 잘못됐는지 자세히 알려 달라는 요청을 하다가 급기야는 말싸움으로 번진 경우가 있었다.

사람들은 고스팅을 할 때, 스스로를 위해 쉬운 길을 택한다고 생각한다. 그 생각은 틀렸다. 오히려 친절하고 솔직하고 예의 바른 길을 갈 때 긍정 반응으로 힘을 얻는다. 상대는 이런 반응을 보일 것이다. "알려줘서 고마워요. 하시는 일에 행운을 빌게요." 방금 들린 이 소리는 무엇? 안도의 한숨이다. 우리가 괜찮은 사람이라고 상대가 방금 확인해 줬으니 기분이 한결 낫다.

고스팅을 하면 '왜' 안 되는지 내가 잘 설득했기를 바란다. "고마워요, 다음 분" 식의 문자 작성은 때로 어려운 일이다. 쉽게 가자. 휴대폰 메모장을 열어서 내가 저 위에 써 놓은 괄호 채우기 작별 인사를 복사해서 붙여넣기를 해라. 상대에게 관심이 안 간다는 생각이 들면 그 즉시 그 메시지를 보내면 된다.

우리 모두 '고스트버스터' 서약을 시작하자. 그래서 스스로의 느낌을 솔직하게 터놓기로 마음을 정하자. 고스팅은 이제 그만. 스스로에게 손해다.

+ 거절할 때 할 일과 하지 말아야 되는 일 +

할 일

1. 예의를 갖추자.

2. 분명히 밝히자. "우리는 낭만적인 짝이 아닌 것 같아요" 혹은 "서로에게 맞는 매치가 아니라고 생각해요"를 적당히 섞어서 사용하면 된다.

3. 짧고 상냥하게 쓴다. 예의를 갖춘 두괄식 문장을 쓰면 된다.

사랑은 과학이다

하지 말아야 되는 일

1. 마음에도 없으면서 "친구가 되고 싶다"는 말을 하지 마라. 어떤 사람은 말 그대로 받아들일 수도 있다. 진심이 아닌 말로 그 사람에게 더 큰 상처를 주게 된다.

2. 상대를 비평하거나 피드백을 주면 안 된다.

3. 상대가 더 자세한 설명을 원한다 해도 길게 말을 섞지 마라. 명료한 건 좋지만 대화를 오래 끌 의무는 없다.

섹션 3.

헤어지거나
계속 가기 위한
노하우

Chapter · 13

관계 규정, 동거, 기타 중요 의사 결정 지점

~~~~

영화관에서 팝콘을 큰 통으로 한 통 혼자서 싹 다 비운 적이 있는가? 손가락이 종이통 바닥을 스칠 때까지 얼마나 먹고 있는지 가늠도 못하던 때가? 나 같은 사람이라면 분명 있었을 것이다. 번들로 묶은 작은 포장을 한자리에서 전부 먹어 치운 경험은? 아마 없을 것이다. 그 이유는 작든 크든 포장 용기의 바닥에 이르면 의사 결정 시점, 즉 자동적으로 하던 행동을 멈추고 의식적으로 선택을 해야 하는 순간이 되기 때문이다. 이 경우의 선택은 "팝콘을 계속 먹어야 할까?"이다.

행동 과학자 아마르 치마와 딜립 소만이 의사 결정 시점이 얼마나 강력한 힘을 가졌는지 독창적인 (동시에 맛있겠다고 생각되는) 실험으로 보여 주었다. 연구자는 참여자들에게 스무 개 들이 쿠키 한 봉지를 간식으로 먹으며 일련의 과제를 하라고 나눠주었다. 그런데 쿠키 포장을 세 가지로 달리 했다. 한 가지는 스무 개를 한 줄로 쌓았다. 두 번째는 흰색 왁스 종이로 구획을 작게 나눴다. 마지막은 알록달록한 왁스 종이로 구획을 작게 나눴다.

과제 자체는 중요하지 않았다. 연구자들이 신경 쓴 것은 참여자들이 먹은 쿠키의 개수와 속도에 포장이 얼마나 큰 영향을 미치는가였다. 실험 결과 알록알록한 종이로 구획을 나눈 쿠키를 제일 적게 먹었고 다 먹기까지 걸린 시간도 길었다. 알록달록한 종이가 의사 결정 지점, 즉 뇌가 무심한 생각에서 (이 경우에는 무심한 흡입에서) 의도적인 결정으로 전환되는 순간을 더 많이 제공했기 때문이었다. 한 줄짜리 포장은 의사 결정 지점을 주지 않았다. 흰색 왁스종이는 무시하기가 쉬웠다. 그러나 알록달록한 종이는 무심코 간식을 먹다가도 문득 "이 쿠키를 계속 먹어야 할까?"라고 고민하게 만들었다.

쿠키나 팝콘 먹을 때뿐만 아니라 인생 모든 영역에 의사 결정 지점이 산재한다. 특히 연애에는 그런 지점이 가득하다. 그 때문에 우리는 스트레스를 받고 어떤 때는 뜬눈으로 밤을 지새기도 한다. 그러나 나는 그 지점을 선물로 생각한다. 잠시 하던 일을 멈추고 큰 숨을 들이쉰 뒤 우리가 무슨 일을 하고 있는지 돌이켜볼 수 있는 기회가 되기 때문이다. 우리는 삶을 상세히 살펴보고 다음은 어떻게 움직여야 할지 전략을 세울 수 있다. 그렇게 해서 더 사려 깊고 현명한 결정을 내릴 수 있게 된다.

문제는 연애의 의사 결정 지점은 쿠키를 나눈 알록달록한 종이처럼 분명하게 눈에 띄지 않는다는 점이다. 특히 바쁜 시기에는 놓치기 십상이다.

사랑은 과학이다

심리학자들에 따르면, 커플이 다음 단계의 관계로 넘어가는 방법에는 확고한 **결단**과 어물쩍 **넘어가기** 두 가지가 있다고 한다. 결단이란 계획적인 선택을 해서 관계를 변화시키는 것으로, 단 둘만의 독점적인 관계를 약속하는 것이나 아이를 갖는 것 등을 예로 들 수 있다. 어물쩍 넘어가기는 별 생각 없이 다음 단계로 흘러가는 것을 말한다. 이는 중요한 구별이다. 미국 내 결혼 사례에 관해 버지니아 대학에서 매년 발간하는 국가 결혼 프로젝트에 따르면, 심사숙고한 선택으로 다음 단계로 넘어간 커플이 그저 어물쩍 넘어간 커플보다 더 양질의 결혼 생활을 즐긴다고 한다. 더 나아가, 루이빌 대학과 덴버 대학의 연구자들이 알아낸 바에 따르면, 관계 단계를 어물쩍 "넘어간" 사람은 파트너에게 몰입이 떨어지고 그래서 혼외정사에 더 많이 빠진다고 한다.

이 연구들은 의사 결정 지점을 어물쩍 넘어가면 관계에 위기가 오기 쉽다고 경고한다. 관계에는 중대한 의사 결정 지점이 많지만 이번 챕터에서는 그 가운데 두 가지, 즉 관계 규정하기와 동거 문제 다루는 법을 도와주겠다.

관계 규정하기

내 고객 징을 기억하는가? 주저형 성향을 가졌고, 서른 한 살에 데이팅을 처음 시작했다. 그녀는 짧은 로맨스를 몇 번 겪은 뒤 제임스라는 남자와 데이트를 시작했다. 그녀는 그의 친구들이 좋았다. 친절하고 우호적이며 몹시 유쾌한 사람들이었다. 그러나 무엇보다도 좋았던 것은 제임스가 그녀를 정말 빨리 친구들에게 소개했다는 점이었다. 그 후 곧이어 그의 가족도 만났다. 어머니, 아버지, 누나들과 조카들까지 함께 떠들썩한 저녁식사 자리를 가졌다. 그녀는 마침내 꿈에 그리던 연애를 하게 됐다고 생각했다.

"만난 지 딱 네 달이 되던 날 우리는 주말 여행을 떠났어요." 첫 미팅에서 징이 내게 말했다. 그가 운전을 하고 내비게이션은 그녀가 봤다. "내 휴대폰이 꺼져서 그의 폰으로 지도를 봐도 되겠냐고 물었지요." 제임스는 망설였다. "자기가 폰을 가지고 있어야 한다고, 상사가 문자를 보낼지도 모른다나 뭐래나 핑계를 대더라고요."

징은 뭔가 잘못됐음을 직감했다. 그의 폰을 움켜잡았다. 비번을 풀지 않아도 쏟아져 나오는 데이팅앱 알림 문자를 볼 수 있었다. '매치가 성사됐어요!' 그녀가 스크롤을 내리니 그와 매치를 이룬 다음 메시지를 주고받은 여자들 이름이 줄줄이 나왔다. 심장이 쿵쾅거렸다.

"이게 뭐야?" 그녀가 물었다.

"미안해. 하지만 다른 사람은 만나지 말자고 얘기한 적은 없잖아." 그가 말했다. 그 때가 두 사람이 함께 보낸 마지막 시간이 되었다.

너무 굴욕적인 경험이었다고 징이 내게 말했다. 그녀 생각에는 제임스의 가족과 친구를 만나고 단 둘이 여행을 떠난다는 건 다른 사람은 안 만나고, 둘만 만나는 서로 독점적인 관계라는 의미였다. 그녀는 데이팅앱을 삭제하고 어머니에게 남자친구가 생겼다는 말까지 했다. 그러나 제임스는 의견이 달랐다. "말로" 분명하게 밝힐 때까지는 두 사람이 독점적인 관계가 아니었다. 그러니까 둘이 뭐하는 중인지, 다시 말해 서로의 관계를 규정하는 말 혹은 '우리, 무슨 사이야?'라는 질문을 할 때까지 말이다. "정말 내가 한심하다고 느꼈어요." 징이 말했다.

징만 이런 경험을 하는 건 아니다. 꽤 많은 사람들이 연애하면서 자기들이 무얼 하고 있는지 서로 딴 생각을 품고 있다. 그들은 어색해서 혹은 관계를 망칠까 두렵다는 이유로 관계를 규정하자는 말을 회피한다.

그러나 관계 규정하기는 중요한 의사 결정 지점이다. 지금 당신이 어느 지점에 있는지, 그리고 어디를 향해 가는지에 대해 진지하게 논의할 수 있는 기회이다. 상대가 당신을 향후 파트너로 진지하게 생각하지 않는다면 그 사실을 조만간 아는 게 낫지 않겠는가? 본인에게 맞는 선택을 하는 데 필요한 통찰력을 얻으려면 반드시 어떤 관계인지 규정하고 넘어가야 한다. 이는 건강한 섹스라는 관점에서도 중요하다. 두 사람 중 누구 한 사람이 딴 사람과도 잠자리를 한다면 상대는 그 사실을 알 자격이 있다.

관계를 규정하기에 완벽한 타이밍은 없다. 다른 사람은 그만 만나야겠다는 생각이 들고 상대를 애인이라고 부르는 게 편해질 때쯤 화제를 꺼내면 좋다. 그런데 이는 사람마다 다르다. 혹시 자신이 서두르는 성품의 소유자라면, 과연 이게 좋은 타이밍인지 먼저 친구들과 의논, 확인부터 해 보면 좋겠다. (불안 애착형 사람들이 관계 설정을 서두르는 경우가 흔한데 관련 내용은 챕터 6을 보자.)

반드시 직접 만나서 이야기를 나눠야 한다. 어떻게 대화를 시작할지 곰곰이 생각해 보라. 힘든 말을 꺼내는 한 가지 비법은 지금 얼마나 어색한지 털어놓는 것이다. 그러면 당신이 감정적으로 유약한 상태임을 상대에게 일깨워서 상대가 좀 더 공감 어린 반응을 할 것이다. 이렇게 시작하면 된다. "이런 말 꺼내기가 많이 어색한데, 그래도……"라든가 "물어보기 참 힘든데 그래도……"

물론, 대놓고 물어도 된다. "우리, 사귀는 거지?" 그게 너무 직설적이라 생각되면 상대를 다른 사람들에게 어떻게 소개하면 좋을지 혼동스럽다고 말하면 된다. 예를 들어 "친구들이 우리가 어떤 사이냐고 물어. 뭐라고 말할까?" 아니면 "오늘 저녁에 동료들을 만나면 당신을 누구라고 소개할까요?"도 좋다.

궁금한 점이 무엇인지 상대에게 분명하게 알린다. 정확한 라벨을 붙이고 싶은가? 독점적인 성관계인지 알고 싶은가? 현대 로맨스 의례의 궁극적인 완성인 데이팅앱 삭제를 원하는가?

듣고 싶은 대답을 못 얻을지도 모른다. 명심하라, 이는 대화이지 흥정이 아니다. 상대의 말을 존중하라. 경청하라. 상대의 감정이 어떤지 알기 위한 대화이지 내가 원하는 걸 달라고 조르는 상황이 아니다. 바라던 답을 얻지 못했더라도 적어도 정보는 늘었다. 이런 상황에는 데이터가 많은 편이 언제나 더 유리하다. 이제 이 관계에 남을지 아니면 떠날지 결정할 수 있게 되었다.

징도 바로 이 경우였다. 제임스와 파국을 겪은 몇 개월 뒤에 그녀는 새로운 사람을 만났다. 친구의 친구였는데 이름은 칼이라고 했다. 그녀는 제임스와 겪었던 일을 두 번 다시 경험하고 싶지 않아서 칼을 만난 지 몇 주가 지나자 관계 규정하기 이슈를 꺼냈다.

칼은 헤어진 전 여자친구를 극복하느라 애를 먹고 있는 상황이

사랑은 과학이다

라 당장에 마음을 정하지는 못하겠다고 말했다. 징을 계속 만나고는 싶지만 딱히 애인이라고 호칭을 정하거나 독점적으로만 만날 준비도 안 됐다고 했다. 징은 그래도 괜찮다고 생각했다. 그녀는 칼을 계속 만났고, 비록 두 사람이 공식적인 애인이 아니더라도 마음은 편했다.

"사실 마음이 편하더라고요. 그 사람이 아직은 내게 전념하지 않아도 된다고 생각했어요. 그가 내게 솔직하다는 점이 중요했어요."

명심할 게 있다. 두 사람 관계를 공식화하든 말든 상관없이, 관계 설정을 다루는 당신의 방식이 향후 관계에 커다란 영향을 미친다. 내가 연애를 원하는데 상대도 같은 마음이라는 걸 알게 되면 기쁘고 안심이 될 것이다. 그러나 원하던 답을 얻지 못하면? 그 소식이 실망스럽더라도 알려줘서 고맙다는 말을 꼭 해야 한다. 상대가 자유롭게 자기 생각을 털어놓도록 공감과 호기심을 나타내라. 설령 내가 듣고 싶은 말을 못 듣더라도 그래야 한다.

+ 관계 규정하기 준비 작업 +

앉아서 다음 질문에 답하며 대화 준비를 한다.

1. 어떻게 대화를 시작하고 싶은가?

2. 대화의 목표는 무엇인가?

3. 상대가 수줍어하며 주제를 회피하거나 관계 규정할 준비가 안 됐

다고 하면 당신은 어떻게 반응할 것인가?

이 주제 준비에 더 많은 정보가 필요하면 부록의 중요 대화 계획서를 참조한다.

동거

연애에서 가장 중요한 의사 결정 지점은 결혼하기로 정하는 것이다. (그러니까 반지와 무릎 꿇기, 인스타그램 포스팅으로 이어지는 모든 과정을 말한다.) 그러나 요즘 커플들에게는 동거 문제가 먼저 닥친다.

1960년 이래로 미국 인구가 80퍼센트 증가하는 동안 결혼하지 않고 동거하는 커플 숫자는 1,500퍼센트나 폭발적으로 증가했다. (1960년 45만에서 오늘날 750만으로). 요즘은 커플의 절반 이상이 혼전 동거를 하고 있다. 그런데 동거라는 의사 결정 지점을 그다지 심각하게 생각하지 않는 사람들이 많다. 동거를 그저 연애를 시험해 보는 이상적인 방법으로만 여긴다. 퓨 리서치 센터가 미국 전역에서 무작위로 뽑은 성인들을 대상으로 설문을 했다. 18~29세에 이르는 응답자 가운데 3분의 2가 혼전 동거 커플이 더 성공적인 결혼 생활을 하리라는 의견에 동의했다. 그러나 혼전 동거를 다룬 연구 결과는 다른 이야기를 전한다. 혼전 동거한 사람들은 그렇지 않은 사람들보다 결혼 생활에 대한 만족도가 적었고 이혼할 확률도 높았다. 이런 연관성을 **동거 효과**라고 부른다.

사랑은 과학이다

연구자들은 처음 동거 효과를 조사할 때, 특정 종류의 커플들만 혼전 동거를 할 것이라고 예상했다. 이 커플들은 결혼에 대한 생각이 느슨하기 때문에 이혼에 더 개방적일 거라고 추정했다. 그러나 점점 더 많은 사람들이 혼전 동거를 택하게 되자 특정 종류의 커플만 동거를 선택한다고 말하기 어려워졌다. 그래서 연구자들은 새로운 이론을 세웠다. 이제는 '동거' 자체에서 원인을 찾았다.

다음에 나오는 가상의 커플을 생각해 보자. 이선과 제이미, 애덤과 에밀리 두 커플이다. 이선과 제이미는 동거를 시작했다. 제이미의 월세 계약이 끝났기 때문이다. 애덤과 에밀리는 동거를 의논했지만 아직 때가 아니라는 결론을 내렸다.

시간이 흐르자 두 관계 모두 망가졌다. 애덤과 에밀리는 관계를 끝냈지만 이선과 제이미는 그러지 않았다. 현재 두 사람이 개 한 마리와 고무나무 한 그루, 중고 웨스트엘름 러그를 공동으로 소유하고 있기 때문이다. 물건을 나누고, 각자 새로 살 집을 구하고, 달력을 꺼내 개를 데리고 있을 날을 각각 나누어 표시하기란 성가시고 지출이 많은 일이다. 그래서 대신 두 사람은 결혼을 했고 결국 몇 년 뒤에 이혼했다. 이선과 제이미의 경우로 우리는 무엇을 배우는가? 첫째, 동거를 하면 결혼으로 (그리고 뒤이어 이혼으로) 이어진다. 애초에 동거를 안 했다면 없었을 일이다. 두 번째로, 중고 러그는 절대 사지 말아야 한다.

동거를 하면 자기 연애의 질에 관해 스스로 솔직해지기가 힘들다. 갈라서게 되면 비용이 상당하기 때문이다. 게다가 우리에게는 현상 유지 편향, 즉 상황을 지금 그대로 두려는 성향이 있다. 같이 살던 사람과 헤어질 때는 인간관계만 변하는 것이 아니다. 거주지 상황과 매일의 일과를 모두 뒤엎는 것이다. 그렇게 되면 현상 유지 편향 극복이 더욱 힘들어진다. 동거를 하다가 사이가 안 좋아진 경우, 각자 공간이 따로 있을 때보다 더 오래 그 관계에 미적대기가 쉽다.

동거 때문에 결혼 확률이 더 올라가니 동거를 중요한 이정표, 의사 결정 지점으로 여겨야 한다. 같이 살기로 '결단 내린' 커플들 가운데 42퍼센트가 행복한 결혼 생활을 누린 반면 그저 어물쩍 '넘어간' 커플들이 그럴 확률은 28퍼센트에 불과했다. (자못 낮아 보이는 수치들이지만 이것이 오래 함께한 부부들의 결혼 만족도라는 슬픈 현실이다.)

삶의 실제적인 요소들(돈을 모으고 싶다 등)도 동거에 대한 논의를 시작할 좋은 이유가 된다. 다만 논의에 분담에 관련된 질문들, 가령 집세는 어떻게 나눌지, 집 꾸미는 비용은 누가 낼지 따위 이상을 포함시켜야 한다. 누구 소파는 두고 쓰고 어느 동네로 가서 살지 역시 두 사람의 공동 미래 설계로 간주되지 않는다. 이 순간은 의도하는 시간이 되어야 한다. 상대와 함께, 지금 두 사람이 어느 지점에 와 있고 어디를 향해 가고 있는지에 관해 입장이 같은지 확인해야 한다. '어물쩍 넘어가지 말고 결단을 내리자.'

함께 산다는 것이 어떤 사람에게는 이런 뜻인데 상대에게는 완전히 다른 뜻일 때가 있다. 그러나 대화를 하지 않으면 그런 균열을 알아차리지 못할 수 있다. 그리고 알아차렸을 때는 이미 늦어서 부동산 계약서에 벌써 서명을 마친 상태이기 쉽다.

프리야와 캐스린은 대화를 했지만 기대했던 결과가 나오지 않았다.

사랑은 과학이다

"처음 의논을 시작한 건, 캐스린이 제 사무실 근처에 아주 좋은 집을 찾았는데 거기서 같이 살기를 바라더군요. 그 사람은 마음의 준비가 다 되어 있더라고요." 프리야가 내게 말했다.

"우리는 서로 사랑했고, 그 집은 완벽했어요. 이제 우린 나이도 꽉 찼고요." 캐스린이 말을 보탰다.

그런데 대화를 하다가 두 사람은 서로 입장이 다름을 알게 되었다. 캐스린에게 동거는 논리적으로 봤을 때 두 사람의 관계에서 한 걸음 더 나간 단계가 맞지만 그렇다고 결혼을 보증하는 분명한 신호는 아니었다. 하지만 프리야에게는 동거가 둘이 결혼할 거라는 기대를 내포한다고 생각했다.

"내 생각인데, 내가 당신과 함께 산다면 그건 당신과 결혼할 계획인 거야." 그가 말했다. "실제로 결혼은 안 할지도 모르지. 그래도 내 의도는 그렇다고." 프리야는 일단 캐스린과 동거를 시작하면 그 관성으로 계속해서 살게 되지 않을까 걱정스러웠다. 프리야에게 동거라는 의사 결정 지점은 결혼과 긴밀하게 연결되어 있었다. "캐스린에게 말했어요. '당신 생각은 존중해. 그렇지만 내가 때가 됐다고 느낄 때까지 시간을 좀 더 주면 좋겠어.'"

어떤 커플들에게는, 같이 살지 않겠다는 결정이 관계 정리의 신호가 되기도 한다. 하지만 프리야와 캐스린의 경우는 그렇지 않았다. 두 사람은 데이트를 계속 했다. 몇 달 뒤 두사람은 다시 동거 문제를 검토했다. "이번에는 완전히 달랐어요. 두 사람 모두 '결혼 쪽으로 한 걸음 더 가 보자'라고 생각했어요." 프리야가 말했다.

두 사람은 동거를 시작했고 다음 해에 약혼했다. 두 사람의 결혼식은 오랜 친구와 어린 사촌, 떠들썩한 친척 아주머니와 아저씨로 북적대는 크나큰 집안 행사가 되었다.

"이제 우리는 결정 내릴 게 있을 때마다 이렇게 해요. 둘이 같은 방향이 아니라면 뭐하러 서두르겠어요?" 프리야가 내게 말했다.

동거가 어떤 의미인지 논의하는 외에도, 동거라는 커다란 변화 앞에서 어떤 두려움이나 망설임을 갖게 되는지 서로 토론해 보기를 권한다. 그런 대화를 하다 보면 당면한 질문 이상의 것이 분명해지기도 한다. 로라라고, 남자 친구와 동거 계획을 세우던 고객이 있었다. 그녀의 남자 친구는 따스하고 애정이 깊은 사람이었다. 원래 타고나기를 불안 유형이었던 그녀에게 안정감과 만족감을 주는 남자였다. 그녀로서는 6년 만에 처음으로 하게 된 장기 연애였는데 성급하게 동거를 시작해서 자칫 이 모든 것을 잃게 될까 두려웠다. 그녀는 자기가 "연애할 때 CEO 타입이 되는" 성향이 있다고 내게 말했다. 그녀는 관리자 역할을 좋아했다. 그녀의 걱정은 함께 집을 쓰면 이런 자기 성향이 악화되어 잔소리꾼으로 변할지도 모른다는 점이었다. 실제 그런 일이 자기 부모님 사이에 벌어졌었고 어머니에게서 아버지가 멀어진 이유가 바로 그 때문이라고 그녀는 믿었다.

"내 남자친구는 직장이 멀고 저는 기업 변호사예요. 정말 능력 있는 남자이기는 한데, 자기가 하겠다고 한 일을 잘 안 해요. 해도 내가 원하는 시간대에 안 해요. 그러면 안 되겠지만, 결국에는 내가 끝없이 문자질을 하게 될 것 같은 걱정이 들어요. 개 산책시켜라, 장 좀 봐라 같은 잔소리 문자 말이에요."

나는 그녀에게 남자친구와 대화하는 법을 코치했다. 대화를 어떻

사랑은 과학이다

게 (요령 있게) 꺼낼지, 집안일은 어떻게 (동등하게) 분담할지, 동거로 말미암아 조정할 사항을 어떻게 (자주) 검토할지 등을 조언했다.

로라는 어색했지만, 그리고 원하는 대답을 못 들을까 걱정도 됐지만 그래도 내 조언을 따랐다. 어느 날 저녁, 버거를 먹으며 로라가 남자 친구에게 그의 몫의 집안일을 하라고 몇 번씩 말할 때 어떤 기분이 드는지 말했다. 끊임없이 비난만 하는 사람이 되어버릴지도 모른다는 두려움도 말했다. 그녀 말을 주의 깊게 듣던 그도 자기 두려움을 털어놨다. 그는 자기가 집세를 너무 적게 내서 그녀의 원망을 사게 될까 걱정이 됐다고 했다. 두 사람은 밤늦도록 서로의 속마음을 이야기했다.

주말에 두 사람은 나란히 앉아서 집안일 분담 시스템을 구축했다. 할일과 약속을 일깨우기 위해 구글 캘린더를 공유했다. 그렇게 하면 그녀가 잔소리하는 느낌 없이 그에게 할일을 한 번 더 알려줄 수 있었다. 그리고 그녀는 집세 문제로 절대로 그를 원망하지 않겠다고 약속했다. 두 사람은 이제 평화롭게 함께 산다. 로라네 개 역시 충분한 산책을 즐기며 잘 살고 있다.

+ 집을 계약하기 전에 입장을 조율하자 +

동거를 시작하기 전에 주말에 시간을 내어 다음 질문에 답해 보자.

1. 우리는 왜 같이 살려고 하는가?

2. 같이 산다는 건 자신에게 어떤 의미인가?

3. 이 관계가 장차 어디로 간다고 보는가?

4. 우리는 결혼을 고려하고 있는가? 그렇다면 언제쯤 결혼할 생각인가?

5. 같이 사는 것에 관해 두려움이 있다면 그게 무엇인가?

우리는 이제 어디로 가는가?

관계 규정하기, 동거, 기타 다른 중요 이정표 등 의사 결정 지점을 통과하면서 과연 이 연애를 계속 끌고가도 되는지 의문이 들 수도 있다. 한밤중에 잠에서 깨어 '이 사람이 내게 맞는 사람일까'라고 자문할 수도 있다. 이 질문이 괴롭도록 계속된다면, 다음 몇 챕터가 그 답을 찾도록 도와줄 것이다. 관계를 정리할지 판단을 도와줄 것이고, 연민 어린 이별의 대화를 할 수 있도록 안내할 것이고, 이별의 아픔을 극복하도록 도와줄 것이다.

헤어지길 원치 '않는다면', 인생이 달라질 또 다른 진지한 질문, '결혼을 해야 할까?'에 직면할 것이다. 챕터 17에서는 아주 구체적인 조언으로 여러분이 충분한 정보를 가지고 이에 대한 선택을 할 수 있도록 도와주겠다. 그리고 반지를 장만하기 전에 이런 과제를 수행하는 것이 왜 중요한지 그 이유도 알려주겠다.

사랑은 과학이다

Chapter · 14

연애가 불만스러울 때: 이별 자가 진단

~~~

금요일 밤 11시, 모르는 번호로 전화가 왔다. 나는 이를 닦으며 잘 준비를 하고 있었다. 망설이며 받았다. "여보세요?" 스피어민트 거품이 입안에 가득했다.

전화 상대방이 울음을 터뜨렸다.

나는 양칫물을 뱉었다. "누구세요. 어쩐 일이세요?"

훌쩍대는 소리, 코 푸는 소리가 들린 뒤 그가 말했다. "시드니라고 해요. 해나라고, 우리 둘 다 아는 친구가 이 번호를 알려줬어요. 내 남자친구 때문에 그래요."

칫솔을 움켜쥔 손에서 힘이 풀렸다. 이런 건 내가 잘 하지. "어떤 일인데요?" 내가 다시 물었다. 대화가 어디로 갈지 알 수 있을 것 같았다. 그가 막 그녀를 찼을 테고 그녀는 위로가 필요하겠지.

그녀가 큰 숨을 들이쉬고 마음을 가다듬더니 말했다. "그가 제게 청혼을 하려고 해요!"

청혼이라. 내가 생각했던 것과는 딴판이었다. "그런데 그게 왜 나쁜 일인가요?"

"저는 그 사람이랑 헤어져야 할 것 같거든요."

이런 전화는 늘 받는다. 아, 밤 11시에는 아니고. 아, 울며불며도 아니다. 하여간 연령, 젠더, 성지향성을 불문하고 이런 말을 하는 사람들이 많았다. 데이팅 코치라고 해서 내 일이 사람들 연애를 엮어 주는 일에만 국한되지 않는다. 나쁜 관계에서 헤어나올 수 있게 돕는 일도 한다.

연애의 각 단계마다 신중한 의사 결정이 요구된다. 누구와 데이트할까에서 시작하여 언제쯤 동거를 시도할까, 결혼할까 말까에 이르기까지 그 단계는 다양하다. 그러다가 어느 대목에 이르면 시드니가 처한 바로 이 지점에 와서 상대와 계속 함께 가느냐 아니면 이만 헤어지느냐라는, 그 무엇보다 중대한 결정을 앞에 두고 고민하는 자신의 모습을 보게 될 것이다.

어쩌해야 좋을지 마법처럼 답을 알려줄 퀴즈나 플로차트를 줄 수 있다면 나도 정말 좋겠다. 그런데 그럴 수가 없다. 그렇게 쉬운 답도 없고, 각자의 상황이 다르다. 구체적으로 어떤 요인들이 작용 중인지 내가 모두 아는 것도 아니다. 당신이 어떤 느낌이 든다고 '생각'하는지, '실제로는' 어떤 느낌인지, 당신의 불만을 일으키는 다른 이유들이 무엇인지 나는 모른다. 아마 당신도 모를 것이다. 그러나 나는 어떤 인지적인 힘 때문에 당신의 결단이 더 힘들어지는지 확실히 안다. 그 힘을 이해하면 앞으로 어떻게 해야 좋을지 정하는 데 도움이 될 것이다.

———

사랑은 과학이다

이별 컨설팅을 요청하는 사람들은 대개 두 부류 가운데 하나에 해당한다. 어떤 사람들은 이미 유효하지 않은 관계를 고수하려 한다. 나는 이들을 매달리는 사람이라는 뜻에서 **히처**Hitcher라고 부른다. 다른 부류 사람들은 연애가 자라날 기회도 주지 않고 너무 일찍 그만둔다. 이들은 팽개치는 사람이라는 뜻에서 **디처**Ditcher라고 할 수 있다. 물론 당신은 악성 이별 행동 스펙트럼 (공인된 과학 척도는 아니지만, 공인이 되어야 마땅하다) 중간 어디쯤 위치할 수도 있다. 이런 성향은 밀물 썰물처럼 성하다가 기울다가 하는데 우리가 누구와 함께 하느냐, 우리 삶에 어떤 일이 벌어지고 있느냐, 그리고 기타 다른 많은 요소들에 따라 달라진다.

팽개치기

시드니 이야기를 계속하기 전에, 먼저 마이크 이야기를 해 보겠다. 마이크는 서른여섯 살이고 앨버커키에 산다. 그가 내게 처음 왔을 당시 3개월 정도 사귄 여자친구가 있었다. 그녀 덕에 그는 행복했다. 그녀는 그가 말도 안 되는 소리를 하면 지적해 줬다. 그가 직장에서 해고된 다음 뭐가 하고 싶은지도 그녀가 도와서 알아냈다. "그녀는 믿을 수 없을 만큼 친절해요. 아마 내가 만나본 사람들 중에 제일 친절한 사람일 거예요." 그가 말했다.

불행하게도 지난 몇 주 동안 그는 자신에게 익숙한 어떤 힘이 작용하는 걸 느꼈다. 다시 말해, 그녀와 헤어지고 싶어졌다.

"저는 늘 이랬어요. 정말 좋은 사람을 만나요. 그런데 3개월이 지나면 그 사람 단점에 꽂혀서 와장창! 끝을 내요."

"지금 여자 친구한테서는 뭐가 거슬리는데요?" 내가 물었다.

"재수없다고 생각하겠지만, 그 사람이 말하는 방식이요. 단어 선택도, 발음도 틀려요. '픽처picture'를 '피처pitcher'라고 하거든요. 보스턴 사람이라 그런가봐요."

전형적인 참을 만한 질색거리다. "주저하는 이유를 알려 줘서 고마워요." 내가 발-음-을 똑-바로 하려고 노력하면서 그에게 물었다. "본인의 장기 목표가 뭐지요?"

"결혼해서 아이들을 갖는 겁니다."

3개월 주기로 관계를 끝내는 그의 성향으로 봤을 때, 이 속도로는 그가 원하는 가정을 이룰 수 있을 것 같지 않았다. 그러나 그가 노력하는 것이 눈에 보였다. 적어도 자기가 처음부터 한 발 빼고 연애를 시작한다는 점은 인정했다. 그는 상대에게 합당한 기회를 주기도 전에 헤어지는 성향이 있었다(물론 이런 성향이 연애 중일 때 그의 태도에 분명히 영향을 미쳤을 것이다). 그는 늘 연애를 일찍 정리했다. 혹시 더 좋은 사람이 있지 않을까 하는 마음이 있어서이다. 그렇다, 마이크의 사연이 어딘지 익숙하다. 그는 틀림없는 극대형 인간이다.

사랑에 빠지는 것과 사랑하는 것

극대형 성향 때문에 관계를 팽개치는 사람들이 있다. 그들은 좀 더 나은 상대가 있을까 싶어서 너무 성급하게 상대를 저버린다.

낭만형 성향도 연애를 팽개치는 이유가 된다. 낭만형 인간은 연애 초기의 왕성한 흥분이 연애 내내 지속되기를 바란다. 심장이 두 근거리고 손에서 땀이 나고 생각이 줄달음치기를 바란다. 이런 사람들이 성급하게 관계를 끝내는 이유는 **변천의 법칙**이라고 불리는 인지상의 오류 때문이다.

대니얼 카너먼과 아모스 트버스키는 사람들이 앞으로 어떤 느낌이 들지 전망할 때 '초기' 느낌에만 치중하는 경향이 있다고 말한다. 예를 들어, 복권 당첨자는 시간이 지나도 계속 행복하리라고 여겨지지만 사실은 그렇지 않다. 앞서도 이야기했듯 복권이 당첨된 후 1년이 지나면 당첨자의 행복(혹은 불행) 정도는 비당첨자와 마찬가지이다.

복권 당첨자를 상상할 때 우리는 변천(평범남 조에서 대박을 터뜨린 '당첨남'으로 옮겨가는 과정)에만 치중한다. 사실 엄청나게 큰 변화가 맞다. 하지만 현실에서는 일단 부자가 되면 새 여건에 결국 적응하기 마련이고, 그렇게 되면 조만간 돈이 더는 흥미롭지 않게 된다. 정서 상태는 다시 복권 당첨 이전으로 돌아간다. (이런 역학은 여타의 역경에서도 마찬가지로 작용한다. 연구에 따르면 사지마비의 경우도 장기적인 행복감에 미치는 영향력이 우리 생각보다 미미하다고 한다.)

연애를 팽개치는 디처들도 같은 실수를 저지른다. 변천 법칙 때문에 그들은 사랑에 '빠지는' 상태와 사랑을 '하는' 상태를 혼동한다. 그러고는 연애기간 내내 초기의 흥분을 기대한다. 그러나 인간은 적응의 동물이다. 사랑하는 상태가 되면 사랑에 빠지던 당시보다는 감정의 강도가 덜하다.

팽개치는 사람들은 사랑에 빠질 때의 느낌이 영원히 계속되리라 생각한다. 사랑에 "빠질" 때의 느낌에서 사랑"할" 때의 느낌으로 바뀔 때, 디처들은 그 느낌을 대재앙의 신호로 해석한다. 몇 번이고 거듭 그들은 질겁을 한 다음 새로운 로맨스가 주는 흥분을 찾아 떠나간다.

디처는 무엇이 문제일까?

이런 행태는 문제를 야기한다. 당한 사람 편에서만 하는 말이 아니다. 디처 역시 기회비용을 과소평가하는 바람에 좋은 반려가 되는 법을 전혀 익히지 못한다.

당신이 첫 만남만 백 번을 했다고 상상해 보자. 첫 데이트 기술은 확실하게 익혔을 것이다. 완벽하게 편안한 와인바도 찾았을 테고, 네팔에서 여행하다가 길을 잃었던 이야기도 완벽하게 다듬었을 것이다. 그렇지만 다섯 번째나 일곱 번째 데이트하는 날 어떤 일이 벌어질까? 아니 스물 다섯 번째 데이트 날에는? 아니 쉰 다섯 번째 날에는? 당신은 모른다. 거기까지 가본 적이 없으니. 그리고 세 달 주기로 사귀다가 헤어지길 반복한다면 데이팅 렙은 할 수가 없다. 누군가를 제대로 알아가는 경험도 못한다. 생일 케이크 촛불로 환하게 빛나는 애인의 얼굴도, 부모님의 병환이 걱정되어 눈물 흘리는 모습도 보지 못한다. 시간이 아무리 흘러도 사랑에 대한 헛된 기대에 매달리는 삶을 계속하게 된다. 첫 날의 느낌이 천 일째의 느낌과 다르다는 사실을 절대로 배우지 못할 것이다.

팽개치는 대신 어떻게 해야 할까?

나는 그날 전화로 통화하다가, 마이크에게 눈을 감아보라고 말했다.

"본인 앞에 양 갈래 길이 있다고 상상해 보세요. 길 두 개가 보여요. 첫 번째 길로 발을 들였다고 생각해 보세요. 지금 여자친구와 헤어진 뒤 다른 여자를 찾고, 또 그녀와 헤어지고, 계속 그러겠지요. 그 길은 첫 데이트, 첫 키스가 가득한 길이에요. 나이는 점점 들어가는데 계속해서 그렇게 살겠죠. 라스베이거스의 밤과 근사한 레스토랑이 가득한 길, 하지만 아내도 아이들도 없는 길이에요.

"저쪽 길에는 뭔가 다른 일이 있네요. 당신은 한 여자에게 마음을 정해요. 그녀와 잘되기 위해 최선을 다하지요. 그 길을 가다 보니 명절에 양가 어른들을 모시고 저녁 식사하는 광경이 보이네요. 더 나아가 봅시다. 둘이 크게 싸우고, 화해의 섹스를 하고, 그러고는 결혼을 해요. 낭만적인 신혼여행에 아기도 보이네요. 아기 얼굴에 똥이 묻어서 닦아주고는 힘들어서 떡실신을 해요. 아기가 하나 더 생겨서 또 한 번 얼굴에 묻은 똥을 닦아요. 그러다가 대학 졸업도 시키고 그렇게 되는 거죠."

그 상상 과제가 끝나자 마이크가 조용해졌다.

"어떤 생각이 들어요?" 내가 물었다.

"좀 더 생각해 볼 게요."

2주가 지났다. 우리가 다음 세션을 맞았을 때 먼저 말을 꺼낸 사람은 마이크였다. "지난 번에 아빠 마이크가 되는 길과 나쁜 마이크가 되는 길의 갈래점에 서 있는 제 모습을 보여 주셨지요. 나쁜 마이크는 계속해서 여자들을 사귀다가 헤어지기를 반복했어요. 연애를 유지하는 법도 모르고, 아이를 가질 기회도 없어요. 눈을 감고 있는데 독신자 숙소에서 소파를 펼쳐서 잠자리로 삼는 외톨이 마이크가 보였어요."

"그러니, 어떻게 하고 싶어요?"

"다른 길로 가야지요."

마이크는 당시 하고 있던 연애에 기회를 주기로 결심했다. 다음 해 우리 작업을 계속하면서 그의 태도에 변화가 생겼고 당시 여자친구로 그는 마음을 정했다. 그녀의 장점을 상기시키는 방법도 함께 개발했다. 나는 그에게 일요일 아침마다 지난 일주일 동안 자기 여자친구의 진면목을 보게 된 다섯 가지 경우를 문자로 보내라고 시켰다. (잊지 마시라. 데이트 상대의 장점 다섯 가지를 적어서 보내달라고 독자 여러분께 요청했었다! 주소는 5goodthings@loganury.com이다.)

오래 연애를 하고 싶다면 결국 누군가에게 마음을 정하고 노력을 기울여야 한다. 마이크가 새것에 대한 소망으로 이따금 속이 근질댄다 해도 그게 정상이라고 나는 말해 준다. 그가 '아빠' 마이크가 되는 길을 택했으니, 그 길에 '나쁠' 게 무엇이랴.

매달리기

팽개치는 디처들은 관계에 머무르는 방법을 모르는 반면에 매달리는 히처들은 나가는 방법을 모른다. 밤 열한 시에 전화통을 붙들고 눈물을 흘렸던 시드니는 전형적인 히처였다.

"저는 스물여섯 살이에요." 그녀가 말했다. 남자 친구 마테오와 사귄 지 10년 됐다고 했다. "우리 둘 다 오하이오주의 아주 작은 마을 출신인데 열여섯 살 때부터 사귀기 시작했어요."

어른이 된 시드니는 그 관계가 성에 차질 않았다. "우리가 서로 좋아하는 마음은 깊어요. 그래도 이제 세세한 내 일상을 그 사람과 더는 함께 하고 싶지 않아요. 서로 할 얘기도 없어요. 함께 있으면 저는 초조하고 반항적인 면만 드러나요."

"그렇게 느낀 지 얼마나 오래 됐어요?"

"대충 3년 정도요. 그런데 점점 더 심해지네요. 오래 사귀다 보면 관계에 부침이 있다는 건 저도 알아요. 하지만 이런 느낌이 몇 년이나 지속되니까 이제는 뭔가 조치를 취해야 할 때라는 느낌이 들어요."

그녀가 자기 궁금증을 펼쳤다. "그와 이만 헤어지라는 제 내면의 소리에 귀 기울여야 할까요? 그러다가 소중한 걸 잃어버리면 어쩌죠? 차라리 드라마에 나오는 것처럼 해외 발령이라도 났으면 좋겠어요. 그가 도저히 따라올 수 없는 곳으로요. 그러면 어쩔 수 없이 관계를 다시 생각해 보게 될 테니까요."

이제 옷장 테스트Wardrobe Test를 할 때였다.

이별 연구를 하면서 내가 개발한 방법인데, 심층 조사 질문 가운데 도움이 제일 많이 되는 것이다.

질문을 하겠다. 먼저 약속을 해주면 좋겠다. 혹시 당신이 이별을 염두에 두고 있다면 잠깐 시간을 내어 질문에 가능한 솔직하게 (그리고 빠르게) 대답해 보기 바란다. 직감적인 반응을 알아보려 한다.

이 질문은 추상적이고 황당해서 오히려 사람들의 진심을 드러내기에 알맞다. 어떤 사람들은 자기 파트너가 따뜻한 코트 혹은 포근한 스웨터 같다고 했다. 아마도 파트너의 지원을 든든하게 느끼는 사람들이라고 생각된다. 어떤 여성은 자기 남자친구를 미니 블랙 드레스 같다고 했다. 자기가 입으면 섹시해서 자신감이 생기는 옷이라고 했다. 어떤 남성은 여자친구를 가리켜 자기가 제일 좋아하는 현란한 바지 같다고 했다. 뮤직 페스티벌을 갈 때 입는 바지인데 여자 친구가 선물해 준 옷, 아주 좋아하지만 절대로 직접 고르지는 않을 옷이라고 했다.

관계에 얼마나 큰 좌절감을 느끼는지를 드러내는 사람들도 있었다. 어떤 남성은 자기 남자친구를 울 스웨터로 비유했는데, 따뜻하기는 하지만 너무 오래 입고 있으면 몸이 가려워진다고 말했다.

같은 질문을 시드니에게 했다.

"마테오는 오래 입어서 보풀이 많은 맨투맨 같아요. 좋아는 하지만 중요한 모임에는 안 입고 가는 그런 옷이요. 그걸 입으면, '아아아, 좋아. 이제야 숨통이 트이네'라고 생각하지만 동시에 '이 꼴로는 아무데도 못 가겠다'라는 생각도 들지요."

저런. 보풀이 많은 맨투맨이라고? 관계를 이보다 더 잘 드러내는 답을 내가 받아본 적이 있던가. 이미 오래전부터 이 관계가 그녀의 성에 차지 않았겠다는 생각이 들었다. 더 이상 자랑스럽거나 공을 들이고 싶은 관계가 아니었다. 그러니 좋은 인연이 아니었다. 그녀에게는 물론 마테오에게도.

이제 그 맨투맨을 벗고 관계에서 벗어나야 할 때였다.

히처가 관계를 끊지 못하는 이유

히처들이 지나치게 오래 관계에 머무르는 이유를 인지 편향 이론 몇 가지로 설명할 수 있다.

다음 상황을 상상해 보자. 당신이 아마추어 즉흥극 공연을 보기 위해 22달러를 지불했다. 자리에 앉았는데 십 분도 채 지나지 않아 내가 기대하던 공연이 아니라는 판단이 섰다. 공연은 '진짜로' 아마추어였다. "아이고, 됐다" 수준으로 형편없다.

혼자 생각할 것이다. '계속 앉아 있어야지. 22달러나 냈잖아.' 그 경우, 공연이 끝날 때까지 자리에 앉아 있는다면 즐겁지도 않은 일에 90분을 쓰는 셈이다. 아니라면 자리를 뜰 수도 있다. 산책을 하거나 극장 근처에 사는 친구를 만날 수도 있다.

두 경우 모두 표를 사느라 22달러는 이미 지불했다. 그 돈은 날린 돈이다. 하지만 자리를 떴다면 시간은 되찾을 수 있다. 행동 경제학자 아모스 트버스키는 영화관을 즐겨 찾는다. 그런데 시작하고 5분 안에 그 영화가 마음에 들지 않으면 영화관을 나선다. "이미 내 돈은 그 영화가 가져갔어요. 그런데 시간까지 줘야겠어요?" 그가 설명했다.

트버스키는 **매몰 비용의 오류**를 알고 그걸 피할 수 있었던 것이다. 사람들은 일단 뭔가에 투자를 하면 끝을 봐야 한다고 느낀다. 대다수 사람들이 형편없는 즉흥극을 억지로 끝까지 앉아서 보는 이유는 바로 그래서이다.

형편없는 연애 관계도 마찬가지다. 히처들은 매몰 비용 오류 때문에 그 관계에 머문다. 전화로 이런 말은 한 남자가 있었다. "여자친구랑 3년을 함께 했어요. 처음 6개월은 너무 좋았어요. 나머지 2년 반은 끔찍했고요." 불행한 게 분명한데 왜 아직도 그녀와 함께 지내냐고 물었더니 그가 대답했다. "그렇게나 많은 시간을 그 사람에게 투자했는데요. 지금 그만두면 바보지요."

나는 그가 알아듣겠다 싶은 말로 매몰 비용의 오류를 설명해줬다. "그녀와 함께했던 첫 6개월은 마치 드라마 〈트루 디텍티브〉의 첫 시즌 같은 거였어요. 훌륭했죠. 시즌 2와 3는 지루해요. 시즌 4가 나올 때까지 마냥 기다리며 계속 볼래요? 아니면 이제 새 드라마를 볼래요?" 어찌되었든 그는 이미 그녀와 3년을 보냈다. 결단을 내려야 했다. 다시 3년을 더 보낼까 아니면 새 드라마를 찾을까?

히처들은 또 **손실 회피 심리**에 빠져 있다. 행동 경제학자 아모스 트버스키와 대니얼 카너만이 쓴 획기적인 논문에서 두 학자는 이 현상을 밝혔다. 그들은 "얻는 기쁨보다 잃는 괴로움이 더 크다"고 설명했다.

당신이 가게에 들어가 500달러짜리 신형 휴대폰을 샀다고 치자.

사랑은 과학이다

영업사원이 100달러 할인 쿠폰을 준다. 상당히 기분이 좋지 않겠는가? 이제 다른 경우를 생각해 보자. 가게에 들어갔는데 영업사원이 100달러 할인 행사를 '했었다.' 하지만 바로 전날 끝났다고 말한다. 그 손실을 생각하면 아마 가슴이 아플 것이다.

한 상황에서는 당신이 100달러를 번다. 휴대폰 값이 500달러가 아니라 400달러이기 때문이다. 다른 상황에서는 100달러를 '잃는다.' 한끝 차이로 쿠폰을 잃었기 때문이다. 걸린 돈은 두 경우 다 100달러이다. 그러니 겪게 되는 기쁨도 아픔도 다 정도가 같을 거라고 기대할 것이다. 그러나 그렇지 않다. 얻는 기쁨보다 잃는 괴로움이 더 크다고 한다. 손실 회피 성향 때문에 100달러를 잃으면 겪게 되는 심리적 '괴로움'은 같은 돈을 얻을 때 겪는 '기쁨'의 두 배에 달한다.

우리는 이런 편향된 사고에 우리 행동을 적응시켰다. 즉, 손실을 회피하기 위해 할 수 있는 일은 다 한다. 옷의 경우, 오늘 들른 가게에 걸려 있다면 거들떠 보지도 않았을 오래된 티셔츠에 집착한다. 연애의 경우, 나쁜 관계에 집착한다는 뜻이다. 현재 파트너를 잃는 두려움이 새로 데이트할 상대에 대한 호기심보다 크기 때문이다.

매달리기의 문제점

이별에는 커다란 결과를 수반하는 커다란 결단이 필요하다. 미루고 싶을 만하다. 하지만 그러면서 간과하는 점이, 그 관계에 머물러 있는 것 자체가 '이미 결단을 내린 것'이라는 사실이다. 이별은 고속도로에서 나가는 진출로가 아니다. T자형 교차로이다. 좌회전하면 이별 지점이다. 우회전하면 함께 살아요 동산이다. 어떤 방향으로 갈지 결단을 내려야 한다.

팽개치는 디처와 마찬가지로 매달리는 히처도 기회비용을 과소평가한다. 히처는 새 인연을 찾을 기회를 놓치게 된다. 그러나 최악은 다음의 사실이다. 그 차에는 당신만 타고 있지 않다. 파트너가 함께 타고 있다. 관계를 끝낼 생각이라면, 당신이 차일피일 미루는 동안 파트너의 시간을 하루 하루 낭비하고 있는 셈이다. 당신이 자기 아이를 직접 낳아 기르려는 여성과 데이트하는 남자라면 특히나 민감하게 생각해야 한다. 당신과 함께 지내느라 잃게 되는 '그녀의' 기회비용을 과소평가하고 있는 중이다. 그녀와의 이별을 미룰수록 그녀가 새 파트너를 찾아서 가정을 이룰 시간이 줄어든다. 그녀에게 베풀 수 있는 가장 친절한 행위는 당신이 분명하게 답을 줘서 그녀가 다른 사람을 찾아 자기 길을 가도록 하는 것이다.

남을까, 떠날까?

부디 지금쯤이면 자신이 디처인지 아니면 히처인지 현명한 판단을 내렸기 바란다. 하지만 정작 자기 연애 문제에 봉착하면 앞으로 어떻게 해야할지 몰라 여전히 전전긍긍할지도 모르겠다. 아래에 일련의 질문을 실었으니 그 관계를 마칠지 아니면 고칠지 결정하는 데 도움이 되기를 바란다. 차 한 잔 우려낸 뒤 자리에 앉아서 다음 질문에 대답해 보자.

사랑은 과학이다

1. 옷장 테스트를 해 본다: 본인의 파트너가 옷장 속 옷이라면 어떤 옷이라고 생각하는가?

- **본인 대답을 해석하는 법:** 파트너를, 그리고 파트너와 함께 하는 관계를 본인이 어떻게 보는지 이 대답으로 알 수 있다. 앞에서도 언급했듯이 질문의 성격이 추상적이어서 우리 파트너십 기저에 깔린 진실을 드러내게 된다. 본인 대답을 해석하려면 스스로의 정신을 분석해야 한다. 일반적으로 봤을 때 대답이 겉옷이면 그 관계에 대한 전망이 좋다. 몸을 따뜻하게 해 주는 스웨터나 재킷, 좋아하는 셔츠, 바지, 구두 등이 이에 해당한다. 하지만 닳았고, 피부를 가렵게 하고, 불편하고, 낡은 팬티처럼 사람들 앞에서 입기 꺼려지는 옷을 거론했다면, 걱정할 만하다.

2. 본인이 원하는 만큼 파트너를 만날 수 없는 경우, 지금 당장 그 사람 생활에 정상을 참작할 만한 사연이 있는가? 가령 실직을 했다든지 부모님이 아프시다든지? 그런 상황이 해소되면 다시 평소대로 돌아올 가능성이 있는가?

- **본인 대답을 해석하는 법:** 외부적인 상황 요인이 있다고 하자. 가령 직장에서의 과도한 업무 때문에 파트너의 주의가 그쪽으로 쏠리고, 잘 나오지도 않고, 성급해지고, 혹은 각박해졌다고 치자. 좋다, 상대가 스트레스에 어떻게 대응하는지 아는 것도 쓸모가 있다. 그렇지만, 이런 때 상대의 행동을 그 사람의 됨됨이나 연애 기간

내내 보일 상대 행동의 신호로 해석하면 안된다. 일시적인 행동일 수 있기 때문이다. 이런 일이 있기 전에 어떤 사람이었는지 생각해 본다. 상황이 해결되면 상대가 평소대로 돌아오는지 보게 조금 더 지켜볼 수 있겠는가?

3. 상황을 개선하기 위해 노력하거나 피드백을 주었는가?

- **본인 대답을 해석하는 법**: 일자리가 위태롭다는 경고도 받기 전에 해고됐다고 상상해 보라. 기분 참 별로일 것이다, 안 그런가? 그래서 많은 회사들이 정기적으로 업무 평가를 수행한다. 규칙적으로 확인하면 직원이 업무 능력을 증진시킬 기회도 된다. 경고도 없이 이별을 당했다고 전 애인이 소송을 걸지는 않겠지만 느닷없는 이별은 권장할 만한 행동이 아니다. 상대에게 무슨 일이 일어나고 있는지 물어볼 기회를 주어야 한다. 내빼는 대신에 용기를 내어 파트너와 대화를 시도하고 둘 사이에 고치고 싶은 변화를 설명해라. (이렇게 힘겨운 대화는 어떻게 풀어가야 하는지 다음 챕터에서 자세히 다루겠다.)

4. 오랜 관계에서 본인이 바라는 것이 무언가? 그 바람이 현실적인가?

- **본인 대답을 해석하는 법**: 먼저, 본인을 포함하여 그 누구도 완벽하지 않다는 걸 이해하고 사소한 성격상 결점을 가지고 터무니없

사랑은 과학이다

이 깐깐하게 굴지 말자! 그런 건 질색거리이지 결렬거리가 아니다. 혹시 본인이 낭만형 인간(복습이 필요하면 챕터 3을 보라)이라면 본인의 기대를 잘 살펴보라. 낭만형 인간은 '그 후로도 오랫동안 행복하게'를 바라는 경향이 있고 그래서 당연한 문제도 일단 생기면 힘들어 한다. 그들은 '이 사람이 정말 내 소울메이트가 맞다면 이렇게 힘들 리가 없어'라고 생각한다. 그러나 어떤 관계이든 부침의 시기가 있고, 당연히 저점을 지나야 한다는 걸 알고 있으면 좀 더 대처를 잘 할 수 있다.

처음 상대에게 반했을 때의 열렬함이 잦아드는 시점이 그 저점이 될지도 모른다. 우리 뇌는 처음 몇 년은 사랑이라는 묘약에 도취해 있다. 그 다음 국면은 좀 더 친근하지만, 강렬함은 덜하다. "마트에서 뭐 사가지고 갈까?"가 많아지고 "부엌 바닥에서 할까?"는 줄어든다. 그런 변화가 실망스러울 수도 있다. 어떤 사람들은 그 황홀함을 다시 느끼기 위해 다른 사람과 다시 시작하기도 한다. 그러나, 만약 목표가 파트너 한 명에게 마음을 정한 뒤 오래도록 인연을 함께 하는 것이라면, 그런 변화가 불가피하다는 점을 이해해야 한다.

5. 끝으로, 두 사람 사이에서 본인이 어떤 사람인지 들여다보자. 파트너십에 최고의 모습으로 임했던가? 관계를 잘 유지하고자 본인 편에서 할 수 있는 일은 다 해봤는가? 상대를 더 너그럽게 대하고 더 큰 존재감을 주는 존재가 되기 위해 노력할 수 있겠는가?

- **본인 대답을 해석하는 법:** 파트너의 결함에 치중하지 말자. 자신도 돌아봐야 한다. 둘 사이를 유지하기 위해 본인 편에서 할 수 있는 일이 있다면 (예를 들어 더 친절해지기 등) 플러그를 뽑기 전에 우서 그걸 실천해 보자. 알고 봤더니 본인이 다른 대상(직장, 친구, 가족 등)에는 최선을 다했지만 정작 파트너에게는 쓰고 남은 에너지만 주었다면, 파트너에게 우선적으로 공을 들일 경우 두 사람 관계가 어떻게 변할지 살펴보자. 인연을 오래 가도록 가꾸려면 어떻게 해야 하는지에 대해서는 챕터 18에서 상세히 다루고 있다.

믿을 만한 친구나 식구들에게 물어본다

관계를 유지해야 할지 여전히 잘 모르겠다면 친구에게 전화를 걸 때가 됐다. 그들의 솔직한 피드백이 필요할 것이다. 우리는 에티켓이라는 것을 생각해서 다른 사람의 연애에 대해 대개는 입을 다물어 주는 편이다. 그래서 우리 눈에 빨간 불이 훤히 보여도 먼저 부탁받기 전에는 이렇다 저렇다 피드백을 주지 않는다. 하지만 친구나 가족은 우리가 눈이 멀어 보지 못하는 지점을 볼 때가 있다. 연애 시작 후 2, 3년 동안 우리는 파트너에게 도취되어 관계에 대한 판단력이 흐려지기 때문이다.

내 친구 가운데 한 명이 결혼식을 올리기 몇 주 전에 파혼을 했다. 그때서야 몇몇 사람들이 고백하기를 상대남이 미덥지않았지만 묻지도 않은 걸 말해 주기가 뭣해서 그냥 잠자코 있었다고 했다.

같은 일을 당해서는 안된다. 믿을 만한 친구나 식구들에게 당신의 관계를 정말로 어떻게 생각하는지 물어야 한다. 조언자는 신중

사랑은 과학이다

하게 고르자. 나도 알고 내 파트너도 아는 사람, 내 이익을 제일로 생각해 주는 사람, 내 생각을 잘 정리해 주는 사람을 찾아라. 자기 문제를 내 상황에 투사하는 사람(예를 들어, 파트너가 바람을 피워서 신뢰 문제가 있는 사람), 자기 삶에 영향이 있을까봐 내가 싱글로 남거나 아니면 그 관계를 지속하기를 바라는 사람(이를테면 모임에서 내 들러리 역할이 필요하거나 아니면 나와 같이 더블 데이트를 하고 싶어 하는 사람), 혹은 기타 등등의 이유로 공평한 피드백을 줄 수 없는 사람은 피해야 한다!

그 사람들에게 난처한 질문을 해서 미안하지만 그래도 솔직한 의견이 필요하다고 말해라. 메레디스라고 내가 아는 여성은 자기 절친과 약속을 했다. 둘 가운데 한 사람이 누군가를 사귀는데, 그 사람이 친구와 어울리지 않는다고 생각하면 서로 말해 주기로 했다. 그런 대화를 나누기가 아무리 힘들어도 꼭 그렇게 하기로!

친구나 가족의 충고를 듣고 그들을 나쁘게 생각하지 않겠다는 다짐을 실천해야 한다. 그 사람들의 충고를 따르지 않더라도 그래야 한다. '부탁'을 받고 솔직한 피드백을 준 사람들을 탓하면 안되니까! 또, 상대가 그런 대화를 하고 싶어하지 않는다면 억지로 강요해서도 안 된다.

결국 결단은 우리의 몫이다. 그러나 믿을 만한 친지들과 의논한 다음 본인이 알게 된 것은 무엇일까? 막연했던 두려움을 그들이 확신하게 해 주었나? 아니면 끝까지 버텨보라고 조언하던가? 때로는 그들 충고에 대한 본인 '반응'에 주의를 기울이는 것도 충고 그 자체만큼 도움이 된다. 그들이 자기 의견을 말해 줄 때 나는 어떤 '느낌'이 들었나? 안도했나? 패닉했나? 이때의 경험과 내가 다음에 취할 행동에 대한 내 느낌을 병합시켜야 한다.

다음에 취할 행동

- **당신이 디처인데 현재 관계에 기회를 한 번 줬으나 제대로 되지 않았다면:** 떠나라. 상대가 본인의 짝이 아닐 테니 그래도 괜찮다. 그러나 아직 다 끝나지 않았다. 본인의 디처 성향을 염두에 두고 있어야 한다. 다음번 연애를 하는데 다시 그 익숙한, 떠나야 겠다 는 충동이 일어나면 위의 질문으로 다시 돌아가라. 그리고 작별을 고하려는 이유가 합당한지 확인해야 한다.

- **디처든 히처든 아직 제대로 된 기회를 지금 관계에 주지 않았다 면:** (예를 들어, 상대에게 아직 본인의 최고 모습을 보여 주지 않았 다면) 당신이 그 관계에 머무르면서 끈기 있게 공들이면 어떤 일 이 벌어지는지 보라. 연애는 시간이 흐르면서 자연스레 부침을 겪 는다. 관계가 길어지면 이런 주기가 여러 번 있을 수 있고 심지어 몇 년씩 관계 만족도가 떨어질 때도 있다. 저조해진 시점이 부서 질 (혹은 헤어질) 때가 아닐 수도 있음을 명심해야 한다.

노스웨스턴 대학 교수 엘리 핀켈은 저서 《괜찮은 결혼》에서 커 플이 관계 침체기에 기대치를 '재조정'하는 법을 배운다고 했다. 침체기가 오는 이유는 여러 가지이다. 아이들, 연로해 가는 부모 님, 스트레스 심한 직장 등이 그 이유일 것이다. 어떤 결혼 전문가

사랑은 과학이다

들은 험난해진 관계를 이어가려면 더 많은 시간과 에너지를 투자라하고 충고하지만 그런 조언이 비현실적일 때가 많다. 내 에너지가 고갈된 마당에 줄 게 남아 있지 않을 것이기 때문이다. 그러니 대신 둘 사이에서 뭘 얻을까 기대를 줄여야 한다. 내 삶의 다른 문제들을 해결할 때까지 당분간 말이다.

먼저 본인 자신에게 집중해야 한다. "본인"이 충만하다고 느낄 때 사랑할 능력도 가장 크다. 스스로에 대한 확신과 편안함이 클수록 타인과 주고받기 쉬워진다. 스스로 행복하려는 작업을 먼저 하면, 남에게서 그 행복이 오기를 바랄 때보다 관계 유지도 쉬울 것이다.

두려운 마음이 들겠지만 커플 테라피도 고려할 만하다. 아직 결혼을 하지 않았다 해도 마찬가지다. 어떤 사람들은 테라피가 필요할 정도의 관계라면 이미 늦었다고 잘못 생각하기도 한다. 절대 그렇지 않다! 한 번 시도해 보라. 연애학자 존 가트맨에 따르면 매년 거의 백만 건에 이르는 이혼이 미국에서 발생하지만 이 커플의 10퍼센트도 안 되는 사람들만 전문가와 상담을 한다고 한다. 커플 테라피는 지난 수십 년 동안 학문적인 검증을 통해 효과가 입증되었다. 전문가의 도움을 받았다면 위의 이혼 커플 가운데 얼마나 많은 경우가 구제되었을지 그 누가 알겠는가?

이런 조언을 내가 자신 있게 할 수 있는 이유는 나 또한 관계에 머무는 쪽으로 선택한 경험이 있기 때문이다.

몇 년 전 나는 뉴욕의 고급 레스토랑에 스콧과 함께 자리했다. 웨이터가 우리 테이블로 와서 오븐에서 막 꺼낸 빵으로 가득한 바구니를 건넸다. 그 중 한 개를 내가 꺼낸 뒤 바다 소금을 박아 넣은 발효 버터를 발랐다.

"요즘은 무슨 일을 하고 있어?" 내가 스콧에게 물었다.

당시 우리는 사귄 지 3년, 그리고 샌프란시스코에서 같이 산 지 1년 되던 때였다. 나는 4개월짜리 TED 본사 근무 프로그램 때문에 잠시 뉴욕에 거주하고 있었다. 프로그램을 끝낸 걸 축하하는 의미에서 스콧이 깜짝 저녁 식사 자리를 마련한 것이었다. 통 큰 제스처였고 나는 정말 고마웠다. 그 당시 우리 사이가 별로 좋지 않았기 때문이다.

우리 사이는 1월부터 위태로웠다. 몇 가지 큰 변화로 말미암아 내 삶이 완전 뒤집어졌기 때문이다. 나는 대기업에서 거의 10년을 일한 뒤 그 일을 그만두고 내 열정을 찾아 나섰다. 기술직 봉급에서 무봉급 생활로, 수천 명이 근무하던 커다란 사무실에서 타 도시에서 혼자 일하는 개인 사무실로 여러가지가 달라졌다.

우리는 여러 차례 길고 힘든 대화를 나눴다. 나는 내가 중요하다고 여기는 가치들(공동체, 친구, 여행 등)에서 만족감을 느끼지 못하고 있다며 삶의 이런 영역에 그가 좀 더 노력을 기울여 주기를 부탁했었다. 그때 우리는 심지어 커플 테라피스트도 찾아갔었다. 하는 말이라고는 자기 페이스북에 올린 글을 다시 써먹는 것뿐이던 그 형편없던 테라피스트가 해 주는 조언이란, 우리 같은 신경과민 유대인 두 사람이 결속감을 다시 다지려면 익스트림 스포츠를 같이 하라는 것이었다. 아이러니하게도 우리의 결속감은 그 사람에 대한 공통의 혐오감 덕분에 강해졌다.

당시 나눴던 벅찬 대화 가운데, 스콧이 일 이야기를 하면 내가 제대로 들어 준 적이 한 번도 없는 것 같다는 이야기가 있었다. "너는 내 일이 따분하다고 생각하는 것 같아. 그렇지 않아. 우리는 여성의 생명을 구하는 일을 하고 있어. 유방암 검진 기술을 발전시켜서 말이야." 그가 말했다.

그가 옳았다. 그가 무슨 일을 하는지 난 정말 몰랐다. 내가 비록 기술계에 몸담기는 했지만 딱히 기술직 인사는 아니다. 나는 DSLR 카메라조차 제대로 다룰 줄 모른다. 사람들이 구글에서 인공지능 일을 하는 스콧에 대해서 물어보면 나는 늘 "머신 러닝," "컴퓨터 비전," "메디컬 이미징" 같은 말을 뒤섞어서 설명했고, 그러면 그들이 알았다는 듯 고개를 끄덕였다. 그리고 화제는 딴 데로 넘어갔다.

마침내 4개월 동안의 장거리 연애 기간이 끝났다. 스콧이 내 테드 톡을 보기 위해 대륙을 가로질러 왔다. 하필 주제가 연애 관계였다. 다른 사람들에게는 오랜 인연을 가꾸라고, 내가 도와주겠다고 하면서 정작 내 연애는 비틀거리고 있었으니 이렇게 아이러니할 수가 없었다.

축하해 주겠다고 그 고급 레스토랑으로 그가 나를 데려갔다. 그제야 비로소 나는 그의 직업에 대해서 알아야겠다는 생각이 들었다. 그는 기본적인 이야기를 해 줬다. 자신이 무슨 일을 하고 있으며 그 일이 어떻게 방사선 치료를 개선시킬 수 있는지에 대한 설명이었다. 그 자리에 앉아 유방X선 촬영 팀에서 그가 하는 복잡한 역할을 설명 듣고 있자니 그가 자랑스러워졌다. 그가 무슨 일을 하는지 왜 전에는 신경을 쓰지 않았는지 나로서도 알 수가 없었다.

그날 저녁 식사를 하기 전에 나는 여러 시간을 혼자 따로, 그리고 친구들과 보내며 우리가 헤어져야 할지 고민하고 있었다. 앞에 열거한 그 모든 번민과 과제들을 스스로도 해 봤다.

하지만 그날 밤, 내 스스로의 그간 행동을 돌아보면서 나는 깨달았다. 우리 관계를 위해서 그에게 변해 달라고 얼마나 많이 졸랐는지. 그러면서도 정작 내 편에서는 그런 노력을 기울이지 않았다. 주의를 기울이고, 물어보고, 들으려는 노력 말이다. 그날 저녁 식사 이전의 나는 남의 연애를 돕는답시고, 정작 내 자신의 연애는 등한시했던 것이다.

저녁을 먹는 동안 나는 스콧의 직업 이야기를 나누며 그와의 결속감을 만들기 위해 열띤 노력을 했다. 내가 말문을 열면 그가 설명을 했다. 그런 다음 우리가 사귄 세월 동안 제일 좋았던 대화를 나눴다. 그날 저녁 식사가 우리 관계의 전환점이었다. 내가 그를 당연시하고 내 일과 이메일, 데이팅 코치 고객을 우선적으로 생각해왔음을 깨닫게 된 순간이었다.

쉽지는 않았지만 상황이 점차 개선되었다. 나는 스콧에게 좀 더 많은 관심과 정성을 기울였다. 그리고 스콧은 내 친구들과 좀 더 친해지려고 마음을 먹었고 우리 공동체에 좀 더 많은 것을 투자했으며 여행에도 적극적인 태도를 보였다. 우리는 각자의 삶에서 다른 것보다 우리 관계를 더 우선시했다. 잘 가꿨다. 버리는 대신에 고쳤다.

　　　　　　　　　　　　　사랑은 과학이다

- **당신이 히처인데 관계에 기회를 한 번 주었지만 제대로 안 된 경우라면:** 떠나라. 두 사람 모두에게 고통스럽겠지만 이제는 각자의 길을 가야할 때이다. 왜 제대로 굴러가지도 못하는 관계에 몇 주, 몇 달, 아니 심지어 몇 년씩이나 허비하는가? 당신을 채워 줄 파트너십이 저기 어디선가 기다리고 있을 텐데. 하지만 우선 현재의 연애에 작별을 고해야 그 연애를 맞이할 수 있다.

결국 시드니도 그렇게 해야겠다고 결심을 굳혔다. 우리가 통화를 하고 몇 달이 흐른 뒤, 내가 그녀에게 혹시 샌프란시스코에서 한 번 볼 수 있겠냐고 물었다.

우리는 비건 멕시칸 식당에서 만나기로 했다. 식당에 먼저 도착한 나는 마침내 그녀를 직접 만날 수 있게 되어 무척 흥분했었다. 이윽고 샛노란 레인코트를 입은 금발 여성이 내게 다가왔다. 내가 손을 내밀자, 그녀는 내 몸을 당겨 와락 포옹을 했다. "고마워요." 그녀가 속삭였다.

나중에 살사에 칩을 찍어 먹으며 그녀가 자기 연애 이야기를 펼쳤다. "그날 당신과 이야기를 하고나서, 어쩌다 내가 마테오를 보풀 투성이 낡은 맨투맨이라고 부르게 됐는지 생각을 멈출 수가 없었어요. 이제 그와 헤어질 수밖에 없다는 걸 알게 됐지요." 그리고 몇 주 후 실제로 그렇게 했다. "관계에서 벗어나는 게 꼭 두꺼운 코트를 벗는 느낌이었어요. 아니, 보풀투성이 낡은 맨투맨이라고 해야겠죠. 나를 짓누르던 옷 말이에요."

내가 고개를 끄덕였다. 그녀가 결단을 내리고 또 관철까지 했다는 말을 들으니 뿌듯했다.

몇 달 뒤 시드니는 뉴욕에 있는 동안 다른 남자를 만났다. 그는 마테오와 정반대의 남자였다. 야심이 있고, 세상 이치에 밝아서 끊임없이 그녀에게 자극을 주었다. 그가 얼마 후 그녀와 함께 하기 위해 샌프란시스코로 이주했다. 그해 말 이메일로 시드니가 내게 소식을 전했다. "나는 내가 좋아하는 사람과 아주 건강하고 아름다운 관계를 누리고 있어요. 당신이 내게 용기를 주지 않았으면 이런 일은 없었겠지요."

머무를지 떠날지, 끝낼지 고칠지 결정하기란 벅찬 일이다. 하지만 헤어져야겠다는 확신이 들면 헤어지되, 반드시 상대방의 감정을 고려해야 한다.

사랑은 과학이다

Chapter · 15

연애를 끝내고 싶을 때: 이별 컨설팅 8단계

~~~~

사람들이 애인을 찾고 오랜 연애 관계를 구축하는 일을 돕겠다고 내가 처음 나섰을 때는, 그 일에 "이별 컨설팅"이 포함되리라고 상상도 못했다. 누군가가 애인과 헤어질 계획을 돕는다는 소리가 이상하게 들리겠지만, 일을 하다 보니 내가 하는 일 가운데 핵심이 바로 이별 컨설팅이었다. 사람들이 꿈에 그리던 파트너십을 이루려면 먼저 어중간하거나 좋지 않은 관계를 멈춰야 하기 때문이다. 그래서 나는 그 일을 돕는다.

마음으로는 끝내겠다 이미 결심했지만 실행을 어려워하는 사람들이 많다. 힘든 대화를 나누는 것도, 상대의 마음을 상하게 하는 것도, 그리고 또 혼자가 되는 것도 두렵기 때문이다. 그래서 그들은 목표가 이별인데 몇 달, 아니 몇 년을 망설이며 보낸다.

목표를 달성하기 위한 기술들에 관해 학자들은 오랜 기간 연구해 왔다. 약간 어색하겠지만, 이런 연구를 연인들의 이별에 응용해 보면 도움이 되리라 생각한다. 사람들이 목표를 실천하지 않는 이유는 대개의 경우 계획이 없어서이다. 경제학자 안나마리아 루사르디 팀은 기업이 회사 후원 예금 프로그램에 더 많은 직원을 가입, 유지시킬 방법을 연구했다. 연구팀은 신규 채용 직원들에게 예금 안내서를 제공했다. 이 안내서는 신입 사원들에게 특정 시간을 따로 할애해서 예금 가입을 하라고 제안하고, 정확한 등록 단계를 제시하고 각 단계마다 시간이 얼마나 걸릴지 예상치를 제시하고 등록하다 막히면 어떻게 해야 하는지 대책을 제시했다. 그 결과 예금 등록율이 12퍼센트에서 21퍼센트로 상승했다.

다음을 이별 안내서라고 생각하자. 앞으로 당신이 밟을 단계와 그를 뒷받침하는 관련 연구들을 설명하겠다. 주의: 내가 제시하는 계획은 연애중인 사람들을 위한 것이지 결혼을 했다거나 함께 아이를 두고 있는 사람들을 위한 것이 아니다. 그런 상황에 처한 사람들은 이혼과 양육권 조정을 다뤄야하기 때문에 고려할 사항들이 훨씬 많다. 내 계획서는 그런 복잡한 문제들을 거론하지 않는다. 또한 데이트 몇 번했을 뿐인 사람들의 경우 아래 절차는 과도하다. 대신 상대에게 짤막하게 그간 고마웠다, 그러나 더 이상 관심이 쏠리지 않는다라고 문자를 보내거나 아니면 전화를 걸어 알리면 된다. (무슨 말을 할지는 챕터 12의 고스팅 방지 조언을 참조하라.)

1단계: 해어지고 싶은 이유를 기록한다

의욕은 한결같지 않다. 우리는 모두 "의욕 파도"을 경험했을 것이다. 이는 행동 과학자이자 스탠포드 대학 교수인 B. J. 포그가 우리 의욕이 마치 밀물 썰물처럼 몰려왔다 스러지는 현상을 일컫는 말이다. 의욕이 피크에 이르렀을 때는 다른 때라면 못 이룰 정도로 힘든 일을 하게 된다. 비법은 이런 때 행동을 취하자는 것이다. 예를 들어, 인근 지역에 태풍 경보가 내리면 강풍 대비 셔터를 구입할 마음이 생길 것이다.

누군가와 헤어질 준비가 됐다고 느낀다면 아마 의욕이 피크일 때일 것이다. 아마 첫 고비(실제 헤어지는 것)은 통과할 것이다. 하지만 머지않아 의욕이 가라앉으면 본인이 큰 실수를 저지른 게 아닌지 의심이 들기 시작할 것이다. 그걸 염두에 두고, 의욕이 피크일 때 본인 느낌을 기록했다가 나중에 의욕이 떨어졌을 때 보고 스스로를 다잡기 바란다.

왜 관계를 끝낼 생각을 했는지 스스로에게 편지를 쓰면 좋다. 몇 주가 지난 뒤 감정적으로 외롭거나 육체적인 욕구가 생길 때(어쩌면 둘 다일 때) 혹은 여행 가 있는 동안 애완 토끼 밥 줄 사람이 필요할 때, 다시 편지를 읽어 보고 왜 이토록 힘든 결정을 내렸는지 기억하기 바란다.

다음은 내 고객 중 한 명이 쓴 편지이다.

"밤에 그의 옆에 누우면 나는 마치 나 혼자 누워 있는 기분이다. 그는 내게 잘해 주지 않는다. 나는 그를 최우선으로 대하는데 그는 나를 없어도 그만인 듯 대한다. 그는 나를 실망시키고 내 친구들은 안중에도 없다. 나는 그에게 끌리고 같이 있으면 좋지만 그것만으로는 만족이 안된다. 이제는 그가 나를 일, 피트니스, 수영, 자전거 다음 다섯 번째로 취급해도 더는 괜찮은 척을 못하겠다. 내가 원하는 연애는 서로 베푸는 관계이다. 그가 그립고 그와 나눴던 멋진 섹스가 그립겠지만 내가 지금 이런 행동을 하는 것에는 이유가 있다. 그가 지금 나를 대하는 것 이상의 가치가 내게 있음을 굳게 믿기 때문이다."

이제 당신이 편지 쓸 차례이다.

2단계: 계획을 세운다

심리학 교수 게일 매슈스가 한 연구에 의하면 목표를 적고, 실천 계획을 짜고, 실천 진행 상황을 일주일마다 친구들에게 알려 준 사람들이 그러지 않은 사람들보다 목표 달성률이 33퍼센트 높았다고 한다.

아무리 이별이 고통스럽고 두려울지라도 당신은 이별의 과정을 밟을 결심을 했고 그 이유는 이미 적어 두었다. 이제 대충 붙여 두었던 반창고를 제거할 차례다. 하기로 결심한 이상 주저하지 말자. 나는 이 책 곳곳에 데드라인의 힘, 특히나 짧은 경우의 힘을 설명했다. 같은 충고가 이별에도 적용된다. 스스로에게 데드라인을 설정하자. 그래야 실행하게 된다. 내가 고객들에게 주는 데드라인은 앞으로 2주이다. 준비하고 의욕의 파도를 타기에는 충분한 시간이지만 겁먹고 발 뺄 틈은 없는 시간이라고 생각한다.

데드라인을 정했다면 이제 언제 어디서 대화를 나눌지 구체적인 계획을 세워야 한다. 노트르담 대학의 데이빗 W. 니커슨과 비영리 사회과학 연구단체인 아이디어 42의 토드 로저스는 구체적인 활동 계획이 얼마나 강력한 힘을 발휘하는지 실험으로 입증했다. 두 사람은 단독 투표자 가구 거주자에게 투표 계획에 관해 구체적인 질문을 했다. 가령, "화요일 몇 시경에 투표장으로 출발할 계획인가?" "화요일에 어디에 있다가 투표장으로 출발할 예정인가?" "무엇을 하다가 투표장으로 갈 예정인가?" 실험 결과, 위의 질문을 받은 사람들이 투표장에 나타난 숫자가 질문을 받지 않은 사람들보다 9퍼센트 높게 나왔다. 단순히 계획을 세우도록 부추기는 질문에 대답한 것만으로도 차이가 생겼다!

구체적인 계획을 세우면 이별 대화를 '실행할' 가능성이 더 커질 뿐만 아니라, 어려운 상황에 처할 파트너를 좀 더 동정적으로 배려할 수 있게 된다. 조용한 장소, 가령 본인의 집이나 파트너의 집 같은 곳을 골라라. 사람들이 보는 앞에서 이별 선언을 하지 말자. 상대가 한바탕 소동 피울 난처한 상황을 방지할 영리한 방법이라고 나는 생각한다. 혹시, 알고 있나? 상대방이 진짜 그럴지도 모른다! 상대와 헤어지는 게 당신 권리라면, 그 말을 듣고 격한 감정으로 반응하는 건 '상대의' 권리이다.

타이밍도 신중하게 생각하라. 지금 당신은 상대의 삶에 폭탄을 터뜨릴 참이다. 당신이야 예상한 일이지만 상대는 모르고 있다. 상대가 커다란 시험이나 중요한 프레젠테이션, 새 직장 면접을 앞두고 있을 때 헤어지면 안된다. 내 고객 중에 토요일 저녁 여섯 시에 여자친구와 헤어질 계획을 세운 사람이 있었다. 그날 저녁 7시에 여자친구 조카의 발표회에 같이 가기로 정해 놓고도 그랬다. 옳지 않은 행동이다. 헤어지자고 말하면 그날 밤, 그 주말 내내, 그리고 그보다 더한 시간 동안 정상에서 벗어나게 된다. 그러니 타이밍은 조심스레 잡아야 한다.

또 다른 고객은 자기 여자친구가 다음 월요일에 중요한 프레젠테이션이 있다는 걸 알았다. 그래서 그 주 주말에 헤어지자는 말을 '안' 하기로 했다. 여자 친구가 프레젠테이션을 마치고 난 다음 금요일 밤에 두 사람은 대화를 나눴다. 이렇게 하면 여자 친구가 주말을 고스란히 회복에 할애할 수가 있다.

이별 대화를 미루게 될 경우에도 몇 달씩이나 지연시키지는 말자. 파트너가 중요한 미팅이 끊이지 않아 스트레스가 극심한 직업이라 해도 마찬가지이다. 다만 몹쓸 사람은 되지 말자. 이별 극복 방법은 다음 챕터에 나온다. 아마 장차 헤어질 애인에게 당신이 무엇을 배려해야 하는지에 관한 적절한 정보를 줄 것이다.

일단 언제 어디서 헤어지자는 말을 시작할지 정했으면 무슨 말을 할지도 계획해야 한다. 어떻게 운을 떼고 싶은가? 깊이 고민했는데 이만 관계를 정리하고 싶다는 점을 강조하길 권한다. 상대의 아픔을 헤아리되 에두르지 않고 똑바로 말해야 한다.

이런 식으로 말하면 된다. "너를 정말 좋아해서 상처 주기는 싫지만, 그래도 우리가 이제는 헤어져야 할 것 같아. 둘 사이가 한동안 힘들었던 건 우리 모두 알고 있잖아. 잘해 보려고 서로 노력도 했지만, 지금 와서 보니, 우리가 필요한 만큼 각자가 변할 것 같지가 않아. 나는 너나 나나 좋은 사람 만나서 행복했으면 좋겠어. 그런데 우리는 그런 사이가 될 수 없을 것 같다."

사랑은 과학이다

또 다른 예는 다음과 같다. "할 말이 있어. 나는 너도 좋고 우리 사이의 여러 면이 좋아. 그런데 내가 행복하지가 않다. 네가 행복한지도 잘 모르겠고. 이런 말 하기가 미치게 힘들어. 너한테 상처 주고 싶지는 않거든. 우리가 함께했던 시간은 정말 고맙도록 소중해. 하지만 생각 많이 해 보고 하는 말인데, 이제 우리는 그만 만나야겠어."

당연히 상대는 상처를 받을 것이다. 그건 피할 수 없는 사실이다. 그러니 최선을 다해서 상대방 기분을 달래야 한다. 하지만 상대가 "내 어디가 나빠서?"라고 물으면 대답하지 않는다. 왜냐하면 그 사람이 '당신에게' 맞지 않는 사람일 뿐, 본성이 '나쁜' 게 아니기 때문이다. 설사 본성이 나쁘더라도 당신이 그걸 지적할 입장이 아니다. 이 시점에서 당신 의견은 상당히 편향되어 있기 때문이다. 이 사람을 버리겠다고 스스로를 설득하지 않았나. 더 이상 상대와 함께 하고 싶지 않게 된 이유는 말해도 좋다. 예를 들어, 서로 불안하게 만든다든지, 늘 싸운다든지, 특정한 이슈를 가지고 상대에게 반복해서 부탁했지만 받아들이지 않았다든지 등은 말해도 좋다. 하지만 당신에게 상대의 "좋고 나쁨"을 판가름할 자격은 절대로 없다. 혹시 자기가 뭘 잘못했냐고 상대가 물어도 같은 방식으로 대처하라. 여기는 '이별'의 자리이지 '피드백'의 자리가 아니다. 앞 챕터에서 말했듯이, 두 사람 간의 문제를 거론하고 해결하려 노력하는 것은 관계를 끝내기로 결심하기 '이전'의 의무이다.

그렇게 해야 상대가 회복기에 쓸데없는 고통을 겪지 않는다. 당신이 무슨 말을 하든 상대는 나중에 그 말을 계속 곱씹게 된다는 사실을 기억해야 한다. 이는 **서사의 오류** 때문이다. 사람들의 뇌는 자기가 목격하고 경험한 일들을 납득하기 위해 원인과 결과의 줄거리를 만든다. 그 이야기에 오류가 있어도 그렇다. 이별은 온갖 상황과 역학의 결과일 텐데, 당신이 연애를 끝내면서 구체적인 이유 하나를 대면 상대는 그 이유에 집착하게 된다. 상대의 마음에 쓸데없는 불행의 씨앗을 심지 말아야 한다.

고객 가운데 한 여성은 남자 친구에게 차이면서 "네 냄새가 싫어서"라는 말을 들었다. 그렇다, 페로몬이라는 것이 있다. 과학자들에 따르면 사람들은 본인과 유전적으로 가장 많이 다른 사람들이 발산하는 페로몬을 선호한다고 한다. 이런 결합이 진화상으로 이로운 이유는 두 사람의 미래 후손이 유전적으로 다양한 면역 시스템을 갖게 되어 자연히 생존율이 높아지기 때문이다. 하지만 그 여성이 자기 냄새에 대한 비평을 들었을 때, 자손 생각은 떠오르지 않았다. 사귄 지 여섯 달 밖에 되지 않았을 때였으니까. 대신 그녀는 자기 냄새가 나쁘다는 사실에 기겁을 했다! 그녀는 디오도란트를 바꿨다. 바디 로션도. 그러고는 산부인과 검사도 받았고 심지어는 대장 박테리아 검사까지 받았다! 나는 그녀에게 나쁜 냄새 같은 건 없다고 간곡히 설득해야 했다. 하지만 자기가 차인 이유가 냄새 때문이라는 생각이 일단 머릿속에 박혔으니 그녀는 '그' 이유에 끊임없이 신경을 쓰게 되었다.

당신이 이별을 통고해야 할 입장에 서게 된다면, 상대를 존중하지만 오래 함께 할 수 없는 사이로 생각된다고, 그래서 더는 상대의 시간을 낭비하고 싶지 않다는 말만 하면 된다. 남아서 상대를

사랑은 과학이다

돕고 싶은 마음도 들 것이다. 아니라면, 상대방 질문에 일일이 답해주는 것이 의무처럼 느껴지기도 할 것이다. 하지만 두 사람 사이에 잘못되었다고 느끼는 모든 이슈를 두고 시시콜콜 마라톤 토론을 해도 아무 소용이 없다. 상대에게 상처 줄 말을 뱉는 자리가 되는 건 당신도 바라지 않을 것이다. 그러니, 헤어지자는 말을 처음으로 하는 자리를 마련할 때는 시간 제한을 두기 바란다. 한 시간 정도, 혹은 90분도 괜찮다. 그러고는 대화를 끝내라. 그러나 이제 곧 헤어질 애인에게 "한 시간 남았어, 그러고는 끝이야"라고 말하라는 뜻이 아니다. 그리고 설마 시간 재겠다고 타이머를 쓸 리는 없으리라 믿는다.

내 요지는 대화를 오래 끌지 말라는 뜻이다. 필요하다면 다음 날 다시 만나서 이야기를 계속해도 좋다고 말하자. 혹시 두 사람이 사귄 기간이 길어서 처리할 일이 많다면 며칠에 걸쳐 대화를 나눌 수도 있겠다. 가능한 분명하게 하지만 배려 깊게 당신의 의견을 표현할 수 있도록, 내가 만든 중요 대화 계획서를 이용해서 대화 계획을 수립하자. 아래에 내 고객들이 헤어지기 전에 그 계획서를 어떻게 이용했는지 나와 있다. 이 책 부록에 공란을 남긴 계획서를 실었다. 이별은 물론, 기타 온갖 종류의 곤란한 대화 준비에 유용할 것이다.

+ 중요 대화 계획서 활용 예시 +

1. 이 대화의 목표는 무엇인가? (다시 말해, 성공하면 어떤 모습일 것 같은가?)

- 두 사람 각자의 느낌을 말하는 것, 그녀 말을 들어 줬다고 느끼게 하는 것, 헤어졌다는 사실이 분명해지는 것.

2. 소통하고 싶은 핵심 메시지가 무엇인가?

- 많은 생각 끝에 하는 말인데, 한 인간으로 너를 정말 좋아하지만 우리 사이가 나한테는 맞지 않는 것 같아.

3. 어떤 어조를 사용하고 싶은가? 어떤 어조는 피하고 싶은가?

- 침착하고, 상대의 입장에서 보듬어 주는 어조. 자기 방어적이고 냉담한 어조는 피하고 싶다.

4. 어떻게 대화를 시작하고 싶은가?

- 내가 이런 말을 한다고 해서 네가 깜짝 놀라지는 않을 거야. 지난 몇 달 동안 우리 둘다 별로 행복하지 않았으니까. 내가 아무리 마음 깊이 널 좋아해도 나한테는 우리 사이가 맞지 않는 것 같아. 그래서 이만 헤어지면 좋겠어.

사랑은 과학이다

5. 무슨 말을 해야 할까?

- 내가 이직할 때 도와준 것, 고마워. 우리 식구들에게 상냥하게 대해 준 것도, 그리고 세상에 대해 많은 걸 가르쳐 줘서 정말 고마워.
- 우리 사이에 확신이 없은 지 꽤 오래야. 심사숙고 끝에 하는 말인데, 우리 관계가 나한테는 맞지 않는 것 같아.
- 요즘 우리 사이에 다툼이 많았지. 우리 관계에서 드러나는 내 모습이 나는 싫어.
- 우리 관계를 살려 보려고 우리 둘 다 여러 모로 애써 봤어. 그런데 이제는 정리하는 게 서로에게 좋겠다 싶어.

6. 상대의 어떤 반응이 염려되는가?

- 자기가 정확히 뭘 잘못했냐고 묻거나, 내게 험한 말을 할 것 같다.

7. 그런 일이 일어나면 어떻게 할 것인가?

- '자기가 뭘 잘못했냐고' 물으면, "네가 뭘 했기 때문도 아니고, 네 인간성 때문에도 아니야. 우리가 함께 하면서 만드는 것 때문에 그래. 우리 사이에서는 내 최고의 모습이 나오질 않아. 네가 잘못한 건 없어. 그래서 난 네가 자책하지 않았으면 좋겠어."
- 그녀가 나한테 험한 말을 한다면: "화난 거 이해해. 내가 너한테 상처를 줬으니까. 그래도 우리 둘 다, 쓸데없이 더 아프지 말자."

부탁인데 날 공격하지 말아줘."

8. 대화를 어떻게 마치고 싶은가?

- 내 말의 요점을 다시 한 번 말하고, 같이 한 시간에 대해 고맙다고 할 것이다. 그리고 그녀의 오빠에게 전화해서 내가 떠난 다음 그녀가 잘 지내는지 체크해 달라는 부탁을 하겠다고 말하겠다. (섹스는 안 됨!)

친구를 불러서 예행 연습을 할 수도 있다. (내 고객들도 늘 나와 역할 극을 한다. 나를 '거부'하다니 상당히 난처해 보이지만 그래도 이별 연습을 하면) 전달하고자 하는 메시지를 가다듬을 수 있다. 가능한 친절하고 공감 어린 표현을 하는 데 도움이 될 것이다. 연습이 완벽을 보장하지는 않지만 이렇게 사전 작업을 해 두면 적시 적소의 말을 고르는 데 도움이 될 것이다.

3단계: 친구와 책임 추궁 시스템 만든다

데드라인도 잡았고 무슨 말을 할지, 언제 어디서 그 말을 할지도 이제는 안다. 그렇다면, 실천을 확실하게 만들 방법은 뭐가 있을까? 실천 확률을 높이는 방법은 **책임 추궁 시스템**을 만들면 된다. 친한 다른 사람을 동원해서 당신 스스로 설정한 목표의 책임을 추궁해 달라고 부탁하는 방법이다.

사랑은 과학이다

책임 추궁이 효과가 좋은 이유는 우리 중 많은 사람들이 베스트 셀러 작가 그레첸 루빈이 말하는 "강제형" 성향이라서 그렇다. 우리는 남이 우리에게 건 기대는 쉽게 충족시키면서 정작 자신이 스스로 세운 기대는 지키기 힘들어한다. 스스로 세운 목표(예: 운동 많이 하기)는 못 채우면서 다른 사람 편의를 봐주는 약속(예: 친구 아이 픽업)은 놓치지 않는 이유도 그래서이다. 그러니 우리가 친구를 동원하면 이별이라는 목표를 우리가 아니라 그들과 관련한 것으로 만들 수가 있다.

믿을 만한 친구를 구하자(당신의 현재 파트너를 싫어하는 사람이라면 특히 신나서 돕겠다고 나설 것이다). 이별 선언을 한 다음에 꼭 그 친구에게 연락하겠다고 하자. 책임 추궁 시스템을 한 단계 업그레이드시키고 싶으면 인센티브를 포함시켜라. 행동 과학자들은 사람들의 행동을 바꾸기 위해 상이나 벌 주기를 즐겨한다. 예를 들겠다. 내 고객 중에, 자기가 반대하는 대통령 후보에게 보낼 1만 달러짜리 기부금 수표를 준비한 사람이 있었다. 그러고는 친구에게 우편으로 그 후보에게 수표를 보낼 권한을 주었다. 조건은 자기가 데드라인 안에 여자 친구에게 이별 선언을 하지 못할 경우였다.

그는 그날 잠시 후에 그녀와 헤어졌다.

4단계: 대화는 하되, 섹스는 금물!

제일 어려운 대목, 실제 이별에 우리가 당도했다. 준비와 계획을 위해서 당신이 기울였던 모든 수고를 기억하자. 그리고 당일 대화 시간은 제한하고 필요하면 다음에 이어서 하자.

대화하는 동안 나도, 상대도 **홍수 상태**를 피하도록 처음부터 끝까지 주의를 게을리하지 않는다. 홍수 상태란 스트레스 호르몬인 코티졸 레벨이 상승해서 우리 신체가 투쟁 도주 모드로 접어드는 육체적, 정신적 상태를 말한다. 우리 조상이 호랑이가 덮치는 위기를 겪던 시절에는 썩 도움이 되었겠지만 중대한 대화를 나누는 지금에는 어울리지 않는 정신 상태이다. 감정이 홍수처럼 넘쳐흐르면 우리는 새로운 정보를 들을 수도, 받아들일 수도 없게 된다. 두 사람 가운데 누구든 감정이 넘치기 시작하면 20분 정도 자리를 피해서 진정할 시간을 가지자. 원래 목표를 다짐한 후 다시 대화에 임하자. 친절하되 굽히지 않아야 한다. 당신의 목표는 대화를 마칠 즈음 이별을 분명히 해 두는 것이다.

헤어지자고 해 놓고는 제발, 제발, 제발 부탁이니 섹스는 하지 말자!!! 아마 내가 지금 괜한 말을 한다고 생각될 것이다. 하지만 이별의 경우를 나만큼 많이 접하다 보면 당신 생각도 달라질 것이다. 이별의 섹스가 재미는 주지만, 가치는 없다. 혼동스러운 감정들이 대거 새로 도입된다. 한동안 섹스를 하지 않았는데 복받쳐 오른 감정 때문에 잠자리를 가진 경우라면 특히 더 그렇다. 게다가 상대와 자고 나면 헤어지겠다는 결심을 고수하기가 힘들어지니, 방금 했던 말을 철회하게 될지도 모른다. 그렇게 되면 과정이 복잡해질 수밖에 없다.

이런 실수를 피하려면, **율리시스 계약**(실행 사전 장치)를 만든다. 호모의 서사시 〈오딧세이〉에 나오는 율리시스 장군은 자기 선원들이 사이렌이 사는 마법의 섬을 지나게 되리라는 사실을 알았다. 사이렌의 매혹적인 노래에 선원들이 홀려서 배가 난파된다는 말도 들었다. 그는 자기 절제력에 의지하는 대신 계획을 세웠다. 자기가 진로를 바꾸지 못하도록 돛대에 묶으라고 부하들에게 명령했다. 선원들에게는 사이렌의 노래를 듣지 못하도록 밀랍으로 귓구멍을 막으라고 시켰다. 율리시스는 유혹에 넘어가지 않도록 미리 계획을 세웠던 것이다.

사람들이 유혹에 넘어가지 않게 하는 장치의 일환으로 행동 과학자들은 율리시스 계약을 고안했다. 경제학자 나바 아쉬라프 팀은 필리핀의 한 지방 은행에서 이 방법을 실험했다. 몇몇 은행 고객이 '자원해서' 예금 프로그램에 가입했다. 이 프로그램은 일정 기한까지 혹은 특정 예금 목표에 도달할 때까지 인출을 제한하는 것이었는데, 날짜와 목표 금액은 가입자들 임의로 정했다. 이 프로그램에 등록 권유를 받지 않은 다른 고객들은 언제든 예금을 인출할 수 있었다. 12개월 후, 미리 약정을 맺은 고객들의 예금 잔액이 81퍼센트 더 많았다.

헤어진 후 우리는 유혹에 약해진다. 비유를 하자면 사이렌이 끊임없이 내 귓가에 전 애인의 잠자리로 돌아가라고 노래하는 상황이다. 이별 선언 직후를 위해 율리시스 계약을 작성하고 책임 추궁제를 만들어서 원래 결심을 고수해야 한다. 곧 헤어질 여자친구와 잠자리를 하게 될까 봐 걱정하던 고객이 있었다. 그는 그 유혹을 넘기려고 이별 선언을 마친 즉시 공항에 친구를 픽업하러 가는 약속을 만들어 두었다. 공항 픽업은 놓쳐서는 안 되는 약속이고 그래서 그는 계획에 성공했다.

5단계: 이별 선언 직후 계획을 사전에 준비한다

전 애인과의 잠자리 유혹은 이겨낸다 해도, 그래도 이별 선언 뒤에는 제법 강렬한 감정에 휘말릴 것이다. 안도감도 들고, 슬프기도 하겠다. 어떤 경우든 이별 선언 사후 계획을 세워 두면 나중에 후회할 일을 미연에 방지할 수 있다. 이별한 다음 어디로 갈지, 무엇을 할지 미리 정해 둬라. 친구 집으로 가서 좋아하는 음식을 시켜 먹고 드라마 〈소프라노스〉를 처음부터 다시 정주행해도 좋을 것이다. 이상적인 경우는 이 친구가 내 관심을 딴 데로 돌리거나 마음 정리를 도와줄 수 있는 경우이다. 처음 며칠 밤은 혼자 지내지 않기를 바란다. 외롭고 불안하면 이전 관계로 되돌아가기 쉽다.

주의: 전 애인과 동거하던 상태였다면, 이 이별 선언 사후 계획이 더욱 중요해진다. 친구에게 며칠만이라도 함께 지내자고 부탁해 보자.

6단계: 전 애인과 이별 계약서를 작성한다

이별 선언을 하고 난 뒤 전 애인이 한 번 더 대화하기를 원할 때가 있다. 동의하되 1단계부터 3단계까지의 과정을 잊지 말자.

본인을 위해 계획을 세우는 것이 중요하다. 하지만 전 애인과 함께 계획을 세울 필요도 있다. 어떤 일을 하기로 '적극적으로' 선택한 사람이 그 과정에 더 많이 관여하고 결과를 위해 더 많이 공을 들인다는 연구 결과가 있다. 사회과학자 델리아 치오피와 랜디 가너가 대학생들을 상대로 한 실험에서 그 효과를 입증했다. 두 연구자는 근처 학교에서 주최하는 에이즈 교육 프로젝트에 자원 봉사

사랑은 과학이다

할 대학생들을 모집했다. 대상 대학생들 절반에게는 봉사에 참여를 원하면 주어진 서류에 관심있다는 본인 의사를 적으라고 요청했다. 다른 절반에게는 서류를 나눠 주며 봉사하고 싶을 경우 그냥 공란으로 남기라고 했다. 봉사를 원하지 '않는' 학생만 서류를 작성하라는 지시를 했다. 두 그룹 모두 대략 비슷한 비율의 학생들이 자원 봉사를 신청을 했다. 연구자들이 유의미한 변화를 발견한 대목은 실제 참가율이었다. 수동적인 조건의 학생들, 즉 서류를 작성하지 않고 등록한 학생들 중 단지 17퍼센트만 현장에 모습을 드러냈다. 서류를 작성하고 등록한 능동적 조건의 학생들의 경우 49퍼센트가 현장에 나타나 약속을 실천했다. 비교 그룹의 거의 세 배나 되는 숫자였다. 사람이 뭔가 해 보겠다고 적극적으로 나서면, 그 결심이 내면화를 이루게 된다. 그래서 그 일이 자신의 기호와 이상이 반영된 것으로 보인다. 수동적으로 임할 때는 이런 과정이 일어나지 않는다.

전 애인과 함께 이별 계획을 세우면 그러지 않았을 때보다 고통스러운 과정이 좀 더 나아질지도 모르는 이유가 바로 이점 때문이다. 그 과정을 돕고자 나는 이별 계약서를 만들었다. (방금 '계약서'라는 말에 놀랐을지도 모르겠다.) 그렇다. 계약서이다. 몇 년 전 치오피와 가너의 연구 결과를 읽고, 능동적인 자세가 주는 효과에 큰 충격을 받았다. 내가 이별 계약서를 작성한 이유는 까다로운 이별 과정을 헤쳐가던 친구들을 위해서였다. 그 후로 전 세계에서 수천 명의 사람들이 내 계약서 온라인 버전에 접속했다. 그리고 연애 관계를 마무리 지을 때 큰 도움이 됐다고 이메일을 보내 온 사람도 수십 명이나 된다. (이 챕터가 시작할 때 밝혔듯이 결혼했거나 아이가 있는 경우의 이별은 훨씬 복잡한 문제이다. 내 이별 계약서는 결혼하기 이전, 아이가 없는 커플을 위한 것이다.)

다음과 같은 말로 대화를 시작하면 좋다. "우습게 들리겠지만 우리 둘 다 각자의 길을 갈 수 있도록 앞으로 어떻게 할지 의견을 같이 하면 도움이 될 것 같다. 혹시 이거 한 번 봐 줄 생각이 있을까?"

두 사람이 모든 논점에 동의할 필요는 없다. 아마 그럴 수도 없을 것이다. 그러나 계약서는 힘든 대화를 진행하면서 두 사람이 각자의 길을 가려면 어떻게 해야 좋을지 모색할 수 있는 대단히 훌륭한 방법이다. 이별 계약서 형식은 내 홈페이지 loganury.com에서 구할 수 있다.

7단계: 역주행하지 않도록 습관을 바꾼다

이별을 하고 나면 삶에 빈 구멍이 많아질 것이다. 그 공백을 메울 작업을 하자. 혹시 당신 휴대폰 배경화면이 두 사람이 함께 공원에서 개를 데리고 산책할 때 찍은 사진인가? 그 사진은 없애고 대신 당신의 절친과 함께 찍은 사진을 올리자. 혹시 좋아하는 텔레비전 드라마를 함께 보던 사람이 그녀였던가? 친구를 한 명 구해서 당신 거실에서 혹은 각자 휴대폰으로라도 함께 봐달라고 하자. 그가 러닝 파트너였던가? 혹은 딤섬 파트너? 어머니가 조깅을 같이 해주실지…… 혹은 슈마이 먹으러 함께 식당에 가실지 알아보자.

이별 뒤에 가장 힘든 부분은, 전 애인에게 문자를 보낼 수 없다는 점이다. 직장에서 신나는 일이 생기거나 가족 관련 하소연을 할 출구가 필요할 때 말이다. 찰스 두히그는 저서 《습관의 힘》을 통해 습관을 깨려면 그 자리에 새로운 활동을 채워 넣는 것이야말로 최강의 전략임을 보여 주었다.

문자 습관 때문에 다시 원상복구가 되지 않도록 나는 내 고객들에게 다음의 행동을 요구했다. 먼저 견디기 힘든 특정 순간들을 나열하라고 했고, 그런 순간들이 닥치면 전 애인 대신에 문자를 보내도 좋은 사람들 이름을 적어보라고 했다. 나는 이를 문자 지원이라고 부른다.

아래에 당신의 문자 지원 워크시트를 작성하라. 내가 몇 가지를 제안했다. 그 아래로 당신 의견을 덧붙여도 좋다.

+ 나의 이별 문자 지원 리스트 +

상황	연락할 사람
직장에서 좋은 일이 생겨서 말하고 싶을 때	
직장에서 안 좋은 일이 생겨서 말하고 싶을 때	
주중 저녁 계획을 세우고 싶을 때	
주말 계획을 세우고 싶을 때	
정치에 대한 논의를 하고 싶을 때	

우스운 이야기를 하고 싶을 때	
"우리 프로그램"(애인과 즐겨 보던 텔레비전 프로그램)을 보고 싶을 때	

8단계: "이별 호인"이 되지 않는다

본인이 원했던 이별이라도 그 여파가 쉽지는 않다. 과연 잘한 일일까 의심과 두려움, 불확실한 순간들이 찾아올 것이다. 본인이 이별을 주도했다고 해서 아프지 말라는 법은 없다. 이별의 아픔을 극복하는 법에 관해 다음 챕터에서 더 자세히 설명하겠다. 여기서는 특별히 이별을 자청한 사람들을 위한 조언을 주겠다.

한동안은 감정이 롤러코스터를 탄 듯 극도의 안도감에서 극도의 후회에 이르기까지 심하게 요동칠 것이다. "왜 이런 짓을 했을까?" 혹은 "고독사를 하게 될까?" 이런 생각이 들면 이별 과정 초기에 만들어 두었던 책임 추궁 시스템으로 돌아가라. 왜 이런 결단을 내렸는지 이유를 설명했던 편지를 꺼내 읽어라. 역할극을 도와주었던 친구를 불러서 왜 이런 결단을 내렸는지 다시 일깨워 달라고 부탁해라.

좋아하는 사람에게 상처를 입혔으니 죄책감도 들 것이다. 설령

사랑은 과학이다

그렇더라도 헤어진 애인의 상태를 과도하게 확인하려는 충동을 억제해야 한다. 특히 헤어지고 처음 몇 주는 더욱 주의한다. 저자이자 철학자인 알랭 드 보통과 내가 대화를 나눴을 때, 그도 같은 조언을 했다. **이별 호인**이라는 아주 나쁜 현상이 있어요. 헤어지고 나서 보니 천하의 못된 사람이었더라라는 이야기는 많이 들었지만, 좋은 사람들 이야기는 별로 들은 적이 없을 거예요. 계속 주변에 머물며 생일을 챙겨 준다든가 하는 사람 말이지요."

이별 호인이 되지 말자. 그래봤자 호인의 행동이 아니다. 그런 행동을 하는 이유가 당신을 위해서이지 상대를 위해서는 아닐 경우가 많다. "상대 인생에 손해를 끼쳤다는 사실을 용기 있게 받아들여야 해요. 당장 호전시키려고 애쓰는 대신에." 알랭 드 보통이 말을 이었다. "예전 애인들은 당분간 당신을 악마라고 생각할 거예요. 그냥 감내하고 사세요. 내가 본 중에 많은 사람들이, 심지어는 상대가 정말로 힘들어질 일을 하면서도, 언제나 호인이고 싶어했어요."

본인 기분이 좋자고 "호인" 노릇은 하지 말자. 상대가 자기 길을 갈 수 있도록 거리를 두자.

Chapter · 16
이별 후 회복을 위한 프레임 재설정

본인이 암 전문의라고 생각해 보자. 폐암 환자를 두고 치료법을 결정해야 한다. 수술을 할까, 방사선 치료를 할까? 수술을 하면 장기적인 관점에서 생존율이 더 높지만 단기적으로는 더 위험하다. 도중에 죽을 수도 있다. 논문을 찾아보고 단기 생존율을 확인하니 수술은 90퍼센트, 방사선 치료는 100퍼센트다. 어떤 방법을 택하겠는가? 한편 반대로, 단기 사망률에 관한 논문을 봤는데 수술은 10퍼센트고 방사선은 0퍼센트였다면?

이제는 유명해진 연구에서, 헬스 케어 연구자 바브라 맥닐이 의사들에게 바로 이 가상의 선택을 하게 했다. 한 그룹의 의사들에게는 생존율을 말해 주며 선택을 하게 했고 다른 그룹은 사망률을 가지고 선택을 하게 했다. 놀랍게도, 같은 확률을 표시 방식만 다르게 제시했을 뿐인데 대단히 다른 결과가 야기되었다. 생존율로 수술 치료 옵션을 설명했더니 84퍼센트의 의사가 그 옵션을 택했다.

같은 옵션을 사망률로 설명했더니 절반만 수술 치료를 택했다.

어째서 이런 일이 벌어지는가? 의사들이 미래 전망이 제시된 **프레임**에 따라 반응했기 때문이다. 우리가 어떤 사안을 평가할 때 그 사안이 제시된 틀을 근거로 판단하는 경향이 있는데 이를 일컬어 프레이밍 효과framing effect라고 한다.

내 생각에는 프레이밍이 이별을 극복할 열쇠가 된다. 프레임을 바꾸는 것만으로도 회복 과정의 속도를 높일 수 있다. 예를 들어, 이전에는 몹시 좋아했지만 파트너가 별로 내켜 하지 않아서 잠시 중단했던 활동에 집중하면 좋을 것이다. 더 자세한 이야기는 이 챕터 후반부에 다루겠다. 내가 말하고자 하는 요지는, 이별을 내 삶을 황폐하게 만드는 상실로 볼 것이 아니라 오히려 뭔가 얻을 수 있는 이득의 개념으로 보라는 뜻이다. 결국에는 나의 삶을 개선시켜 줄, 무언가 내게 힘을 보태 주는 어떤 경험으로 말이다.

이번 챕터에서는 이별에 대해 서로 다른 새 프레임 네 가지를 제시하고, 가슴앓이의 극복은 전적으로 관점의 문제라는 것을 알게끔 도와주겠다.

우리 뇌와 몸에 무슨 일이 일어나고 있는가

새 프레임이라는 주제로 뛰어들기 전에 우리가 이별을 겪을 때 우리 뇌와 몸에 무슨 일이 일어나는지 알아보자. 클로디아 브럼보와 R. 크리스 프레일리 같은 연애학자들은 이별을 (혹은 그들이 하는 말로 "관계 와해"를) "개인이 살면서 겪는 일 가운데 가장 스트레스가 큰 일"이라고 했다.

앞서 언급했듯이, 생물 인류학자 헬렌 피셔는 사랑에 빠진 뇌를 조사했다. 그녀가 즐겨 사용하는 연구 테크닉은 fMRI(기능적 자기 공명 영상) 뇌 스캔을 이용해서 우리 머릿속을 들여다보는 것이다. 그녀는 연애 진행 단계가 각각 다른 커플들을 뇌 스캐너에 집어넣었다. 즉, 새로 사랑에 빠진 커플, 수십 년이 지났는데도 아직 서로를 깊이 사랑하고 있다고 주장하는 커플, 마지막으로 이별 과정을 밟고 있는 커플 등이 여기에 포함됐다.

피셔의 연구팀이 밝힌 바에 따르면 사랑하는 사람의 사진을 보면 우리 뇌에서 대뇌측좌핵이라고 불리는 부위가 밝은 색을 띠게 된다고 한다. 그 부위는 마약 중독자가 약을 할 생각을 할 때 활성이 되는 부위와 일치한다. 그리고 이별할 때도 그 부위에 영향이 온다. 우리 뇌는 이별을 겪을 때 마약을 끊을 때와 동일한 경험을 한다는 뜻이다. 그러니 헤어진 애인을 계속 공급받아 흥분 상태를 지속시키고 싶어하는 마음이 당연할 수밖에 없다. 직시하자. 당신은 사랑에 중독됐다.

이별은 우리 몸과 감정, 행동을 엉망으로 만든다. 거기에 외로움 한 꼬집, 스트레스 한 스푼을 섞으면 치명적인 실연 칵테일이 완성된다. 피셔에 따르면 이별을 하면 우리 몸 속 코르티솔(스트레스 호르몬) 레벨이 증가하고, 그렇게 되면 면역 시스템이 억눌러서 신체의 대응 메커니즘이 허약해진다고 한다. 이별한 사람들은 불면증, 침투적 사고*, 우울감, 분노, 병적인 불안감을 겪게 될 수도 있다. 놀라운 점은 그 사람들이 IQ테스트 성적도 낮아지고 추리력이나 논

---

* 불쾌한 생각이 뇌에 침투해 있는 것처럼 자꾸만 떠오르는 현상

사랑은 과학이다

리적 기술이 필요한 복잡한 일의 수행 능력도 떨어진다는 사실이다. 게다가 어이쿠, 이별을 겪는 사람들이 약물 사용과 범죄 행위 확률도 높아진다고 밝혀졌다. 이는 문제의 그 인물이 이별을 요구했던 경우(학자들은 이들을 "주도자"라고 부른다)라도 마찬가지였다.

내가 이별 가이드를 해준 고객들이 많았다. 이별이 그토록 고통스러운 여러 가지 이유 가운데 하나는 우리 뇌가 상실에 극도로 예민하기 때문이다. 그런데 이별은 매우 드라마틱한 상실이다. 파트너와 함께 상상하던 미래가 죽은 것이다. 예전에 가졌던 것, 이제 더는 내 것이 아닌 것, 앞으로 절대 가질 수 없는 것을 잃고 애도하는 것이다. 손실 회피 심리를 생각하면, 이별을 피하기 위해 우리가 기를 쓰는 것이 조금도 놀랍지 않다.

이제 좋은 소식을 전하겠다. 심리학자 엘리 핀켈과 폴 이스트윅은 "이별이 사람들이 생각하는 것만큼 나쁘지만은 않다"고 주장한다. 아무리 사이 좋은 커플이라도 헤어지고 보면, 스스로 예견했던 것만큼 고통이 심한 경우가 드물다고 했다.

몬머스 대학 심리학과장 게리 레완도우스키에 따르면, 우리는 생각보다 유연하다고 한다. 이별을 겪으면 가장 슬퍼할 경우로 추측되는 사람들을 그가 연구했다. 즉, 오랫동안(적어도 몇 년) 사귀다가 최근 몇 달 안에 헤어지고, '게다가' 아직 새 파트너를 찾지 못한 사람들을 조사했다는 뜻이다. 우리는 본능적으로 그들 가운데 대다수 사람들이 이별을 끔찍한 경험으로 생각하리라 예견한다. 그러나 레완도우스키와 그의 동료들이 그 사람들에게 말을 건네 보니 개중 단지 삼분의 일 정도의 사람들만이 이별을 부정적으로 보았다. 25퍼센트 가량의 사람들은 이별을 중립적으로, 그리고 41퍼센트의 사람들은 긍정적으로 보았다.

그러니 내가 다음의 클리셰를 써도 이해하기 바란다. "이 또한 지나가리라." 지금 겪고 있는 현상은 잠시일 뿐이다. 당신의 해괴한 신체 반응(면역 시스템과 밤잠이여, 잘 가거라!)이 끝나고 고통이 잦아들면 당신은 이 끔찍한 단계를 이겨낼 것이다.

프레임 재설정 1: 이별의 긍정적인 점에 초점을 맞춘다

'바람'만으로는 고통을 없애지 못하지만 '기록'을 통해 고통이 덜한 쪽 이야기로 나아갈 수는 있다. 명심하라, 우리 두뇌는 우리의 친구, 합리화와 상황 극복에 큰 힘을 주는 절대 조력자이다. 이제 그 괴수에게 먹이를 주자! 당신의 뇌가 갈구하는 것, 이별이 왜 실질적으로 최선의 행위였는지 그 이유를 제공해 주어 힐링 과정에 박차를 가하자.

레완도우스키는 사람들에게 이별에 관한 글을 쓰게 하는 실험을 했다. 참여자들에게 이별의 긍정적인 측면에 대해서(헤어지면 왜 좋은지), 부정적인 측면에 대해서(헤어지면 왜 나쁜지), 혹은 이별과는 상관없는 피상적인 주제에 대해 글을 쓰도록 요구했다. 참여자들은 사흘 연속 하루에 15분에서 30분 동안 주어진 주제에 관련된 글짓기 임무를 수행했다. 이별의 '긍정적인' 측면에 대해 글쓰기를 수행한 사람들은 실험을 시작할 때보다 더 행복하고, 현명하고, 감사하고, 자신 있고, 편안하고, 힘차고, 활력이 넘치며, 낙관적이고, 안도하고, 만족스러운 느낌이 들었다고 보고했다.

　　　　　　　　　　　　　　사랑은 과학이다

내 고객들이 이별의 과정을 밟을 때 나도 같은 과제를 준다. 아래는 서른한 살에 데이팅을 처음 시작한 내 고객 징이 이별을 한 뒤 내게 보낸 이메일이다.

내게 이별이 좋은 점:

1. 몬타나 주에 있다는 전 남친 식구들 근처로 이사할 걱정을 안 해도 된다.
2. 이불 뺏는 실랑이를 더는 안 해도 된다.
3. 전 남친이 늘 홀대했던 내 친구들과 더 많은 시간을 가질 수 있다.
4. 전 남친 아파트에서 안 살아도 되니 통근 시간이 짧아졌다.
5. 출근복에 이제는 개털이 안 묻는다.
6. 노동절 휴가 때 가기로 한 돈 많이 드는 결혼식에 가지 않아도 된다.
7. 음악 작업을 할 시간 여유가 많아졌다.
8. 전 남친이 싫어했던 우리 오빠 만날 때 더는 변명 안 해도 된다.
9. 리얼리티 쇼 〈베첼러〉 좋아하는 척 안 해도 된다.
10. 행복하고 건강한 관계를 찾을 기회이다.

프레임 재설정 2: 부정적이었던 것들에 초점을 맞춘다

그래, 좋다, 아직 "긍정적으로 볼 마음"이 안 들 수도 있다. 그렇다면 다른 길로 가보자. 위에 설명한 연구와 비슷한 실험이 있다. 임상 심리학자 샌드라 랜지슬랙과 미셸 샌체즈가 이별 과정을 밟고 있는 참여자들에게 다음 세 가지 가운데 하나를 하도록 요청했다. 끝낸 관계를 부정적으로 생각하기, 이별 후에 경험하는 강렬한 감정이 왜 정상적인지에 관한 글 읽기, 혹은 이별과는 전혀 다른 일(가령 먹기)을 하기가 그 세 가지 임무였다. 결과적으로, 부정적인 요소를 생각하라는 요청을 받은 사람들이 다른 두 그룹보다 전 애인에 대한 열렬함이 덜해졌다.

빛을 찾기 위해 어둠에 집중하자. 관계의 부정적인 측면을 기록해 보자. 친구들 앞에서 그녀가 당신에게 면박을 주었던 때를 생각해 보자. 혹은 그가 당신을 두고 가버리는 바람에 공항으로 갈 차편도 없이 길을 잃게 된 때를 생각해 보자. 저녁 먹으면서 언니와 통화한 얘기를 물어봐 달라고 계속해서 그에게 신호를 보내는데 절대로 미끼를 안 물던 때 느꼈던 암울함에서 시작해서 술을 잔뜩 먹고 만취해서 오바이트한 다음 예전 남자친구가 당신보다 훨씬 재미있었다던 그녀의 말에 이르기까지, 아아, 이 모든 기억을 떠올리는 것만도 힘에 부친다. 그렇다, 이건 다 '여러분'의 경험담이다.

사흘 연속 30분씩 자기 연애의 단점에 대해서 써보자. 파트너의 어떤 행동에 신경이 거슬렸는지, 커플로서 두 사람이 함께 공존하기가 힘들다 싶었던 점들, 혹은 그 관계를 유지하기 위해서 희생시켜야 했던 본인의 면모 등을 생각해 본다.

프레임 재설정 3: 나의 재발견

핀켈과 동료들의 또 다른 이별 연구에 따르면, 이별이 정체성 위기를 야기하기도 한다. 우리 인성의 많은 부분이 그 관계에 묶여 있기 때문이다. 아마 당신은 과거의 본인, 커플의 절반이었던 스스로에게서 아직 벗어나지 못하고 있을 것이다. 충분히 이해하지만, 그래도 그런 시각은 '상실' 지향적이다. 대신에, 이별로 말미암아 우리가 얻을 수 있는 '이득'에 집중해 보자. 즉, 싱글이 되었으니 이제 어떤 사람이 될 수 있을지를 생각해 보자는 말이다.

연애학자들은 이 프레임이 각별히 효과적이라고 한다. 레완도우스키는 어떤 실험에서 이별 과정 중에 있는 사람들을 두 그룹으로 나누었다. 한 그룹에게는 2주 동안 밖에 나가서 늘 하던 일상 활동, 즉 영화관이나 피트니스 센터, 친구 만나기 등 참여자가 이미 좋아하는 일을 하라고 했다. 다른 그룹에게는 **자기 재발견**, 즉 스피닝 수업이나 재즈 바에 가기처럼 이전 애인이 원하지 않아서 포기했던 활동을 하라고 했다.

레완도우스키는 두 가지 개입 모두 효과가 있었음을 밝혔다. 반복적인 일상 활동을 하면 집에 틀어박혀 헤어진 애인의 사진만 들여다보는 일이나 마카로니 치즈 통에 빠져 사는 일(내가 선택하는 치료약이다)을 방지할 수 있었다. 하지만 재발견 활동에 참여한 사람들이 훨씬 더 좋은 결과를 낳았다. 그들은 이전 연애 관계에 매몰되어 사라졌던 자기 정체성의 일부를 다시 찾았다. 그들은 더 행복하고 덜 외롭다고, 그리고 스스로를 더 긍정적으로 느꼈다.

나가자! 깊이 넣어 두었던 권투 글러브를 꺼내고, 수채화 물감을 사자. 헤어진 애인이 신경 거슬려 했던 대학 동창에게 전화를 걸자. 당신이 어떤 사람이었고, 다시 어떤 사람이 될 수 있을지 살펴보자. 다소 영적인 대화도 꺼리지 않는다면 줄리아 캐머론의 책 《아티스트 웨이》를 추천한다. 자신을 아티스트로 생각하지 않아도 좋다. 영감과 신선한 발상이 가득한 책이어서 본인 스스로와(그리고 내면의 창조적인 정신과)의 결속을 다시 다지는 데 도움이 될 것이다.

+ 삶은 계속된다 +

헤어졌다고 해서 누구나 다 치유에 몇 달씩 걸리지는 않는다. 특히 이별을 주도한 사람의 경우는 더욱 그렇다. 컬럼비아 대학 사회학자 다이앤 본은 이별에 대한 광범한 조사 결과를 담은 저서 《언커플링》에서, 떠난 관계에 대한 우리의 애도는 특정한 타임라인을 따른다고 했다.

이별을 주도한 사람은 연애 중에도 둘 사이에 대한 부정적인 감정을 약 일 년 남짓 품고 있을 수 있다고 한다. 그래서 막상 이별이 현실이 됐을 때는 그다지 많은 시간이 필요하지 않다. 혹시 당신이 관계를 끝냈는데 예상보다 심란하지 않다 해도 너무 놀랄 필요는 없다. 무자비한 악마라서가 아니다. 사귀는 중에 이미 슬퍼했기 때문에 이제 당신 길을 갈 준비가 됐을 뿐이다. 혹시 이별을 당한 쪽이라면, 당신의 타임라인은 관계가 끝난 다음 시작되니 당연히 치유에 더 오랜 시간이 걸린다.

그렇다면 리바운드 관계(이별 직후 반발로 연이어 다른 사람을 사귀는 경우)는 어떤가? 심리학자 클로디아 브럼보와 R. 크리스 프레일리에 따르면 "급격한 리바운드 관계 시작이 오랜 공백기 이후의 새로

운 연애보다 반드시 나쁜 것은 아니다. 사실, 어떤 영역에서는 더 멀쩡해 보인다." 저자들은 그 이유를 설명했다. 새 연애를 오래 기다린 사람들은 낮은 자존감에 시달린 반면에 빨리 다시 시작한 사람들은 자존감이 덜 손상되었기 때문이라고 했다. 지난 연애에서 다음 연애로 바로 옮겨갔다는 것은 혼자 남아 본인의 가치에 대해 회의하는 시간이 적었다는 뜻이다.

우리가 데이트할 준비가 되었는지 어떻게 알 수가 있을까? 그걸 알 수 있는 유일한 방법은 실제로 데이트에 나가보는 것이다. 데이트를 하고 집으로 돌아오면서 울음이 터진다면 좀 더 시간이 필요한 경우이다. 그러나 조금이라도 즐거웠다면, 앞으로 계속해서 한 번에 한 걸음씩 발을 내딛어도 좋다는 신호로 받아들이자.

프레임 재설정 4: 이별은 미래의 좋은 결정을 위한 과거로부터의 교훈이다

힘들겠지만 이별을 배움의 기회로 생각해 보자. 심리학자 타이 타시로와 파트리셔 프레이저에 의하면, 사람들은 개인적인 성장을 할 수 있는 기회로 이별을 이용하지 않는다고 한다. 많은 사람들이 "타잔"처럼 이 연애에서 저 연애로 날아다닐 뿐, 지난 파트너에게서 무엇을 배웠고 그래서 앞으로 어떤 파트너를 골라야 할지에 관한 생각을 하지 않는다고 했다. 그런 실수를 해서는 안 된다.

이는 관계를 유지하기 힘든 상대만 고르는 패턴에 봉착한 사람들에게 특히 중요한 교훈이다. 내 고객 중에도 계속해서 같은 유형의 파트너만 골라 데이트하는 사람들이 꽤 된다. 예를 들어, 늘 연하남만 원하던 고객이 한 명 있었다. 성격 좋고 재미있고 매력적인 남자들은 쉽게 정착하지 않는다. 그녀는 인생 반려자가 아니라 프롬 데이트를 원했다. 그녀가 마지막 애인과 헤어진 때는 코비드 19 팬데믹 기간 동안이었다. 이때 그녀는 잠시 멈추고 자기 습관을 돌아볼 시간을 가질 수 있었다. 매주 나와 함께 원격 세션을 하면서 그녀는 자기 패턴을 알게 되었다. 그녀가 내린 결론은 본인의 행동 때문에 애인을 찾지 못했다는 것이었다. 지난 몇 년에 걸쳐 훌륭한 반려 후보를 충분히 많이 만났지만, 마음을 얻을 수 없는 연하남만 쫓아다니느라 스스로 그들을 거부했고 그 바람에 진정한 연애를 할 기회와 그 결과로 혹시 모를 상처의 빌미를 회피한 셈이었다. 그녀는 그런 습관을 바꾸기로 마음을 굳혔다. 그래서 우선 조건을 바꿔서 또래나 연상 남자들과 데이팅을 시작했고 프롬 데이트는 피했다.

그녀는 화상 채팅으로 괜찮은 구애자들을 많이 만났다. 그러다가 제일 마음에 드는 남자와 산책 데이트를 했고 몇 번 더 사회적 거리를 둔 데이트를 한 다음 두 사람이 함께 자가격리를 해 보기로 결정했다. 거의 알지도 못하는 남자와 함께 살다니 그녀로서는 안전지대를 완전히 벗어나는 행위였다. 하지만 세상이 뒤집히다시피 변하다 보니 뭔가 새로운 것을 시도하고 싶었다. 두 사람은 아직까지 행복하게 공동주거 생활을 즐기고 있고 최근에는 서로의 가족을 방문하러 차를 몰고 여행을 떠날 계획을 세우고 있다.

___

　　　　　　　　　　　　　　　　사랑은 과학이다

이번 프레임 재설정의 핵심은 상실에서조차 얻을 게 있다는 자세이다. 심리학자들은 이런 과정, 즉 일생 일대의 사건, 연애, 혹은 스스로를 이해하는 과정을 "의미 만들기"라고 부른다. 오스트리아의 뇌 과학자이자 정신과 의사인 빅터 프랭클은 저서 《죽음의 수용소에서》를 통해, 사람들이 의미 만들기를 통해 고통에서 성장으로 나아간다고 했다. "어떤 점에서, 고통의 의미를 찾는 순간부터 고통은 더 이상 고통이 아니다."

이별을 실패가 아니라 미래에 더 나은 결정을 내릴 수 있도록 교훈을 얻는 기회로 보려고 노력하자. "세월이 약이다"에서 "의미가 약이다"로 생각을 업데이트하자.

+ 이별은 나에게 어떤 의미였는가? +

다음 질문에 차분하게 답해 본다.

1. 지난 연애로 무엇을 배웠는가?
2. 이별에서 얻은 교훈이 있는가?
3. 이번 연애를 하기 전과 후의 나는 어떻게 달라졌는가?
4. 이번 연애 경험을 바탕으로 나는 어떻게 변화하고 싶은가?

무너지지 말고 마음을 열자. 오히려 당신이 더 강하고 아름다운

사람으로 거듭날 수도 있다. 게리 레완도우스키가 TED 특강에서 킨츠키kintsugi라는 개념에 대해 설명했다. 킨츠키는 깨진 도자기를 금이나 은 따위의 귀금속을 사용해서 붙이는 일본의 예술 형식이다. 보수를 마친 도자기가 손상되기 이전보다 더 아름다워지는 경우가 빈번하다.

레완도우스키는 상심heartbreak을 파격적인 예술art break로 보라고 우리에게 용기를 북돋우며 다음과 같은 말을 한다. "이는 손상과 보수를 기회로, 숨길 것이 아니라 적극적으로 이용할 무언가로 보라는 철학이기도 하다, 안 그런가? 우리 연애도 정확히 이렇게 될 수 있다. 당연히, 연애가 잘못되어서 우리 존재에 몇 군데 금이 갈 수도 있다. 하지만 그 금이, 그 흠집이, 힘과 아름다움의 원천이 될 수 있다. 이별했다고 우리가 반드시 바스러지는 건 아니다. 우리는 생각보다 훨씬 강하기 때문이다."

지난 연애에서 벌어진 일들이 당신 선택은 아니었을지도 모른다. 그러나 다음번에 당신이 어떻게 느낄지, 그리고 무엇을 할지에 관련된 선택(의 일부)는 분명히 당신 몫이다.

사랑은 과학이다

Chapter · 17

이 사람과 결혼해도 될까 고민될 때

〰〰

"수요일까지 이 워크시트 세 장 좀 작성해 주세요" 내가 말했다.

아, 내 고객에게 하는 말이 아니다. 스콧에게 건네는 종이 몇 장에는 그의 삶, 가족, 그리고 우리 사이에 대해 샅샅이 물어보는 질문이 빼곡하게 담겨 있었다. 그가 신음했다. 그럴 만도 하다.

내 애인이 되다니 장하기도 하지. 당시는 우리가 사귀기 시작한지 어언 4년, 그러니 그가 내 실험쥐 노릇에 이미 익숙하던 무렵이었다. 내가 고안한 연애용 활동을 고객 추천 전에 먼저 그에게 테스트 했기 때문이다.

지금 건네는 숙제는, 우리 결혼을 의논하려고 내가 만든 것이었다. 당시 우리는 결혼에 대해서 한동안 생각해 보던 중이었다. 이미 중대한 의사 결정 지점을 여러 차례 지나온 때였다. '우리가 지금 사귀는 건가? 같이 살아야 할까? 헤어져야 할까?' 등을 모두 겪었다. 그런데 이제 또 다시 일련의 질문을 앞두고 있었다. '우리는

―

평생을 함께하고 싶은가? 그 평생은 어떤 모습일까?' 등 두려워지는 질문이었다. 내가 그를 사랑하는 건 분명하지만 그렇더라도 내가 마주한 도전이 어떤 것인지 알 만큼은 연애학 지식이 있었다. 지속되지 못하는 결혼이 너무 많다.

우리가 지금까지 이보다 큰 결정을 내린 적이 없다고 느껴졌다. 그런데 알고 보니, 선택에 신중을 기울인 건 옳은 결정이었다. 결혼은 우리가 알고 있는 것보다 훨씬 많은 면에서 아주 중요하다. 저널리스트 매기 겔러거와 사회학자 린다 J. 웨이트는 저서 《결혼 케이스》에서 결혼 생활에서 느끼는 만족과 행복감이 인생 전반의 행복감, 심신의 건강, 기대 수명, 부, 아이들의 안녕에 얼마나 지대한 영향을 미치는지 밝혔다.

스콧과 나는 예비 부부 캠프라도 다녀와야 할 것 같았다. 그래서 아예 내가 하나를 차렸다. 제목은 **"때가 됐다: 과거와 현재, 미래"**(참고: 최종 탈락된 제목 후보는 "때가 됐다: 제X, 반지 끼워It's About Time: F**king Put a Ring on It."였다). 우리가 지금까지 어디 있었고, 지금 어디 있으며, 앞으로 어디로 갈지 생각해 볼 수 있도록 고안했다. 다행히 스콧이 기꺼이 참여했다. 우리에게 크게 도움이 됐던 과정이라 그때 이후로 내 고객과 친구들에게도 많이 권했다. 이제 독자 여러분에게도 공개하겠다.

혹시 '난 결혼은 신경 안 써. 멍청한 제도야. 정부와 교회가 나보고 이래라 저래라 간섭하는 게 마음에 안 들어'라고 생각하는 사람이 있을지도 모르겠다. 그래도 괜찮다. 하지만 짐작하건대 당신이 이 책을 읽고 있는 이유는 아마 오래 인연을 맺을 파트너를 원하기 때문일 것이다. 이 챕터에서 나는 '결혼'이라고 말하는데, 결혼 생각이 없는 사람이라면 차라리 그 말을 '장기 전속 관계"로 대체하면 된다. 그런 식으로 이 챕터를 읽는 것도 아주 좋겠다.

서로 사랑하면, 그걸로 충분하지 않나요?

명심하자. 사랑은 마약이다. 조지 버나드 쇼가 자신의 희곡 〈결혼〉에서 이렇게 썼다. "두 사람이 더없이 난폭하고 미치광이 같고, 기만적이며, 일시적인 열정의 영향 속에 있을 때, 서약하라는 요구를 받는다. 죽음이 두 사람을 갈라놓을 때까지 그렇게 흥분되고, 비정상적인 심신고갈 상태에 계속 남겠다고." 연애를 시작하고 첫 3년, 이 마약이 우리 두뇌에 작용하는 동안은 두 사람의 파트너십을 이성적으로 평가할 수가 없다.

혼전에 오래 사귄 커플이 함께 남을 확률이 더 크다. 그 이유는 부분적으로, 허니문의 들뜬 상태가 결혼식을 올릴 때쯤 이미 저물어 있기 때문이다. 두 사람은 두 눈 활짝 뜬 상태로 "네"라고 서약한다. 약혼하기까지 1~2년 걸린 커플들의 이혼율은 결혼반지를 끼기까지 1년 미만의 시간이 걸린 커플들보다 20퍼센트 적었다. 약혼까지 3년 기다린 커플들은 1년 미만의 커플들보다 이혼율이 39퍼센트 적었다.

상대와 더 오래 함께하기 위해 중요한 요건은 혼전 연애 기간만이 아니다. 좀 더 나이가 들어서 결혼하는 것도 도움이 된다. 필립 코헨 같은 사회학자는 1980년대 이래로 이혼율이 감소하는 이유를 만혼의 덕으로 돌린다. 암만해도 우리 집안 괴짜 낸시 아줌마가 자녀들에게 하는 충고를 따라야 할 것 같다. "서른 살까지는 결혼 금지야!"

몇 년이 지났어도 여전히 사랑에 눈이 멀어 우선순위를 제대로 보지 못할 때가 있다. 이혼 변호사들을 연달아 인터뷰한 적이 있는데 (스콧에게는 설명하기 다소 어색한 내 취미였다) 개중 몇 명이 결혼을 생각 중인 커플들이 공통으로 저지르는 실수 이야기를 해 줬다. 그들은 커플이 서로를 너무 좋아하다 보니 상대방이 원하는 게 내가 원하는 것과 같다고 지레짐작을 할 때가 많다고 했다. 그래서, 어디서 살지 혹은 아이를 가질지 등 중대한 결정을 분명하게 짚고 넘어갈 시간을 따로 갖지 않는다고 한다.

저널리스트이자 《믿음이 우리를 갈라놓을 때까지: 타 종교 간 결혼이 미국을 바꾼다》의 저자 나오미 셰퍼 라일리가 다음과 같이 밝혔다. "놀랍게도, 내 설문에 응한 타 종교간 부부들 가운데 자녀를 낳으면 어떤 종교로 양육할지 혼전에 논의한 사람들이 채 절반도 되지 않았다." 그런 커플이 근본적인 가치 차이 때문에 서로 공존이 불가능하다는 사실을 깨달을 때쯤 돌아보면 이미 결혼을 한 상태이다. 이혼 전문 변호사 등장.

당신과 파트너가 원하는 것이 같을 거라는 낙관적인 짐작은 한편으론 수긍이 된다. 우리가 헛물을 켜는 이유 중에 **허위 합의 효과**, 즉 대다수의 타인이 우리의 가치, 신념과 행동에 동의하리라고 추측하는 성향이 있다. 예를 들어, 어떤 사람이 환경 문제에 관심이 많아서 육식 섭취와 화석연료 사용, 플라스틱 소비를 제한하며 산다고 상상해 보자. 이런 사람은, 만약 동네 주민 투표로 비닐 봉

　　　　　　　　　　　　　　　　사랑은 과학이다

투 사용 가부를 결정하자고 하면 그 법안이 쉽사리 통과될 거라고 예상한다. 다른 사람들도 자기와 마찬가지로 녹색 안경을 끼고 세상을 볼 거라고 생각해서이다. 연애의 경우, 우리 파트너가 세상을 보는 눈이 당연히 나와 같을 테니 원하는 것도 같을 거라고 생각한다. 아이는 몇을 낳을지, 어디에서 살지, 돈을 어떻게 쓸지 혹은 모을지 등등 어떤 문제를 막론하고 그렇게 생각한다. 사랑이라는 마약에 허위 합의 효과까지 합쳐지면, 커플은 반드시 해야 할 혼전 논의도 건너뛰게 된다. 그러니 안 된다. 서로 사랑해도 그것만으로는 부족하다. 이제 비판적으로 생각해야 할 때다. 과연 결혼이란 걸 해야 할까.

파트 1: 나에 대한 모든 것

본인을 커플의 일부로 생각하기 이전에, 한 명의 개인으로서 본인의 필요와 바람을 생각해 보자. 혼자만의 시간을 가져 보자. 주말 아침 약속을 물리치고 필기구를 들고 혼자 커피숍에 가서 다음 질문에 대답해 보자.

1. 내 파트너는 프롬 데이트 혹은 인생 반려자 중에서 어느 쪽에 더 가까운가?? 다시 말해, 그 사람이 오랫동안 내 곁을 지켜줄 사람인가, 아니면 그저 지금 재미있는 사람인가?
2. 옷장 테스트: 내 파트너가 옷장 속 옷이라면 어떤 옷일까?
3. 함께 성장할 수 있는 사람일까?
4. 나는 이 사람을 존경하는가?

5. 나의 어떤 모습을 이 사람이 끌어내는가?

6. 내게 좋은 소식이 있으면 이 사람과 나누고 싶은가?

7. 직장에서 힘든 일을 겪으면, 그에 관한 이야기를 내 파트너와 나누고 싶은가?

8. 내 파트너의 조언을 값지다고 생각하는가?

9. 내가 이 사람과 함께 미래를 건설하고 싶은 기대가 큰가? 인생의 커다란 이정표, 가령 주택 구입이라든가 아이를 갖는 등의 목표를 함께 하는 모습이 마음에 그려지는가?

10. 어려운 결정을 내릴 때 이 사람과 함께하고 싶은가? 실직이라든가, 아이를 잃는 등 최악의 경우를 생각해 보자. 그럴 때 이 사람을 내 옆에 두고 "이사를 해야 할까?" 혹은 "다른 아이들을 보살피면서 우리 슬픔에 어떻게 대처할까?"라는 질문을 함께할 수 있을까?

11. 우리는 소통이 잘되고 건설적으로 싸우는가?

당신이 쓴 답을 읽어 보자. 그러나 본인의 시각이 아니라 제일 친한 친구가 자기 애인에 대해 쓴 글이라고 생각하고 읽어 보자. 목적은 가능한 한 스스로에게 솔직하기 위해서이다. 스스로에게 거리를 두면 (친구를 돕는 중이라 상상함으로써) 전체를 볼 수 있는 어느 정도의 원근감을 갖게 된다.

가까운 친구라면, 당신이 깊이 좋아하고 좋은 일만 생기길 바라는 사람이라면 그 사람에게 어떤 충고를 하고 싶은가? 그 결혼을 찬성하는가? 아니면 혼자 마음에 품고 있는 염려가 있는가? 그들 관계가 진척되기 전에 어떤 점을 짚고 넘어가야 할까?

답지를 읽으며 떠오르는 감정을 간직한 채 앉아 있자. 지금은 엑셀을 밟을지 브레이크를 밟을지 결정할 순간이다. '바로 지금' 본인 관계가 '확실하다'고 생각되는 사람만 파트 2로 넘어간다. 확실하지 않다면 챕터 14로 다시 돌아가는 것이 좋다. 가서, 지금이 끝낼 때인지 고칠 때인지 다시 살펴본다. 결혼할 준비가 안 된 느낌이 들어도 그게 재앙의 씨는 아니다. 다만 다음 단계로 넘어갈 때까지 두 사람 관계에 공을 들일 시간이 조금 더 필요할 뿐이다. 이런 중대한 결정을 서둘러 할 이유가 없다. 명심하라, 적어도 3년을 기다린 커플들의 이혼율이 1년도 채 안 되어 결혼한 커플들보다 39퍼센트나 적었다.

파트 2: 우리에 대한 모든 것

파트 1이 순조로워서 과정을 계속하고 싶다면, 이제 당신의 파트너에게 말을 걸 차례이다. 무거운 대화를 해야 한다. 한 달에 걸쳐 사흘 밤이 필요하다. 하룻저녁에 전부 우겨 넣으면 안 된다! 대화를 마칠 때까지 궁금증을 유지하는 것이 당신의 목표이다. 파트너가 무얼 원하는지, 그게 당신이 원하는 것과 일치하는지 알아보자. 허위 합의 효과를 피하려는 중임을 기억하자.

하룻밤에 한 가지 대화를 한다. 먼저 두 사람의 결속감을 위해 대화에 앞서 어떤 활동을 같이 하기를 추천한다. 심리치료사 에스더 퍼렐은 우리가 파트너에게 가장 매료되는 때가 그 사람의 개인기에 감탄할 때라고 했다. 서로에게 새로운 기술을 가르쳐서 매력이 배가되도록 해 보자. 두 사람 가운데 한 명이 요리를 잘하면 상대에게 레시피를 전수하면 어떻겠는가?

당신이 이 경험을 로맨틱하게 만들었으면 좋겠다. 내 말은, 이제 두 사람이 결혼에 관한 이야기를 나눌 참인데 이보다 로맨틱한 게 또 무엇이겠는가? 장소를 꾸미자. 잘 차려 입자. (누군가에게서 얻은 그 흉측한 빨강 츄리닝 바지는 입지 말라는 뜻이다. 약혼자가 질색해도 안 버리고 줄기차게 입어 대는 10년도 더 묵은 그 바지 말이다.) 아껴 둔 와인도 한 병 꺼내고 샘 쿡의 노래도 튼 다음 상대를 바짝 끌어안고 아래의 질문에 답해 보자.

대화: 과거

- 과거 어떤 일이 지금의 당신을 만들었다고 생각하나? 세 가지 경우를 들면?
- 당신 어린 시절이 지금의 당신을 만드는 데 어떤 영향을 미쳤다고 생각하는가?
- 부모님이 자주 다퉜나? 부부간 갈등에 어떤 두려움을 느끼는가?
- 본가의 어떤 전통을 본인 가정에 이어받고 싶은가?
- 자랄 때 집에서 섹스에 대해서 어떻게 말했나(혹은 말 안 했나)?
- 본가에서는 돈이 무엇을 뜻하는가?
- 본가의 어떤 짐을 과거로 묻어 두고 싶은가?

대화: 현재

- 무슨 일이 생겼을 때 상대방에게 말하기 편하게 느껴지는가?
- 우리가 소통하는 스타일에 관련해서 바꾸고 싶은 점이 있는가?

사랑은 과학이다

- 우리 사이에서 당신은 당신답게 지낸다고 느끼나? 왜 그렇게 느끼나? 혹은 왜 그렇게 느끼지 못하는가?
- 우리 사이에 변화시키고 싶은 점이 무엇인가?
- 우리가 갈등 처리를 얼마나 잘하고 있다고 생각하는가?
- 우리의 리추얼(규칙적으로 하는 행동) 중에 제일 좋아하는 것은?
- 우리가 같이 더 많이 하고 싶은 것은 무엇인가?
- 당신의 친구나 가족에 대해 내가 얼마나 잘 안다고 생각하는가? 당신 삶 속 인물(가족, 친구, 직장 동료) 중에 누구를 내가 더 잘 알게 되기를 바라나?
- 당신은 섹스를 얼마나 자주 하기를 바라나? 어떻게 하면 우리 섹스가 더 나아질 수 있을까? 내가 어떻게 하면 더 나아질까? 늘 하기를 바랐는데 나한테 청하기 두려웠던 것이 있다면 그게 무엇인가?
- 돈에 대한 생각은 얼마나 자주 하는가?
- 우리 재정에 대해서도 터놓고 말해 보자. 학자금 대출이 있는가? 신용카드 빚은? 내 채무가 당신 채무인가?
- 차량 구매에 당신이 소비할 수 있는 최고액은 얼마인가? 소파는? 구두는?

대화: 미래

- 나중에 어디에서 살고 싶은가?
- 아이를 갖고 싶은가? 그렇다면 몇 명이나? 언제? 우리에게 아이가 안 생긴다면 어떤 대안을 생각해 볼 것인가? 입양? 대리모?

- 육아와 집안일 분담을 어떻게 하기를 기대하는가?
- 본가 가족은 얼마나 자주 보고 싶은가?
- 종교나 영성이 우리 삶에서 어떤 역할을 했으면 좋겠는가?
- 혼전 계약을 하고 싶은가? 그에 대해 어떤 두려움을 느끼는가?
- 미래에 재정 분담은 어떻게 하고 싶은가?
- 당신은 직장을 늘 다니고 싶을 것 같은가? 우리 둘 중 한 사람이 쉬고 싶으면 어떤 일이 생길까?
- 만일 내가 큰 지출을 해야 한다면 어느 선에서 당신에게 물어봐야 하나? (가령, 당신에게 먼저 물어보지 않고 써도 되는 금액이 어느 정도까지인가?)
- 당신의 장기 재정 목표는 무엇인가?
- 미래에 가장 기대하는 일은 무엇인가?
- 당신이 미래에 성취하고 싶은 꿈은 무엇인가? 내가 어떻게 하면 도울 수 있을까?

이런 질문들이 억지스럽고 어색하다고 느낄 수도 있겠다. 스콧과 나도 그러리라 예상했다. 그러나 우리는 과정을 밟아가면서 오랫동안 잊고 지내던 어린 시절 이야기를 하게 됐다. 예를 들어 내가 중학교 때 분노 폭발했던 이야기 같은 거 말이다. 그 이유는 옆집 애가 10색 반짝이 맥 아이섀도우(6학년에게는 롤렉스 시계에 맞먹는다)를 밸런타인데이 선물로 부모님께 받은 걸 보고 너무나 샘이 나서였다. (도대체 어떤 부모가 밸런타인데이라고 자녀에게 선물을 준단 말인가?) 스콧은 자기 엄마가 값비싼 청바지를 안 사준 이야기를 포복

절도할 만큼 웃기게 해 줬다. (90년대에 중학교를 다닌 학생들에게는 패션의 정점이라고 할 JNCO 청바지였는데 인터넷으로 그 흉물스러운 청바지 사진을 찾아보니, 그의 어머니 생각이 옳았다.)

대화를 하다 보니, 스콧은 아이를 하나만 원했고 나는 둘을 원한다는 사실을 알게 됐다. 그는 외아들이었고 나는 자매가 있었으니 우리 둘 다 각자 자랄 때의 분위기를 다시 만들고 싶은 것이 분명했다. 우리 대화는 각자가 자기 어린 시절이 더 나았다고 우기면서 갑자기 전투적이 되었다. 스콧은 인구 과밀 행성에 아이를 한 명 이상 낳는 것이 과연 윤리적이겠냐는 평소 신념을 드러냈다. 반면에 나는 형제자매가 한 명만 더 있어도 아이는 1만 시간짜리 감정 지능 훈련 프로그램에 자동적으로 등록되는 셈이라고 말했다. 이 점에 대해 우리가 의견 일치를 보지는 못했지만 서로 다른 견해를 가지고 있음을 알게 되어 나는 기뻤다. 비록 각자 원하는 바가 달랐지만 두 사람 모두 기꺼이 타협할 마음이 있어서 이런 문제는 결렬거리가 아니라고 우리는 판단했다. 아이는 일단 하나를 낳아 보고 둘째는 그 다음 두고 보기로 했다.

이런 대화를 나누다 보니 우리 사이가 지금 내게 꼭 맞고 앞으로도 제대로 이어질 파트너십이라는 확신이 들었다. 나는 스콧의 절도를 존경했다. 매일 운동을 하고, 건강에 좋은 비건식 요리를 하고, 소프트웨어에서 버그를 찾아내느라 밤늦도록 일하는 모습이 좋았다. 우리끼리 하는 농담도, 실없는 목소리도 나는 너무 좋았다. 팀으로서의 우리를 신뢰했다. 양보할 줄도 알고, 서로 번갈아 자기 뜻을 관철할 줄 알았으니까. **옷장 테스트**를 스스로 해 보자면, 스콧은 내가 제일 좋아하는 빨간색 체크무늬 우주복 잠옷 같은 사람이다. 그 옷을 입으면 안온하고 지지받는 느낌이 든다. 마치 포옹을 입고 있는 느낌이랄까.

이 과정을 밟은 후 6개월쯤 지났을 때 스콧이 나를 자기 친구 데이빗의 마술 쇼에 데리고 갔다. 데이빗은 재능이 뛰어난 멘탈리스트 마술사로 전혀 모르는 사람들의 어린 시절 애완동물이나 흐릿한 기억 속 휴가지 이름을 알아맞혔다. 데이빗은 피아노파이트라는 이름의 바 뒤에 있는 극장에서 매주 수요일 고정 공연을 했다.

그날 밤 데이빗이 공연을 끝내고 관객들이 자리에서 일어나 기립 박수를 할 때였다. 박수 소리가 잦아들자 데이빗이 "보여드릴 마술이 하나 더 남았어요"라고 말했다. 그날 관객들은 공연 시작 전에 아무 표시도 없는 트럼프 카드에 본인 이름과 단어 한 개를 적어내라는 요청을 받았다.

데이빗이 어떤 자원자에게 카드 한 장을 뽑으라고 부탁했다. 그 사람이 내 이름을 부르길래 나는 무대 위로 올라갔다. 그랬더니 데이빗이 내게 아무 카드나 한 장 더 뽑으라고 시켰다. 마치 마술처럼, 내가 뽑은 카드에 스콧의 이름이 적혀 있었다. 스콧이 계단을 내려와 무대 위 내 옆 자리에 앉았다.

거기 앉아 있으니 작열하는 조명 때문에 50명 관객들이 전혀 보이지가 않았다. 데이빗이 조금 전 자원자의 휴대폰을 받아서 계산기 어플을 열더니 관객들이 외치는 숫자를 곱하기 시작했다. 마지막 숫자가 나왔다. 452015. 이 숫자가 우리한테 모종의 의미가 있지 않냐고 그가 물었다. 처음에는 난 몰랐다.

그러자 데이빗이 숫자에 빗금을 두 개 그었다. 4/5/2015. 그가 물었다. "이게 로건 당신의 생일인가요? 아니면 스콧의 생일?" 아니다. 우리만의 기념일이었다. 그러고 나서 데이빗이 이름과 단어를 적어 넣은 카드 묶음을 집어 들더니 내게 그걸 다섯 더미로 나누라고 했다. 그러고는 스콧에게 다섯 더미 중 제일 윗장을 하나씩 뒤집으라고 시켰다. 내게는 카드에서 나오는 메시지를 커다란 이젤 위에 놓인 판에 적으라고 시켰다.

"윌will…" 스콧이 카드 첫 장을 읽는 소리를 내가 판에 받아 적었다.

"유you… 비be… 마이my…"

나는 두 손으로 얼굴을 가리고 마지막 카드를 기다렸다.

"와이프wife?"

스콧이 자리에서 일어나 주머니에서 반지를 꺼냈다. 그러고는 무릎을 꿇었다. 내가 고개를 끄덕이고 반지를 쥔 뒤 그를 일으켜 안았다. 관객의 박수가 터져 나오자 데이빗이 우리에게 손짓으로 극장을 나가라고 일렀다. 극장을 나와 바에 들어갔더니 친구들 서른 명 정도가 우리를 기다리고 있었다. 그들이 두 줄로 서서 두 팔을 머리 위로 올리고 "사랑의 터널"을 만들어 주었고, 우리는 의기양양하게 그 밑을 통과했다.

프로포즈는 깜짝 놀랄 만한 이벤트였으나, 우리가 서로 결혼해야겠다는 결심은 그렇지 않았다. 우리는 준비 작업을 했다. 어려운 대화를 나눴다. 어물쩍 넘어가지 않고, 결단을 내렸다.

Chapter · 18

오래 지속되는 관계를 만드는 법

〰〰

그 후로도 오랫동안 행복하게 오류를 기억하는가? 사랑에서 힘든 대목은 누군가를 만나기까지라는 잘못된 믿음이었다. 그건 러브스토리의 1막에 불과하다. 그 다음 파트, 사랑을 오래도록 지속시키는 과정 역시 힘들다. 이 챕터는 그 과정을 돕기 위해 만들었다.

사탕발림은 하지 않겠다. 오래 끌면 다음과 같은 모습을 보이는 커플들이 많다.

다음의 첫 번째 그래프는 시간이 흐름에 따라 평균 결혼 만족도가 어떻게 변하는지 보여 준다. 결혼 생활이 길어질수록 행복감이 줄어드는 모습이다. 그 후로도 오랫동안 행복하게라더니… 젠장.

그 다음 그래프 역시 중요하다. 1972년부터 2014년까지 부부 관계를 "매우 행복하다"라고 평가한 사람들의 퍼센트를 그렸다. 보다시피 지난 40년 동안 부부들의 결혼 생활 만족도가 점점 줄어들었다.

사랑은 과학이다

하지만 희망은 있다. 실망스러운 결혼 생활이 우리 운명은 아니다. 좋은 관계는 만드는 것이지, 발견하는 것이 아니다. 수고를 기울이면 유대를 지속시킬 수 있다. 꿈에 그리던 이상적인 관계를 만들 기회는 우리 손 안에 있다.

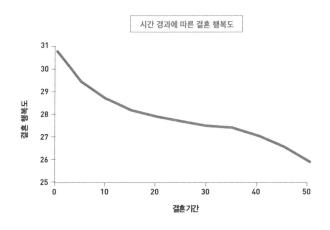

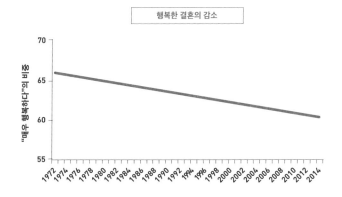

협업을 통해 변화 가능한 관계 만들기

어떻게 하면 관계를 오래 지속시킬 수 있냐고 사람들이 물으면, 나는 찰스 다윈이 자연 선택설에 관해 남긴 다음의 말을 인용한다. "살아남는 종은 가장 강하거나 가장 똑똑한 종이 아니라 변화에 가장 잘 순응한 종이다." 오늘 당신의 관계가 제아무리 튼튼하다 해도 변화에 적응하지 못하면 실패할 것이다. 당신이나 당신 파트너의 삶이 예상치 못한 방향으로 흘러갈 수 있다. 관계도 그에 맞춰 진화하도록 만드는 것이 그 관계를 오래 지속시킬 수 있는 핵심 열쇠이다.

아마도 스스로의 성격이 앞으로 크게 변할 거라고는 생각하지 않을 것이다. 이미 형성된 당신의 정체성이 앞으로도 오래도록 당신이라고 생각할 것이다.

하버드 심리학자 대니얼 길버트 팀은 사람들에게 다음과 같은 질문을 했다. 어떤 사람들에게는 앞으로 10년 동안 본인이 얼마나 변할 것으로 예상하냐고 물었다. 또 다른 사람들에게는 지난 10년 동안 얼마나 변했냐는 질문에 대한 대답을 들었다. 대다수의 사람들이 지난 10년 동안 상당히 많이 변했다고 믿었지만 앞으로 10년간은 그다지 변하지 않을 거라고 예측했다. 그들이 틀렸다. 길버트는 이를 **역사의 종말 환상**이라고 불렀다.

길버트에 따르면, 우리는 나이가 들면 신체적으로 변한다는 사실, 즉 머리가 하얗게 새고 몸이 변한다는 점은 충분히 예측하면서도 "나라는 사람의 핵심, 내 정체성, 내 가치, 내 인간성, 내 마음 깊이 각인된 기호는 지금부터 앞으로 별로 변하지 않을 것"으

　　　　　　　　　　　　　　　사랑은 과학이다

로 생각한다고 했다. 그러나 사실은, 우리의 성장과 변화는 멈추지 않는다.

우리 각자가 살아가면서 계속 바뀌듯 우리가 맺고 있는 관계 역시 변화한다. 한 사람이 역경에 처하면 다른 사람이 가족을 부양할 때도 있다. 어떤 때는 두 사람이 깊은 사랑을 느끼지만 또 한편 서로 견디기조차 힘들 때도 있다. 어떤 때는 대화가 잘 통하지만 또 어떤 때는 두 사람 사이에 벽이 생긴 것 같을 때도 있다.

관계는 항상 변하는 게 본질이라 마치 살아 숨쉬는 생물처럼 대해야 한다. 하지만 많은 사람들이 관계를 마치 토스터처럼 다룬다. 박스에서 꺼낸 뒤 전기를 꽂은 다음 늘 같은 성능을 보여 주길 바란다. 그러나 토스터의 성능은 개봉한 날이 최고이고 그 후로는 계속 사양길에 접어든다. 토스터가 환경에 적응해서 보다 개선된 기능을 보일 거라고 생각하는 사람은 아무도 없다. 결혼의 경우, 우리는 예식을 올리는 날 결혼이라는 제도에 몸을 의탁하며 그 상태 그대로 남을 거라고 기대한다. 죽음이 우리를 갈라놓을 때까지.

글쎄, 토스터가 어떻게 작동하던가? 사람들의 이혼과 별거율을 따져보니, 50퍼센트나 되는 사람들이 토스터를 환불 처리하고 있다. 부부 관계가 실패하는 일부 이유를 다원식으로 표현하자면 "변화에 순응하도록" 결혼이 디자인되지 않았기 때문이다. 자, 토스터는 집어치우고 '의도하는 사랑'을 추구해 로맨스를 불러오자. 이 책의 주제가 의도하며 인연을 맺자는 것이다. 그런 식의 사고가 당신 스토리의 다음 파트 역시 인도해줄 것이다.

다음 파트로 가려고, 내가 행동 과학을 활용해 고안한 도구가 있다. 그 도구가, 우리 모두 바라지만 소수의 사람만 방법을 아는 오래 지속되는 관계를 만드는 데 도움이 되기를 바란다. 지난 수년 동안 전 세계의 수천 명이나 되는 사람들이 이 도구를 활용했다. 그들 역시 변화에 순응하고 튼튼하며, 무엇보다도 오래 지속되는 관계를 만들기 위한 노력을 했다.

관계 계약서

결혼에 전념하겠다는 의사를 또박또박 소상하게 밝히는 유일한 순간이 결혼식 때뿐인 사람이 우리 가운데 많을 것이다. 그런데 인간 수명이 늘어난 바람에 우리가 혼인 서약을 할 때와 "죽음이 우리를 갈라놓을 때까지" 사이에 반 세기가 넘는 세월이 펼쳐질 수도 있다. 우리가 나이 들고 변함에 따라 그에 맞춰 우리 파트너십도 변화시켜 줄 근대화된 시스템이 필요할 수밖에 없고, 그래서 관계 계약서가 등장한다.

챕터 15에서 나는 이별을 위한 계획을 글로 써보는 것이 얼마나 큰 힘을 발휘하는지, 그리고 사람들이 어떤 일에 '능동적으로' 등록하면 실제 그 일에 참여할 확률이 수동적으로 임할 때보다 얼마나 더 커지는지 설명했다. 같은 논리가, 살아 숨쉬는 이 관계 계약서의 배경이다. 이 문서는 시간이 흐름에 따라 변화하고 성장하도록 고안되었다.

이 계약서는 결혼했거나 오랫동안 서로에게 전념하고 있는 커플들에게 유효하다. 먼저 밝혀 둔다. "계약서"라는 단어가 다소 두렵겠지만 이는 절대로 혼전 계약서prenup 같은 것이 아니다. 우리가 논의하는 계약서는 법적인 구속력이 '없는' 상호 동의를 바탕으로 두 사람의 공동 비전을 창출하도록 도와줄 도구이다. 냅킨 따위 위에 재빨리 적어서, 구글 다큐먼트에서 초안을 작성하거나 아니면 알파벳냉장고 자석으로 내용을 적어 두어도 된다.

이 협의문은 사람들이 관계에서 무얼 원하는지 알기 위해 당사자끼리 주기적으로 주고받아야 하는 대화를 촉진시킨다. 그들은 다음과 같은 질문을 해야 한다. '양가 어른을 얼마나 자주 만나기 바라는가? 공과금 분담은 어떻게 할까? 섹스가 우리에게 중요한가? 우리는 일부일처인가? 일부일처를 어떻게 정의할 것인가?'

심리학자 제시 오웬, 걸리나 로즈, 스콧 스탠리가 관찰해 보니 따로 시간을 할애해 대화를 나누며 중대 결정을 내린 커플이 그러지 않은 커플보다 더 행복했다. 바로 그렇게 할 수 있도록 내가 관계 계약서를 만들어서 전국을 돌아다니며 워크숍을 열고 있다.

이 관계 계약서를 작성할 때는 솔직, 민감, 타협에 기꺼운 마음으로 임해야 한다. 절대로 상대의 단점을 곱씹을 시간으로 생각하면 안 된다. 요구를 하는 시간도 아니다. 거래에 중점을 두어서도 안 된다("빨래는 내가 할게. 당신은 설거지를 해"). 대신 가치에 토대를 두어야 한다("서로의 꿈을 지지하고, 그 꿈을 실현시키기 위해 필요한 희생을 하기로 하자").

이 계약서에 커플들이 올리는 조항이 얼마나 다채로운지 나는 매번 깜짝 놀란다. 학자금 융자를 어떻게 갚을지 윤곽을 잡는 커플의 경우 어떤 조항은 사뭇 진지하다. 반면에 이제 이케아 가구는 그만 사기로 서약하는 커플의 경우처럼 재미있는 조항도 있다.

커플은 계약서 첫 장에 향후 본인들의 협정을 재검토할 날짜를 특정해서 기입한다. 그날이 되면 두 사람이 그간 서로에게 어떻게 해왔는지 피드백을 준다. 어떤 커플은 매년 계약서를 재평가한다. 또 다른 커플은 5년 혹은 7년마다 그렇게 한다. 그때가 "지금 우리 사이에 필요한 게 무엇일까?"라는 질문을 해볼 수 있는 의사 결정 지점이 된다. 그러면 각자 개인으로서 변화 상황을 반영하여 새로 계약을 수정할 수 있다. 그렇게 하면 두 사람 사이가 잘못되기 훨씬 전부터 꾸준히 관계를 개선할 기회를 갖게 된다. 존 F. 케네디가 말한 것과 같다. "지붕은 햇빛이 밝을 때 수리해야 한다." 물론 그가 자기 결혼 생활을 두고 한 말은 아니었지만 그래도 내가 무슨 말을 하는지 여러분은 알아들을 것이다.

어물쩍 넘어가지 말고, 결단을 내리는 쪽으로 가자. 부록에 당신의 관계 계약서를 쓸 수 있도록 두 파트로 나눈 과제를 포함시켜 두었다. 이 계약서는 내 친구이자 협력자 해나 휴즈와 함께 만든 것이다. 먼저 자기 성찰 워크시트가 나오는데, 이는 당신 혼자 작성한다. 그 워크시트에 포함된 질문은 당신이 혼자만의 시간이 얼마나 필요한지, 어떤 사랑의 언어로 사랑을 드러내는지, 파트너와의 사이에서 소중하다고 생각하는 리추얼이 무엇인지 등등이다. 그 다음 관계 계약서가 나오는데 이는 자기 성찰 워크시트를 작성하고 난 뒤 파트너와 공동 작업으로 작성해야 한다.

당신과 파트너 두 사람 모두 한가로운 어느 주말 날을 잡아라. 주말 여행을 갈 수 있다면 더 바랄 나위가 없겠다! 그럴 수 없다면 로맨틱한 집캉스를 계획하자. 무엇보다도 중요한 건, 전화기를 꺼

사랑은 과학이다

두는 것이다. 주말 내내 맛있는 식사와 끊임없는 애무 사이사이 잠깐씩 짬을 내어 관계 계약서를 작성하자. 이번 기회에 사랑과 결속에 대해 논의해 보자.

점검 리추얼

나는 심리치료사 에스더 페렐의 다음 말을 매우 좋아한다. "관계의 질이 삶의 질을 결정한다. 관계는 당신의 이야기이다. 잘 쓰고 자주 교정하라."

그런데, 얼마나 자주 하라는 뜻일까? 나는 매주 하는 **점검 리추얼**을 좋아한다. 그때 서로 무슨 생각을 하고 있는지 파트너와 짧게 대화를 나누면 된다. 두 사람이 어디로 향할지 관계 계약서가 도와준다면 점검 리추얼은 그 방향으로 제대로 가고 있는지 확인해 준다. 많은 커플이 자기가 원하는 것을 솔직히 말하기를 두려워한다. 어느 관계에든 있기 마련인 문제를 드러내기를 우리 가운데 거의 대부분이 어색해한다. 관계 계약서와 점검 리추얼이 그 어색함을 줄이는 데 도움이 된다.

매주 일요일 밤 나는 스콧과 함께 커다란 흰색 소파에 앉아서 이야기한다. 그는 늘 문 가까운 쪽으로 앉고 (이 점에 대해 지나친 추측은 삼가려 한다), 나는 오토만 의자에 발을 뻗고 앉는다. 그는 대개 팝콘을 먹고 나는 저녁 식사로 아직 배가 부른 상태이다.

우리는 서로에게 세 가지 질문을 한다. "지난 주 어땠어? 나한테 써포트 잘 받았다고 느꼈어? 다음 주에는 어떻게 써포트해 줄까?" 어떤 때는 점검하는 데 5분도 안 걸리고 지나가 버린다. 하지만 일주일 휴가를 받은 경우, 우리의 점검 시간은 길고도 친밀한 대화로 변한다. 물론, 이런 대화도 힘들 수 있다. 하지만 모르던 걸 알려 주는 경우가 많아서 정말 중요하다. 우리는 문제가 발생하면 그때 그때 해결하려고 노력한다. 그렇게 해서 결속감을 다지고 서로에 대해, 그리고 우리 사이에 대해 새로운 걸 알아간다. 이 리추얼을 만든 덕에 무슨 일이 있으면 제때 알게 되어 때를 놓치고 화가 쌓이는 일이 없어졌다.

점검 대화 못지않게 리추얼 그 자체도 중요하다. 대화를 계속해서 반복되는 행사로 만드는 것은 행동 과학자들이 애용하는 초간단 원리의 장점을 취하는 행위이다. 다시 말해, 우리가 뭔가를 달력에 표시하고 그걸 **기본값**으로 설정하면 그 일을 실행할 확률이 훨씬 높아진다. 게다가 이 점검이 계속 되풀이되는 행사로 달력에 표시되면 두 사람 가운데 누구도 대화 시간을 내는 문제로 상대에게 바가지를 긁지 않아도 된다. 점검 리추얼을 채택한 내 고객 가운데 많은 커플들이 훨씬 더 행복하고 열정적이며 유연한 느낌이 들었다고 말했다.

스스로에게 다음의 질문을 해 보자. 내가 정기적으로 파트너와 함께 자리 잡고 앉아서 내게 무슨 일이 일어나고 있는지 이야기 나눈다면, 그런 내 삶이 어떻게 보이겠는가? 내가 장담하는데, 해볼 가치가 있다. 의도하는 사랑을 하자.

파트너와 같이 앉아서 다음의 질문에 함께 답해 본다.

1. 이 리추얼을 매주 언제 치르고 싶은가?

2. 점검은 어디에서 하고 싶은가? 두 사람 모두 편하게 생각하는 장
   소는 어디인가? 소파? 근처 공원의 즐겨 앉는 벤치?

3. 매주 어떤 질문을 서로에게 묻고 싶은가?

4. 이 리추얼을 특별하게 만들 방법이 있는가? 가령, 좋아하는 디저
   트를 먹으면서 질문에 답하고 싶은가?

5. 혹시 물리적으로 같이 있지 못할 경우에는 어떻게 점검을 하겠
   는가?

이제 당신은 그 후로도 오랫동안

굳건한 파트너십은 우연히 생기지 않는다. 관심과 선택이 필요
하다. 의도하는 사랑을 요구한다.

당신이 자신의 삶을 돌아봤을 때 심사숙고 끝에 내린 일련의 결
정들이 보일 것이다. 아마 어떤 사람을 더 많이 사랑했을지도 모
르고, 아마 깊은 연애를 세 번 했을지도 모른다. 신나게 살았던 싱
글 시절도 있을 것이다. 어떻게 지나왔든 당신 삶은 모험이었지 우
연이 아니다. 당신은 자신의 삶을 디자인했고 스스로 그 책임을 졌

다. 자신이 누구이고 무엇을 원하는지 스스로에게 솔직했으며 다른 무엇보다, 필요하다고 느꼈을 때 변화하려는 노력을 했다. 당신은 다른 사람이 생각하는 삶을 살지 않았고 자기 자신의 삶을 살았다.

이 책을 쓰기 위해 자료 조사를 하면서 영광스럽게도 수많은 사람들에게 영감을 얻었다. 그들은 의도하는 사랑의 화신이었다. 데이트에 나가서 자기가 원하는 바람을 (특별히 진지한 건 아니다) 솔직하게 말하는 남자가 있었다. 다행히 대개의 경우 상대는 그의 바람을 이해해 주었다. 어떤 트랜스젠더 여성은 새로 받은 몸으로 오르가슴을 느끼게 해 주는 파트너를 결국 찾아냈다. 집에서 자기만의 공간으로 꾸밀 장소를 달라고 아내에게 요구하는 법을 익히게 된 남자도 있다. 비일부일처제를 받아들이고 두 번째, 세 번째 파트너들과 함께 가정을 이룰 집을 구입한 커플도 있었다.

이들 가운데 몇몇 커플은 기존 관습으로 쉽게 이해되지 않을 테지만, 그래도 노력을 기울이니 그들 삶에 기쁨이 가득했다. 또 희귀암이라든가 다중 유산 등의 비극을 경험한 커플들도 있었다. 하지만 이들 역시 매일 서로 함께 많은 에너지를 쏟아서 결국 그 난관을 극복했다. 불운에 굽히지 않고, 극소수에 불과하다는 행복하고 충실한 커플이 되기로 굳게 다짐한 사람들이다.

당신에게도 기회는 있다. 어떻게 해야 하는지 더 이상 비밀이 아니다. 이 책으로 그 방법을 내가 충분히 보여 줬기를 바란다. 이제 당신의 일상에서 그 후로도 오랫동안 "의도하며" 사랑하기 바란다.

사랑은 과학이다

책 쓰기는 혼자 하는 작업이다. 나처럼 복이 많아서 믿음직한 친구들과 내 일을 자기 일인 양 나서주는 조언자 집단이 없다면 말이다.

스콧 메이어 매키니, 수많은 시간을 할애해서 내 원고를 교정해 주고 내 정신 건강을 돌봐 주고 연애학에서 내가 배워야 할 것이 많다는 사실을 알려줬지요. 당신은 나의 영원한 공저자입니다.

몰리 글로버맨, 내 친애하는 제품 관리자님, 내가 이 책을 낳는 데 필요한 골격과 지지대를 당신이 만들어 줬어요. 대신 당신이 벤을 가져야 공평하겠어요. 엘렌 휴잇, 내 문법 선생님이자 믿음직한 조언자, 어느 때든 마다하지 않고 피드백을 주신 당신의 너그러움이 내 생각, 글, 유머에 힘을 실어 줬어요. 성인이 되어 친구를 사귀는 일은 벅찬 도전이지요. 두 분을 찾는 데 8년이 걸렸지만, 친구 찾기를 멈추지 않은 나 자신에게 매일 감사한답니다.

코너 다이맨드-요맨, 내 프로젝트에 그토록 큰 헌신을 해 주다니

난 정말 운이 좋아요. 당신의 인풋으로 모든 챕터가 더 재미있고 더 깊어졌어요.

리즈 포슬리언, 당신의 창의성, 재치, 눈부신 재능에 감탄해요. 이 책을 만드는 전 과정에 걸쳐 솔직한 피드백을 주어서 감사해요. 당신과 함께 있으면 언제나 나다울 수 있었는데, 이건 드문 선물이지요.

킴벌리 보드윈, 우리는 멋진 팀이지요. 종종 낭패에서 구해 준 것 감사해요.

브릿 넬슨과 해너 휴즈, 탁월한 취향을 빌려줘서 감사해요. 두 분의 디자인 기술 덕에 어려운 시기에 힘을 얻었어요.

로즈 번, 이 책의 제안서와 기초 연구에 헤아릴 수 없이 귀중한 수고를 해 주셔서 감사합니다.

토비 스타인, 내 장난 파트너. 우정이란 것의 모범을 보여 주는 사람. 책 작업 전 과정에 걸친 실질적인 도움들이 너무 귀중했어요.

에밀리 그라프, 출판사의 지칠 줄 모르는 내 편집자님. 내게서 그토록 일찍이 이 책의 싹을 보시고 고비마다 내 대변자가 되어주셨죠. 이 프로젝트는 우리 둘이 같이 탄생시켰어요.

내 평생 친구들에게, 그대들이 나를 만들어 줬어요. 우리 관계가 가장 뛰어난 내 업적이에요. 우리가 함께 대화를 나누는 시간을 위해서 내가 산다고 해도 과언이 아니에요. 내가 오랫동안 지녀 온 목표를 달성하고 이곳에 설 수 있는 이유는 그대들이 늘 나와 함께 하며 나를 지지했기 때문이에요.

데니 헬리처, 우리 우정이 30년이나 됐다. 그 많은 전 남친들 다

사랑은 과학이다

떠났지만 우리 우정은 남았네. 넌 내 가족이야, 영원히.

라나 슐레지그너, 열네 살 때 우리는 어떻게 해서 서로를 찾았을까? 내가 가진 건 다 우리 거야. 넌 내게 친구 이상이야, 나의 일부라고.

알리슨 콩돈, 토리 시메오니, 미셸라 데산티스, 서로 지지하고 끌어 줘서 얻은 우리 성취가 너무 자랑스러워. 4차원에서 같이 살 사람이 있다니 얼마나 다행인지.

테사 라이언스 랭, 내 자매. 처음부터 나랑 같은 밭에 심긴 사람. 언니 옆에서 인생을 살아서 너무 좋아.

마타벨 와서먼, 당신의 격렬함, 창의성과 지능을 존경합니다. 당신의 눈에 비친 나를 보는 게 너무 좋습니다.

크리스틴 버먼, 우리 베이 에리어 슈퍼영웅 리그의 주장, 당신은 언제나 예스라고 하지요. 지난 십년 동안 그 많은 예스 덕에 좋은 일이 너무 많았어요. 이 책을 포함해서요.

에릭 토렌버그, 처음으로 내 "팬"이라고 말해 주신 분. 내 일에 대한 당신의 믿음과 투자로 많은 것이 가능했어요. 우리 우정은 내 인생의 기쁨입니다.

미샤 세피언, 당신은 진정으로 고결한 분이에요.

새러 소다인, 전 과정에 걸쳐 너그러운 마음으로 그토록이나 많았던 개요, 초안, 늦은 밤 문자를 다 읽어 주셨어요. 당신은 믿음직한 친구이자 조언자입니다.

태러 쿠셔, 우리의 코칭 세션에서 보여 준 당신의 지혜로운 인도로 나는 내 열정을 추구할 용기를 얻었어요. 당신을 친구라고 부를 수 있다니 영광입니다.

마이케일라 쥐진스키, 당신이 뉴욕에서 베풀어 준 후대로 너무나 많은 기회가 내게 열렸어요. 잠잘 시간을 훌쩍 넘을 때까지 우리가 담소를 나누던 당신 집 소파 말고 다른 어디도 가고 싶은 곳이 없군요.

행동 과학과 연애학의 거물인 나의 멘토들의 지혜와 관대함이 없었다면 이 책은 나올 수 없었을 것이다.

댄 애리얼리, 내가 상상할 수 있는 최고의 행동 과학 교육을 당신 옆에서 받았습니다. 실험적이면서도 충만한 삶을 어떻게 살아야 하는지 제게 보여 주셨어요.

에스더 퍼렐, 당신의 통찰 가득한 작업이 이 책의 기본을 닦아 주었어요. 내 부모님에 관한 우리의 첫 대화에서 아이 갖기에 관한 수다에 이르기까지 당신은 제 삶에 깊이와 세밀함, 지혜를 주셨어요. 당신은 내 영감의 원천입니다.

원조 "연애 대가님"이신 존과 줄리 고트만, 내게 주신 두 분의 지도와 이 분야에 대한 헌신에 감사드립니다. 스콧과 내가 처음 사귀기 시작했을 때 두 분의 워크숍에 다녀와서 우리 유대가 더 튼튼해졌어요.

엘리 핑클, 당신의 왕성한 연구 덕분에 사랑과 연애에 관한 내 생각이 형성됐어요. 감사합니다. 친절하고 너그러운 마음으로 저와 함께 일해 주셔서 감사해요. 알리슨 핑클, 당신도 계시죠. 나를 댁과 마음에 받아 주셔서 감사드려요.

댄 존스, 스티븐 레빗, 헬렌 피셔, 알랭 드 보통, 알렉산드라 솔

　　　　　　　　　　　　　　사랑은 과학이다

로몬, 베리 슈워츠, 쉬나 아이엔가, 타이 타시로, 그리고 연애사를 물어보려고 내가 인터뷰했던 수십 분께 지혜를 나눠 주신 것에 대해 감사드립니다. 우리의 대화로 이 책이 만들어졌습니다.

초기 독자인 라나, 토리, 테사, 토비, 크리스틴, 몰리, 엘렌, 코너, 마타벨, 리즈, 에토샤 케이브, 알렉시스 코네비치, 레지나 에스카미야, 마이클 풀와일러, 로라 톰슨, 패릴 유리, 신디 메이어, 크레이그 미노프, 피오나 로메리에게 신중한 눈, 창의력 넘치는 제안, 건설적인 피드백에 대해 감사드립니다. 당신들 덕에 이 책의 독자들이 썰렁한 농담과 흐리멍덩한 조언을 모면할 수 있게 됐어요.

마이크 왕, 제시카 콜, 루이 바오, 타일러 보스메니, 라이언 딕, 브레너 헐, 테사, 샘 스타이어, 스테파니 셔, 메이 C 황, 조시 호로비츠, 나탈리 털시아니, 마리나 아가파키스에게 책임 저녁 식사 자리를 주선해 주신 너그러움에 대해 감사드려요. 여러분 식탁에서 나눴던 아이디어와 피드백으로 이 책이 틀을 잡았어요.

데이비드 홀버스타인, 당신의 탁월한 법리적 사고를 빌려주신 너그러움에 감사드립니다. 배우자 출산 휴가 중이었는데도요.

앨리슨 헌터, 내 에이전트, 이 책의 태동기때부터 믿음을 보여 주셨죠. 더 좋은 지지자는 바랄 수도 없어요.

내 고객들에게, 여러분의 연애 생활을 가지고 나를 믿어 주셔서 감사해요. 여러분의 연약함, 헌신, 열정이 이 책을 쓰게 된 동기였답니다.

내 가족에게, 이 책을 쓸 수 있었던 많은 이유가 여러분, 그리고 여러분이 나를 양육한 방식에서 기인했어요. 끈기, 사랑을 표현하는 방법, 자기 능력에 대한 과대한 확신 말이에요. 패릴 유리와 벤 색스, 두 분의 사랑과 의리를 다리 건너에서 구할 수 있다니 우리는 행운아예요. 낸시 아줌마, 결혼에 대한 우리 기준을 높여 주신 분, 아줌마가 그 영역에서 보여 준 카바나kavanah(의도)에서 이 책의 착상을 많이 얻었어요. 보니와 존 유리, 내게 독서를 좋아하는 마음을 심어 주셨지요. 부모님이 읽어 줄 책을 쓰는 게 내 커다란 소망이었는데, 자 여기 있어요.

사랑은 과학이다

부록

[부록] 중요 대화 계획서

1. 이 대화의 목표는 무엇인가? (다시 말해, 성공하면 어떤 모습일 것 같은가?)

_____

_____

2. 소통하고 싶은 핵심 메시지가 무엇인가?

_____

_____

3. 어떤 어조를 사용하고 싶은가? 어떤 어조는 피하고 싶은가?

_____

_____

사랑은 과학이다

4. 어떻게 대화를 시작하고 싶은가?

_____

_____

5. 무슨 말을 해야 할까?

_____

_____

6. 상대의 어떤 반응이 염려되는가?

_____

_____

7. 그런 일이 일어나면 어떻게 할 것인가?

_____

_____

8. 대화를 어떻게 마치고 싶은가?

_____

_____

[부록] 관계 계약서: 자기 성찰 워크시트

방법

혼자 이 서류를 작성한다. 본인의 필요에 대해 진솔하게 마음을 연다.

시간

만날 수 있는 때

내가 파트너와 함께 할 수 있는 시간은 다음과 같다.

(해당 사항 모두 고르기)

☐ 평일 아침

☐ 평일 오후

☐ 평일 저녁

☐ 주말 아침

☐ 주말 오후

☐ 주말 저녁

내 파트너와 함께 일대일로 보낼 시간은 일주일에 ___회가 이상
적이다.

리추얼

내가 현재와 과거 연애에서 제일 좋아했던 리추얼은

(예: 토요일 먹거리 쇼핑, 영화 데이트, 일요일 침대에서 먹는 아침 등)

1._____

2._____

3._____

앞으로 만들고 싶은 리추얼은

1._____

2._____

3._____

특별 활동

내 파트너와 하고 싶은 특별한 활동은

(예: 여행, 고급 레스토랑, 함께 강습 받기 등)

1._____

2._____

3._____

혼자만의 시간

내게 필요한 혼자만의 시간은

☐ **많다** (하루에 여러 시간)

☐ **상당하다** (적어도 일주일에 하루)

☐ **별로 많지 않다** (언제든 가질 수 있을 만큼)

내가 혼자 있을 때 즐기는 활동은

(예: 요가, 먹거리 쇼핑 등)

1.＿＿＿＿＿＿＿＿＿＿＿＿＿＿＿＿＿＿＿＿＿＿

2.＿＿＿＿＿＿＿＿＿＿＿＿＿＿＿＿＿＿＿＿＿＿

사교 생활

친구

내가 친구들과 관습처럼 해 오던 활동 가운데 앞으로도 계속 유지하고 싶은 것은

1.＿＿＿＿＿＿＿＿＿＿＿＿＿＿＿＿＿＿＿＿＿＿

2.＿＿＿＿＿＿＿＿＿＿＿＿＿＿＿＿＿＿＿＿＿＿

3.＿＿＿＿＿＿＿＿＿＿＿＿＿＿＿＿＿＿＿＿＿＿

내 친구들 가운데 내 파트너와 친해지기를 진심으로 바라는 사람들은

1.＿＿＿＿＿＿＿＿＿＿＿＿＿＿＿＿＿＿＿＿＿＿

2. _____

3. _____

파트너가 얼마나 깊이 내 사교 생활에 섞이기를 바라는가?

□ 전적으로 (친구도 취미도 모두 함께)

□ 부분적으로 (일부 친구와 취미만 함께)

□ 별도 (서로 분리된 친구와 취미)

가족

내가 가족을 보고 싶은 횟수는

□ 적어도 일주일에 한 번

□ 적어도 한 달에 한 번

□ 일 년에 몇 번

□ 일 년에 한 번

□ 거의 보지 않는다

다음의 휴일이나 행사 때 내 가족과 함께하고 싶다

1. _____

2. _____

3. _____

정서적 필요

애정

사람들은 제각기 다른 방식으로 사랑받고 싶어한다. 사랑을 표현하는 다섯 가지 언어는 인정하는 말, 함께하는 양질의 시간, 선물, 서비스, 스킨십이다.

내가 받고 싶은 사랑의 언어는

- □ 인정하는 말
- □ 함께하는 양질의 시간
- □ 선물
- □ 서비스
- □ 스킨십

스트레스 관리

스트레스를 받으면 긴장을 해소하려고 나는 다음의 활동을 한다. (예: 목욕, 혼자 지내기, 수다로 털기, 산책하기, 친구에게 전화하기)

1._____

2._____

스트레스를 받으면 내 파트너가 다음의 방식으로 나를 도와 주기를 바란다.

(해당 사항 모두 고르기)

- ☐ 하소연 들어 주기
- ☐ 주의 환기시켜 주기
- ☐ 혼자 있을 시간 주기
- ☐ 해결책 제시하기
- ☐ 기타 _____

싸움

파트너와 의견이 일치하지 않을 경우 어떤 식으로 소통하고 싶은가? (해당 사항 모두 고르기)

- ☐ 일대일 대화
- ☐ 이메일
- ☐ 문자
- ☐ 기타 _____

섹스

내게 섹스는

- ☐ 매우 중요하다
- ☐ 다소 중요하다
- ☐ 중요하지 않다

이상적으로 나는 파트너와 일주일/한 달에 _____번 섹스를 하고

———

싶다.

배타성과 관련해서, 나는 우리 관계가 다음 가운데 하나이기를
바란다.

□ 일부일처
□ 일부일처 유사(다소 개방적)
□ 완전 개방적
□ 기타 _____

사랑은 과학이다

[부록] 관계 계약서

방법

따로 시간을 내어 파트너와 함께 아래의 계약서를 작성한다. 느긋하고 로맨틱한 느낌을 가질 수 있는 곳이 이상적인 장소이다. 먼저 자기 성찰 워크시트를 작성한다. 그 다음 서로에게 각자의 답을 알려준다. 상대의 말에 맞장구 치기 같은 경청의 기술을 발휘해서 내가 상대의 말을 잘 들어 준다는 느낌을 갖게 한다. 필요하면 쉬는 시간을 가져도 좋다. 작성이 끝나면 봉인은 서명과 키스로!

관계 계약서

관계에는 노력이 필요하다는 사실을 우리는 인정한다. 우리는 시간과 노력을 기울여 서로 간의 사랑, 만족, 성장을 도모하기로 한다. 사랑과 행복의 기간에 관계를 깊고 강하게 만드는 편이 험한 시기에 관계를 증진시키는 편보다 더 쉬움을 우리는 이해한다.

이 계약은 현 관계의 두 당사자 상호 간의 이익을 위해 작성되었다.

이 계약은 다음 두 명 사이의 협정이다.

파트너 1 : _____

파트너 2 : _____

(이후로 파트너 1과 파트너 2로 지칭한다.)

이 협정의 계약 조건은 ____월 ____일에 갱신된다.

우리는 이 협정을 ____월 ____일에 재검토하기로 동의한다.

결속을 위한 시도

연애학자 존과 줄리 가트맨은 "시도bid가 정서 소통의 기본 단위"라고 말한다. 시도는 작을 수도 클 수도 있고, 언어적일 수도 비언어적일 수도 있다. 시도의 핵심은 순전히 결속을 요청하는 것이다. 그 형태는 표정, 질문, 혹은 신체적 접근 등이 포함된다. 그 성질은 우스울 수도, 진지할 수도, 혹은 성적일 수도 있다. 파트너가 시도를 할 때마다 당신에게는 선택권이 있다. 파트너의 요구를 인정하면서 그 시도로 "향하기turn toward"도 가능하고 결속에 대한 요구를 무시하고 "등돌리기turn away"도 가능하다. 사이가 좋은 사람들은 86퍼센트의 시간을 서로에게 향한다. 관계가 힘든 사람들은 33퍼센트만 향한다. 서로의 시도로 향하는 커플들에게는 신뢰와 열정, 만족스러운 섹스를 즐기는 관계가 형성된다.

———

사랑은 과학이다

우리는 자주 시도를 하고 상대의 시도에 가능한 자주 응하기로
한다.

리추얼

우리는 일대일로 함께 지내는 시간을 매주 다음의 시간대에 갖
고 싶다.

(이 시간대에 서로 만나고 싶은 횟수를 기입한다.)

□ 평일 오전 _____ 회

□ 평일 오후 _____ 회

□ 평일 저녁 _____ 회

□ 주말 오전 _____ 회

□ 주말 오후 _____ 회

□ 주말 저녁 _____ 회

우리는 일대일로 함께 지내는 시간을 매주 _____ 번 가질 것이다.

우리는 매주 함께 지내는 시간에는 혼자 휴대폰을 사용하지 않
겠다.

우리가 공동으로 좋아하는 리추얼은

_____

_____

_____

_____

우리는 이를 가능한 자주 하기로 한다.

우리가 함께하는 양질의 시간을 한 달에 _____ 번 놓치면 다음의
행동으로 보충한다.

우리는 새로운 리추얼도 시도해 보고 싶다.
현 시점과 다음 점검 때까지, 다음의 리추얼을 새로 시도한다.

특별한 활동
우리에게 정말 중요한 세 가지 활동은

1._____

2._____

3._____

위의 활동을 다음의 횟수로 함께 하기 위해 각자 시간을 마련
한다.

(예: 함께 요리하기 – 일주일에 한 번)

사랑은 과학이다

1._____

2._____

3._____

혼자만의 시간

재충전에 필요한 혼자만의 시간이 사람마다 다름을 우리는 인정한다.

파트너 1

나는 혼자만의 시간이 다음과 같이 필요하다

□ 많다 (하루에 여러 시간)

□ 상당하다 (적어도 일주일에 하루)

□ 별로 많지 않다 (언제든 가질 수 있을 만큼)

나에게 소중한 혼자 하는 활동은

_____

파트너 2

나는 혼자만의 시간이 다음과 같이 필요하다

□ 많다 (하루에 여러 시간)

□ 상당하다 (적어도 일주일에 하루)

□ 별로 많지 않다 (언제든 가질 수 있을 만큼)

나에게 소중한 혼자 하는 활동은

_____

사교 생활

서로의 사교 생활에 대해 우리가 원하는 것은

□ 전적으로 (친구도 취미도 모두 함께)

□ 부분적으로 (일부 친구와 취미만 함께)

□ 별도 (서로 분리된 친구와 취미)

파트너 1

나는 파트너 2의 사교 모임에서 다음 세 명과 친해지려고 노력하겠다.

1._____

2._____

3._____

파트너 2

나는 파트너 1의 사교 모임에서 다음 세 명과 친해지려고 노력하겠다.

1._____

2._____

3._____

현 시점에서 다음 점검 때까지 사교 생활에 관한 우리의 목표는
(예: 파티에 더 많이 함께 가기, 같은 스포츠 팀에서 활동하기 등)

가족

우리는 파트너 1의 가족을 다음의 주기로 만나겠다.

□ 매주

□ 매달

□ 매년

□ 기타 _____

우리는 파트너 2의 가족을 다음의 주기로 만나겠다.

□ 매주

□ 매달

□ 매년

□ 기타 _____

휴일 및 특별한 경우

다음의 휴일이나 특별한 경우가 발생하면 아래와 같이 우선 취급한다.

(예: 특정 가족 집을 방문, 특정 종교 행사 참석 등)

경우 1: _____

어떻게 보내고 싶은가: _____

경우 2: _____

어떻게 보내고 싶은가: _____

경우 3: _____

어떻게 보내고 싶은가: _____

사랑의 언어

사람들이 각기 다른 방식으로 사랑받고 싶어함을 우리는 이해한다. 사랑을 표현하는 다섯 가지 언어는 인정하는 말, 함께하는 양질의 시간, 선물, 서비스, 스킨십이다.

우리는 다음의 방식으로 애정을 받고 싶다.

파트너 1

내가 받고 싶은 사랑의 언어는

_____

사랑은 과학이다

파트너 2

내가 받고 싶은 사랑의 언어는

스트레스 관리

사람마다 스트레스 다루는 방식이 다름을 우리는 이해한다.

파트너 1

나는 다음과 같이 스트레스를 다룬다.

스트레스를 받고 있을 때 다음의 행동은 나를 지지해 주는 느낌을 준다.

파트너 2

나는 다음과 같이 스트레스를 다룬다.

스트레스를 받고 있을 때 다음의 행동은 나를 지지해 주는 느낌을 준다.

싸움

어떤 행동은 관계를 손상시킴을 우리는 안다. 비난, 경멸, 자기 방어, 담쌓기를 하는 커플은 결국 헤어지게 되거나 함께 지내더라도 불행하기 쉽다고 존과 줄리 가트맨이 말한다. 그래서 이 네 가지를 묶어서 "이별의 네 모서리"이라고 부른다.

네 모서리 피하기

비난: 파트너의 성격이나 인성을 말로 공격하는 대신 나는 내 느낌을 말하고 앞으로는 행동을 달리 해달라고 부탁하겠다. (예: "나는 안중에도 없지!"라고 말하는 대신, "같이 있어 주지 않으면 외로워. 일주일에 하루는 같이 지내고 싶어"라고 말한다.)

경멸: 나는 파트너를 공격하는 대신 이해하는 습관을 들일 것이며 파트너의 장점을 스스로에게 일깨울 것이다.

자기방어: 비난을 맞받아치거나 스스로 희생자인 척하는 대신 파트너의 피드백과 시각을 받아들이고 사과하겠다.

담쌓기: 감정의 홍수를 겪게 되면 나는 갈등에서 물러나는 대신 잠시 숨을 고르며 스스로를 진정시키겠다. 건설적으로 다시 말할 수 있게 되면 대화를 재개하겠다.

싸울 때 우리는 아래의 소통 방법을 택한다.

사랑은 과학이다

(예: 문자 대신 만나서 대화하기 등)

파트너 1

내가 선택하는 방법은

_____

_____

파트너 2

내가 선택하는 방법은

_____

_____

감정이 지나치게 과열되면 감정 홍수를 경험할 수 있다. 우리가 감정 홍수를 겪게 되면 상대에게 다음의 말을 해서 타임아웃을 요청한다: _____

섹스

우리에게 섹스는

□ 매우 중요하다

□ 다소 중요하다

□ 중요하지 않다

우리는 최소 _____마다 _____번 섹스를 하기로 한다.

배타성과 관련해서 우리는

□ 일부일처제이다
□ 일부일처제와 유사하다(다소 개방적)
□ 완전 개방적이다
□ 기타 _____

우리는 튼튼한 관계를 만들기 위해 끊임없이 노력해야 한다는 사실을 안다.

우리의 우선순위, 관심, 감정은 시간이 흐르면서 변화할 것이라는 점을 인정한다.

우리가 이 계약을 지키려고 노력하는 기한은 다음 계약 검토일 혹은 우리 관계를 끝낼 때까지이다.

_____ 년 _____ 월 _____ 일

파트너 1   **파트너 2**

이름: 이름:

서명: 서명:

사랑은 과학이다

하버드 행동 과학자 겸 데이트앱 개발자가 분석한 연애의 과학

초판 1쇄   2021년 8월 1일

지은이 로건 유리
옮긴이 권가비

펴낸이 김한청
기획편집 원경은 차언조 양희우 유자영
마케팅 최지애 설채린 권희
디자인 이성아
경영전략 최원준

펴낸곳 도서출판 다른
출판등록 2004년 9월 2일 제2013-000194호
주소 서울시 마포구 동교로27길 3-12 N빌딩 2층
전화 02-3143-6478 팩스 02-3143-6479 이메일 khc15968@hanmail.net
블로그 blog.naver.com/darun_pub 페이스북 /darunpublishers

ISBN 979-11-5633-411-8 13300